国家自然科学基金资助项目成果（项目批准号：71163017）

学生辍学：家庭高等教育投资中止现象透视

许祥云 张凡永 胡春晓 梁钢 陈方红 皮芳辉 著

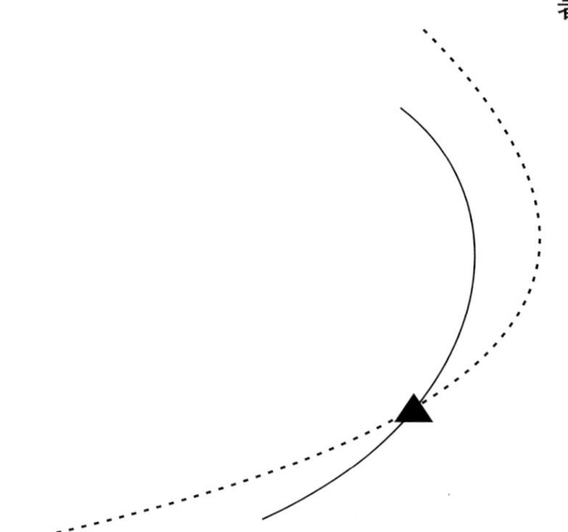

武汉大学出版社
WUHAN UNIVERSITY PRESS

图书在版编目(CIP)数据

学生辍学:家庭高等教育投资中止现象透视/许祥云等著. —武汉: 武汉大学出版社,2014.6
ISBN 978-7-307-13515-4

Ⅰ.学… Ⅱ.许… Ⅲ.高等教育—辍学—研究—中国 Ⅳ.G647.33

中国版本图书馆 CIP 数据核字(2014)第 120887 号

责任编辑:胡 艳　　责任校对:汪欣怡　　版式设计:马 佳

出版发行: **武汉大学出版社** (430072 武昌 珞珈山)
(电子邮件: cbs22@ whu. edu. cn 网址: www. wdp. com. cn)
印刷:武汉中远印务有限公司
开本: 720×1000 1/16 印张:17 字数:243 千字 插页:1
版次:2014 年 6 月第 1 版 2014 年 6 月第 1 次印刷
ISBN 978-7-307-13515-4 定价:39.00 元

前　言

学生辍学，从经济学角度看，实际上就是家庭高等教育投资中止。在当前的高等学校中，学生辍学已不再是稀罕之事，也不再如20世纪80、90年代那样令人咋舌。越来越多的学生辍学现象究竟是如何发生的？正常还是不正常？有没有必要引起我们的思考和重视呢？

我们知道，免费高等教育不利于高等教育的发展，也不利于高等教育机会的公平，但高等教育的收费对低收入家庭学生入学与完成学业又有很大的负面影响。虽然当前学生辍学的因素很复杂，但因高校收费、资助等原因引发的学生辍学的比例却比较大，且有日益上升的趋势，这是否折射出了值得我们关注的问题呢？

高校如何合理收费；政府、社会、高校如何对贫困学生进行有效资助，如何把学生因学费、资助等问题引发的辍学率降到最低，以推进教育公平，这些是不是目前值得我们深入研究的一个课题呢？

国家自然科学基金项目“家庭高等教育投资行为实证研究”(项目批准号：71163017)课题组，为了从经济学角度深入探讨家庭在普通高等教育“投资终止(完成学业)”与“投资中止(辍学)”选择行为上的表象、特点、本质与影响因素等，专门选择了普通高校的收费情况、对学生的资助状况以及学生的辍学行为倾向、选择及其影响因素等为研究对象，以“学生辍学：家庭高等教育投资中止现象透视”为题，试图通过“解剖麻雀”而得到一般性规律，即对江西省现有普通高校办学经费来源、收费项目和标准、教育成本基本构成、教育成本分担情况、学生(家庭)学费承担能力、学生资助政策和学生辍学等问题进行梳理和分析，在充分掌握了江西省普通高校收费、资助与学生辍学的基本省情后，通过对这些高校的经费来源、收费构成、学生付费能力与资助状况等数据与资料的整理、归纳和研究，探讨学生家庭学杂费的承担能力及其承担学杂费的合理额度，并检视普通高校学杂费的合理性，同时运用多元 Logistic 模型进行回归分析，对“学生辍学”与“高校收费和资助”之间关系的密切程度进行实证分析，以揭示学生辍学——家庭高等教育投资中止现象的根源，寻找高校收费与资助的实践依据，并就此提出政策建议，以期对家庭高等教育投资行为进行引导，为政府和教育行政部门制定科学、合理的高等教育收费政策，建立高校学生资助制度，加强对高等学校的收费管理等方面提供决策参考。

本研究为国家自然科学基金项目“家庭高等教育投资行为实证研究”(项目批准号：71163017)的阶段性成果。

作　者

2014 年 5 月

目　　录

第1章　导　论

1.1　研究背景

1.1.1　普通高校收费增长超过家庭和个人的承受能力

与西方某些高福利发达国家一样，我国也在20世纪80年代对免费高等教育政策进行了重新评估，并做出了历史性的调整。1989年，国家教委、物价局和财政部联合颁布了《关于普通高等学校收取学杂费和住宿费的规定》(教财字〔1989〕32号文件)，对"按照国家计划招收的学生(师范生等除外)收取学杂费和住宿费"。虽然最高标准为每生每学年不超过300元，但这项规定的出台，标志着我国"完全免费享受高等教育"时代的终结。此后几年，中国普通高校的学杂费一直保持上升趋势。

从1997年秋季开始，高校学费标准的审批权下放到各省、直辖市和自治区政府，各地学费标准有了较大的差异。除了政府的财政拨款，学生以成本分担形式缴纳的学费成为高校办学经费的另一主要来源。地方普通高校办学经费由国家单方面投入开始向多元化投入过渡。江西普通高校个人分担高等教育成本比例逐年攀升，1998年，生均学费仅有1052.21元；1999年翻了接近一番，达到2000元；2000年和2001年增加了50%，达到3000元左右；2002年继续大幅度增加，达到4330元；2002—2006年的"十五"期间，生均学费基本维持在平均4400元左右，进入"十一五"时期，2007年又有一次显著的提高，整个"十一五"期间，学费平均达到6805

元，是“十五”期间的1.6倍；最高年份为2008年，生均学费达到7275元，是十年前(1998年)的7倍，而在此期间，江西省的人均GDP增长速度平均为15.4%，江西省城镇居民年平均纯收入增长速度为11.5%，而农民年平均纯收入增长速度仅为10.0%。

从生均学费占经费总来源的比例看，1998—2011年，生均学费以18.3%的速度逐年递增。1998年学费仅占总的经费来源的23%，到2006年达到最高，占总的经费来源的55.8%，超过了总经费来源的一半，平均以23%的速度上升。2007年以后，因江西省加大了国家财政性教育经费的投入，生均学费所占的比例有所降低，但是绝对数仍然呈增加的趋势，个人的负担比例虽然有下降趋势，但平均依然占46.4%，受教育者个人可分担的总经费已经远远超过政府提出的“普通高等学校学费占每生每学年平均教育培养成本的比例一般不超过25%”的最高限额，也远远超过国际上的“市场型”标准，更不用说超过“福利型”标准。

生均学费增长已经超过经济发展水平，超过家庭和个人的承受能力，高校的学费收入多少主要取决于国家所规定的学费标准的高低。举例来说，2008年江西省城镇居民年平均纯收入和农民年平均纯收入分别为12866元和4697元(表1-1)，从学费占居民收入的比重来看，如果按生均年7275元的学费标准计算，生均年7275元学费已经占去了江西城镇居民人均年收入的56.5%、农民人均年收入的154.9%。按一个大学生一年的学费、住宿费和生活费1.5万元估算，一个大学生四年大学就需要6万元，这就是说，供养一个大学生，需要一个江西城镇居民家庭4.7年的纯收入、一个江西农民12.8年的纯收入。江西省2008年高校生均收费占人均GDP的比值45.6%已远远高于有些发达国家水平。由此我们可以看出，江西高校收费严重偏高，超出了居民的平均承受能力，特别是对广大农村学生来说，目前上大学的费用已经成为他们无法逾越的大山。

表 1-1 **1998—2011 年江西省普通高校生均学费及主要经济指标情况** （单位：元）

年份	生均学费	人均 GDP	农民人均纯收入	城镇居民人均可支配收入
1998	1052.21	4124.00	2048.00	4251.00
1999	1999.96	4402.00	2129.00	4721.00
2000	2998.93	4851.00	2135.00	5104.00
2001	3065.48	5221.00	2232.00	5506.00
2002	4329.92	5829.00	2334.00	6336.00
2003	4677.26	6624.00	2458.00	6901.00
2004	4350.82	8097.00	2953.00	7560.00
2005	4222.81	9440.00	3266.00	8620.00
2006	4326.08	11145.00	3585.00	9551.00
2007	6311.92	13322.00	4049.00	11222.00
2008	7275.16	15900.00	4697.00	12866.00
2009	6709.51	17335.00	5075.00	14022.00
2010	7034.88	21253.00	5789.00	15481.00
2011	6694.24	26150.00	6893.00	17495.00

资料来源：《中国教育经费统计年鉴(1999—2012)》、《江西省统计年鉴(1999—2012)》，中国统计出版社。

1.1.2 学生资助经费占经费总支出的比例小、资助力度弱

下面我们首先来分析一组数据(见表 1-2 和图 1.1)。

表 1-2 **1998—2011 年江西省普通高校经费支出金额及比例情况** （单位：千元）

年份	金额/比例	支出合计	教育事业性经费支出		基建支出
			合计	期中：助学金支出	
1998	金额	397135	343818	39022	53317
	比例	100.00%	86.57%	9.83%	13.43%
1999	金额	767806	619301	56703	319103
	比例	100.00%	80.66%	7.39%	41.56%

续表

年份	金额 比例	支出合计	教育事业性经费支出		基建支出
			合计	期中：助学金支出	
2000	金额	1304218	971598	77890	332620
	比例	100. 00%	74. 50%	5. 97%	25. 50%
2001	金额	1584808	1331215	100283	253593
	比例	100. 00%	84. 00%	6. 33%	16. 00%
2002	金额	2513872	1986441	133742	527431
	比例	100. 00%	79. 02%	5. 32%	20. 98%
2003	金额	3626698	2691656	170820	935042
	比例	100. 00%	74. 22%	4. 71%	25. 78%
2004	金额	4786490	3303585	185958	1482905
	比例	100. 00%	69. 02%	3. 89%	30. 98%
2005	金额	5198182	4146007	231057	1052175
	比例	100. 00%	79. 76%	4. 44%	20. 24%
2006	金额	5790818	4705022	279409	1084796
	比例	100. 00%	81. 25%	4. 83%	18. 73%
2007	金额	9228113	8085532	473566	1142581
	比例	100. 00%	87. 62%	5. 13%	12. 38%
2008	金额	10241584	9483498	846439	758086
	比例	100. 00%	92. 60%	8. 26%	7. 40%
2009	金额	10537304	9702421	816771	834883
	比例	100. 00%	92. 08%	7. 75%	7. 92%
2010	金额	12439550	11796362	936335	643188
	比例	100. 00%	94. 83%	7. 53%	5. 17%
2011	金额	13291030	13197108	1146188	93922
	比例	100. 00%	99. 29%	8. 62%	0. 71%

资料来源：《中国教育经费统计年鉴(1999—2012)》，中国统计出版社。

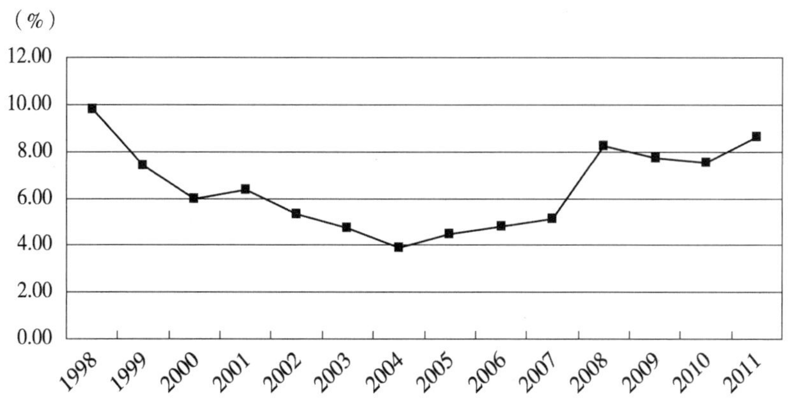

图 1.1 江西普通高校助学金支出占总支出的比例

资料来源：《中国教育经费统计年鉴(1999—2012)》，中国统计出版社。

从表 1-2 和图 1.1 可以看出，1998—2004 年，奖助学金占江西省普通高等学校事业性经费支出的比例呈逐渐下降趋势，从 2005 年开始，这一比例虽然有所增加，但是增加速度缓慢，即使到 2011 年，这一比例也仅达到 8.62%，这可能与大学扩招过快导致在校生人数增长过快有关。2008—2011 年的四年时间里，总体资助水平虽然上了一个台阶，但仍然还没有达到扩招前的比例。我们知道，在校生人数增长过快，必然导致贫困大学生数量的急剧膨胀。因而，奖助学金所占事业性经费支出的比例的逐渐下降与贫困大学生数量的急剧膨胀是不相适应的，势必影响高等教育的公平和机会均等。此外，我们还知道，在校生人数过快增长，必然导致学杂费收入数量的增长，因而学校用于奖助方面的资金自然会随之增长，但事实上恰恰相反，江西省普通高等学校支出的奖助学金占学杂费收入的比例很小，增长极其缓慢，生均学费 2008 年为 7275 元，是 1998 年的 7 倍，而生均奖助学金的支出仅是 1998 年的 2.7 倍。

然而，在实践中，由于政府财力有限，加之高校前几年热衷于搞大规模建设，真正用于贫困生资助的经费非常有限，相对贫困生的实际需要，这点资助经费可谓杯水车薪。奖助学金支出占江西省普通高等学校事业性经费支出的比例约占高校学生年支出的6%，资助力度非常有限，根本原因在于资助经费极为匮乏。由于扩招后省属高校教育经费并没有随在校生人数同步增加，对学费的依赖程度增加，能够拿出来资助贫困生的经费非常有限，资助资金很难及时足额到位，以高校为主的资助体系难以解决日益增多的贫困生的问题。调查中发现，江西省普通高校累计欠费学生达6%左右，学生欠交学费情况严重，也在一定程度上影响了资助经费的足额划拨。由于供求缺口很大，现有资助经费只能救急，解决贫困生基本的生活困难，很难彻底解决贫困生的学费资助问题。然而，很多高校的贫困生只有各方面较为优秀者才能获得资助，实际上，优秀学生和贫困生两大群体之间只有很小的一部分是重合的。

目前，在国家和高校资助经费有限的情况下，江西普通高校未能充分利用社会资源解决贫困生资助问题。虽然有部分高校也在积极寻找多渠道的资助，社会各界，如社会团体、企事业单位、个人等力量都有所参与，但参与的广度和深度远远不够，并且由于相应的激励机制问题，社会各界的参与一般处于一种自发、自愿、非义务、无组织的状态。可见，上述原因使得资助贫困生的社会资源得不到充分整合和有效利用，其所发挥的程度也就可想而知。

1.1.3　学生辍学率逐年升高，辍学原因错综复杂

2001—2010年的10年间，江西省高校大学生保持相对较快的速度稳定增长，2005年以前，每年比上一年的增长率都在30%以上，2006年的增长趋势有所减弱。2007年以后保持相对稳定的低速增长。10年间，学生的辍学人数也保持较稳定的增长(2007年该数据缺失)，其中，2006年的辍学人数增长幅度较大，达到220.91%。辍学率(当年辍学人数/当年在校生总数)最低的是2002年为3.26‰，从2002年开始，以后逐年增加的，辍学率最高的是2006年，竟达到11.25‰，波动比较大的是2006年。在校生人数和辍学人数的增长率情况见表1-3。

表 1-3　**2001—2010 年江西省高校在校生人数和辍学情况**

年份	辍学人数	增长率(%)	年在校学生总人数	增长率(%)	辍学率(‰)
2001	656		196455		3.34
2002	862	31.40	264621	34.70	3.26
2003	1324	53.60	358622	35.52	3.69
2004	1963	48.26	489854	36.59	4.01
2005	2702	37.65	646086	31.89	4.18
2006	8671	220.91	770525	19.26	11.25
2007	—	—	781686	1.45	—
2008	4390	—	764182	−2.24	5.74
2009	5036	14.72	793488	3.83	6.35
2010	5569	10.58	816484	2.90	6.82

数据来源:《江西省教育事业统计年鉴(2002—2011)》，江西高校出版社，其中 2007 年数据缺失。

如果我们把学生辍学原因可分为“健康原因”、“经济原因”、“学习原因”和“其他原因”四类进行调查，可以得到表 1-4 所示的结果。

表 1-4　**2001—2011 年江西省高校大学生辍学情况(按原因)分类统计**

年度	数量 比重(%)	总计	健康原因	经济原因		学习原因	其他原因	
				停学务工	贫困		出国	其他
2001	数量	656	151		39	210	9	247
	比重(%)	100.00	23.02	0.00	5.95	32.01	1.37	37.65
2002	数量	862	248	79	167	160	25	183
	比重(%)	100.00	28.77	9.16	19.37	18.56	2.90	21.23
2003	数量	1324	338	92	202	270	42	380
	比重(%)	100.00	25.53	6.95	15.26	20.39	3.17	28.70

续表

年度	数量 比重(%)	总计	健康原因	经济原因		学习原因	其他原因	
				停学务工	贫困		出国	其他
2004	数量	1963	373	194	264	421	81	630
	比重(%)	100.00	19.00	9.88	13.45	21.45	4.13	32.09
2005	数量	2702	424	316	271	715	56	920
	比重(%)	100.00	15.69	11.70	10.03	26.46	2.07	34.05
2006	数量	8671	1038	805	1548	2477	100	2703
	比重(%)	100.00	11.97	9.28	17.85	28.57	1.15	31.17
2007	数量	—	—	—	—	—	—	—
	比重(%)	—	—	—	—	—	—	—
2008	数量	4390	688	504	642	917	181	1458
	比重(%)	100.00	15.67	11.48	14.62	20.89	4.10	33.21
2009	数量	5036	691	734	562	1005	150	1894
	比重(%)	100.00	13.72	14.58	11.16	19.96	2.98	37.61
2010	数量	5569	924	797	419	948	183	2298
	比重(%)	100.00	16.59	14.31	7.52	17.02	3.29	41.26
总计	数量	31173	4875	3521	4114	7123	827	10713
	比重(%)	100.00	15.64	11.30	13.20	22.85	2.60	34.37

数据来源:《江西省教育事业统计年鉴(2002—2011)》，江西高校出版社，其中 2007 年数据缺失。

“学习原因”包括“学习无兴趣”和“学习成绩不佳”两个方面，而“学习无兴趣”与“学习成绩不佳”两者又密切相关，“学习无兴趣”有可能直接导致“学习成绩不佳”，而“学习成绩不佳”又有可能进一步加剧“学习无兴趣”。

健康原因主要是指患有疾病的学生的休学造成的辍学现象，由表 1-4 中的数据可见，从纵向看，虽然患病学生的总数每年有很大的增加，但是相对于在校生增加的比例来说，增加的速度还是相对缓慢的，这说明，随着经济的发展，人们的生活水平的提高，医疗条件的改善，国民的身体素质得到了普遍的提高，大学生的身体状况也有所好转。

经济原因主要是贫困和停学务工(或求职)，以经济困难为辍学原因的总体上占13.20%，其实，学生因停学务工(或求职)而辍学的根本问题还是由于学生在校期间的经济问题，所以，我们把学生因停学务工而导致的辍学归结为经济方面的原因，这两项占总辍学的24.50%，但是从时间发展上看，随着高校的扩招，因经济困难而辍学的人数占总辍学人数的比例增加的趋势比较明显，学生辍学现象有逐年增加的趋势。这表明，随着高等教育成本分担的改革，学杂费越来越高，一部分学生迫于经济压力而辍学，另一部分学生因家庭经济困难而勤工助学，但在勤工助学中，因缺课太多而影响学业成绩最终被迫退学；有的困难学生思想不稳定，无心学习，又迫于家长的压力勉强就读，最后成绩不合格，无奈只有自动放弃学业而退学；还有的困难学生迫于经济压力，先办理休学，先求职，一方面参加了社会实践，另一方面在休学期间积累些资金，然后再找机会回校继续完成学业，据我们的调查，有这种情况的只是极少一部分学生。

1.2　研究的目的和意义

1.2.1　研究的目的

过去，我国的高等教育是精英教育，高等教育其实就是少数人占用公共教育资源。高校实行相对较高的收费标准后，特别是对一部分专业征收高额学费，国家可以在不增加更多的高等教育投资的情况下，使高等教育招生名额逐年扩大，使更多人能够享受高质量、高层次的教育。实际上，这就是推进教育的公平，因为从总体上来说，免费或低费高等教育是不利于教育公平的。收费与资助结合的高等教育意味着降低了政府对高收入阶层子女的补贴，又确保低收入阶层子女不因经济困难而辍学，从而使高等教育资源在不同收入阶层之间更趋向公平。研究普通高校收费、资助与学生辍学问题的最终目的，是为普通高校收费与学生资助政策调整与制度建立寻找理论依据，促进普通高校建立合理的收费制度与学生资助制度，促进教育公平和整个高等教育的良性发展。

1.2.2　研究的意义

1. 理论意义

学费是高等教育的一个重要组成部分，高校收费、资助与学生辍学问题在高等教育理论研究中同样至关重要。研究高校收费、资助与学生辍学问题，有利于高等教育收费制度理论的充实和发展。同时，为高等教育财政学、教育经济学、人力资本理论、教育公平理论、教育成本分担及补偿等理论的进一步完善奠定基础。研究普通高校收费、资助与学生辍学问题的最终目的是为普通高校收费与学生资助制度的建立寻找科学的理论，促进普通高校收费政策的调整，建立贫困生资助制度。

2. 实际意义

本研究主要有以下四点实际意义：

(1)有利于普通高校建立合理的学费制度。学费制度的建立，关系到政府、高校和个人三者的利益，合理的学费制度是使三者利益均衡。本研究有利于促进制定出使政府、高校和个人满意程度最大的高校学费制度。

(2)有利于确定普通高校的收费标准。学费不能等同于教育价格，应当是教育成本的一部分。本研究就是试图建立一套科学合理的普通高校收费制度，确定合理的收费标准。

(3)有利于普通高校建立一套完善资助体系和资助制度，确保贫困学生能得到真正的救济而不辍学。

(4)有利于降低普通高校学生辍学率，推进高等教育的公平。

1.3 基本概念与研究对象界定

1.3.1 基本概念界定

1. 高等教育

高等教育是一个动态的概念，在高等教育产生和发展的历史进程中，它的形式在不断变化，职能在不断丰富，因此，高等教育的内涵和外延也在不断地演变着。不仅不同国家对高等教育概念有着不同的界定，不同学者对高等教育概念也有不同理解。但综合相关研究，我们不难发现，各种高等教育概念的界定，或广或狭，都包括了两个方面的内容：一是高等教育的起点或基础，二是高等教育的性质。从高等教育的起点或基础来看，高等教育建立于完全的中等教育基础之上，即在具备了普通中等教育的文化基础之后，才有了进一步学习专业知识的条件。从高等教育性质来看，高等教育是一种专业教育，它所培养的人才是社会上从事专业工作的高级专门人才，而专业人才的类型是多样的，既有学术型、研究型的，也有技术型、应用型的。①

为此，高等教育的概念可以界定为：高等教育是在完全的中等教育基础上进行的专业教育，是培养高级专门人才的一种社会活动。高等教育具有以下基本特征：

(1)高等教育作为第三级教育，是建立在中等教育基础之上的高级教育，在三层(初等、中等、高等)教育体系中处于最高层次。

(2)高等教育是以培养高级专门人才为宗旨的专业教育，有别于以普通教育为目的的基础教育和以职业训练为目的的职业培训。

(3)接受高等教育的学生，其身心发展已趋于成熟，具备了从事复杂、高度抽象的思维活动的生理、心理基础，其学习能力亦处于人生发展阶段的最佳时期。

---

① 许祥云．中国家庭高等教育投资行为研究[M]．北京：清华大学出版社，2010：11-12.

从我国高等教育层次结构来看，高等教育又可分为三级，第一、第二和第三级分别为专科教育、本科教育和研究生教育，它们依次构成高等教育的三个层次。从1999年我国高等教育扩招开始，又设立了专科层次的高等职业教育。关于高等职业教育，学者们曾一度就其属于高等教育的“一个层次”还是“一种类型”的问题展开过激烈的争论。从目前学者的研究结论看，把高等职业教育作为高等教育的“一种类型”的主张似乎占上风，也更贴近高等教育自身和社会经济发展的实际。

本书所涉及的高等教育，仅涵盖在高等学校进行的第一级和第二级中的普通高等教育，即普通高等专科教育、高等职业教育和普通本科教育，不包括成人高等教育和高等教育自学考试助学班。

2. 普通高校

普通高校即普通高等学校，指按照国家规定的设置标准和审批程序批准举办的，通过全国普通高等学校统一招生考试，招收高中毕业生为主要培养对象，实施高等教育的全日制大学、独立设置的学院和高等专科学校、职业技术学院。

3. 学(杂)费

高等教育投资是政府(实际上为纳税人)、个人(家庭)、社会和学校共同投入教育领域的人力、物力和财力的总和。其中，个人(家庭)的投资部分就是学费(包括杂费)。从经济学的角度看，高校学费是受教育者对自身人力资本的一种投资，受教育者通过向高等教育机构支付学费，从而获得教育服务的补偿；对高等教育机构而言，学费则是补偿其教育服务过程所发生的成本的一种手段，高等教育机构获得学费和其他教育投资后，为社会和个人提供教育服务，其直接产出就是受教育者的知识、能力的增进和综合素质的提高。

从生产性的角度说，受教育者通过向高等教育机构交纳学费而获得相应的教育服务，并通过接受这种教育服务，形成自身的人力资本，直接表现为知识、能力的增进以及整体素质的提高。这种变化，对社会生产和经济活动产生直接或间接的影响。第一，通过提高劳动力的质量，改变劳动力的形态，从而生产出更高水平劳动能力。第二，通过人的活动，生产和再生产出科学知识形态的生产力，并使科学技术转化为现实生产力。第三，通过促进生产资料的更新，而发挥生产资料的作用。第四，通过扩大劳动对象，挖掘和拓展劳动资源和劳动条件。

从消费性的角度说，其一，高校学费及其他教育投资并不直接构成物质生产部门的生产要素，也不直接参与物质生产部门的生产过程。也就是说，学费作为教育投资消耗以后，却不直接生产任何物质财富；其二，投资者投入学费和其他教育资源以后，并不能像物质生产部门一样，立即或直接得到补偿，而是表现为"当期成本，预期收益"；其三，虽然教育会生产劳动能力，但并不立刻产生现实生产力。教育支出是提高劳动力质量、发展和提高人的智力的投资，虽然智力较高的劳动力投入生产以后可以大大提高劳动生产率，创造更多的物质财富，但这是在教育过程结束之后，而且只有当劳动力和生产资料结合之后才能变成现实生产力。

在现代生产和现代教育的条件下，学费作为一种教育投资，应当属于生产性投资。但这种生产性投资的性质，并不否定其具有消费性的一面，也不是说它同物质生产就完全相同。教育过程同生产过程是内容、性质和形式都不相同的两个过程。教育的成果是新的劳动能力，是劳动者知识、技能和智力的增进，只有当教育成果投入物质生产过程之后，才有可能创造物质财富和增加国民收入。单就教育过程本身而言，它只是消耗人力、物力和财力，因此，其消费性的一面当是一个不争的事实。①

4. 贫困生资助

高校贫困生资助是指国家、社会团体和个人为了保障贫困生的学习和生活，从物质和资金上对他们提供援助。高校贫困生资助的主要项目有国家奖助学金、国家助学贷款、勤工助学资金以及以贫困生为主要对象的各类奖学金等。贫困生资助具有阶段性，包括义

① 许祥云．从经济学角度看高校学费的本质[J]．中国物价，2006(7)：22-25.

务教育阶段的贫困生资助和非义务教育阶段的贫困生资助两个阶段。高校贫困生资助显然属于非义务阶段的贫困生资助。高校贫困生资助政策具有深刻的伦理道德意蕴。首先，在我国，高校贫困生资助体现了分配正义的价值诉求，体现了对社会弱势群体的扶持，可以确保全体人民共享经济社会发展的成果。其次，高校贫困生资助是社会弱势群体受教育权利实现的重要途径。再次，高校贫困生资助符合社会主义人道主义的基本要求，社会主义人道主义有不同层次的要求，高校贫困生资助满足了社会主义人道主义“使人成为人”的高层次要求。最后，从社会功利的角度看，高校贫困生资助工作能够促进社会人力资源的再生产和积累，是实施人力资源强国战略的重要举措。①

5. 学生辍学与家庭高等教育投资中止

在校学习的学生因各种主、客观原因，在学业尚未完成的学习途中退学而中断学业的现象，称为辍学。从经济学角度看，学生辍学实际上就是家庭(或个人)高等教育投资中止的现象。本书所研究的辍学，专指普通高校学生的辍学现象，即家庭(或个人)在普通高等教育领域的投资中止现象。

1.3.2 研究对象界定

本书以普通高等学校的收费、普通高等学校对学生的资助以及普通高等学校学生的辍学行为为研究对象。研究资料与数据的获得，主要是基于对江西省普通高等学校的调查。

基于研究的针对性、有效性，受限于作者精力和篇幅，本书所讨论的“普通高等学校”限定为：在本研究开展时期的江西省属地方普通高等学校；“普通高等学校的收费”限定为：普通高等学校为补偿教育服务过程所发生的成本而向学生收取的费用，包括学生直接用于完成学业而支付的学费、书费、住宿费和其他费用；“普通高等学校对学生的资助”限定为：国家、社会团体和个人为了保

① 黄建美，邹海贵．高校贫困生资助工作中的道德风险与道德教育[J]．中国高教研究，2013(5)．

障贫困生的学习和生活，从物质和资金上对他们提供的经济援助；"学生辍学"限定为：普通高校在校学习的大学生因各种主、客观原因，在学业尚未完成的学习途中退学而中断学业的现象，从经济学角度看，即是家庭(或个人)高等教育投资中止的现象。

1.4 研究的思路、方法与主要内容

1.4.1 研究思路

在学习、整理国内外相关文献的基础上，通过调查，搜集第一手资料，特别是江西省发展计划委员会、财政厅、教育厅等部门和高校的有关资料和相关文件，梳理现有高校办学经费来源、收费项目和标准、教育成本基本构成、教育成本分担情况、学生(家庭)学费承担能力、学生资助和学生辍学情况等，掌握江西省普通高校收费、学生资助与学生辍学的基本省情，找出收费与资助政策调整的关键点和突破口。

主要运用人力资本理论、高等教育成本分担理论、准公共产品理论、制度经济学、教育公平理论，采取文献分析以及归纳、综合、演绎、推理的逻辑思维方法，通过对高校经费来源、收费构成、学生付费能力与资助状况等情况的分析，寻找高校收费的理论和实践依据，分析学生及其家庭承担学费的合理性及其承受能力，同时运用多元 Logistic 模型进行回归分析，揭示学生辍学与收费、资助之间关系的密切程度。综合上述分析，最后提出高校收费与学生资助的政策建议。

具体研究思路如图 1.2 所示。

1.4.2 研究方法

1. *文献研究法*

笔者在查阅了大量国内外相关、次相关以及次次相关文献的基础上，掌握了国内外相关研究的前沿，确定了选题的重要性和必要性，对相关概念和研究对象进行界定，划定了研究的边界，同时，

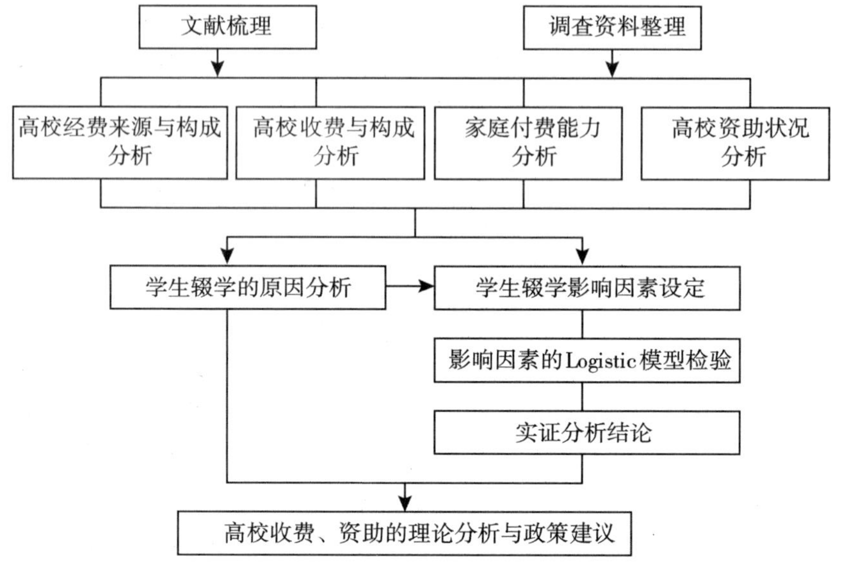

图1.2　本书研究框架

在大量前人研究的基础上，找到了本研究的切入点："高校收费、资助与学生辍学的关联性"，"学生辍学的真实性影响因素"等，并通过演绎、推理，确定了本研究的基本逻辑框架和基本研究内容。

2. 调查法

本研究的调查法包括问卷调查法和访谈法。

本研究的调查地点为江西省，调查对象主要涉及江西省政府有关部门、部分高校、部分在校大学生及其家庭。样本选取采用了概率抽样与非概率抽样相结合的方法。确定样本的基本步骤是：界定总体→编制抽样框→确定样本数量→选择抽样方法→抽取样本→样本质量评估→样本补充。

本研究所使用的与学生家庭相关的数据和资料，主要是通过问卷调查和访谈而获取的。本研究所采用访谈主要为补充访谈，没有设定专门的访谈提纲，主要是针对与问卷相关的一些问题做补充调查，以支撑问卷数据和资料的可靠性，深化对相关问题的认识和理解。本研究的问卷调查和访谈分文献梳理、专家咨询、问卷设计、预调查和问卷校验、问卷修订、全面正式调查、分段深度访谈等多个阶段进行，历时5年有余。

3. 统计分析法

在本项目的定量研究中，采用了列联表分析、相关分析、方差分析和回归分析等方法。在研究学生(家庭)付费能力和付费意愿时，使用了比较均值的配对样本T检验方法；在研究学生的辍学意愿的选择行为时，运用了二元或多元Logistic模型进行影响因素的回归分析。

4. 综合归纳法

对各种分析方法得出的结论进行综合归纳，总结高校收费、资助与学生辍学行为发生与发展的内在规律，并就高等教育收费与资助的理论问题进行了探讨，就收费与资助的政策问题提出了建议。

1.4.3 主要研究内容

1. 普通高校办学经费来源与构成研究

这部分主要对江西省普通高校经费来源的相关数据进行分析，力图分析江西省高等教育经费来源的构成及各个构成要素变化的特点和可能的决定因素，然后以此分析教育经费变化与学生资助之间的关系。

2. 普通高校的收费与构成研究

这部分对江西省2013年的高等教育收费现状进行了调查，并抽取了江西省各个类型、层次高校的各个专业的收费情况进行分析处理，力图弄清楚江西省高校收费项目构成和标准的基本省情，然后寻找高校收费的实践依据，分析其产生的影响以及存在的问题。

3. 普通高校学生(家庭)的付费能力研究

这部分通过回收的调查问卷的数据，对江西省高校大学生及家庭的付费意愿和付费能力进行实证分析。分析学生在校期间的经济来源、构成及影响因素；分析以学生家庭特征、学生个体特征和就读院校特征等为解释变量对学生用于学(杂)费支出的影响。根据学生家庭对目前学费的承受能力及家庭资助占其教育开支总额之比例的判断，考察学生及家庭的付费能力及其影响因素。从学生愿意支付的最高学费水平及其影响因素和学生对高等教育需求的价格弹性估计两个方面，探讨学生及其家庭的付费意愿。

4. 普通高校学生资助状况研究

这部分对国家和江西省高校现行贫困生资助体系和运行机制进行了广泛深入的调查，研究影响学生资助的各种因素，并以江西省某高校为典型案例，分析贫困生资助体系表现出的一些新问题，从大学生自身、学校、社会、政府相关部门等方面分析了引发问题的原因和高校目前在解决贫困生问题方面存在的困难。

5. 普通高校学生辍学问题实证研究

这部分以搜集整理和查阅江西省各高校有关学籍管理文件资料为依据，并以此分析大学生辍学的原因为基础，对影响学生辍学的因素进行设定，并根据调查获得的数据，对学生是否继续完成学业的选择上进行了描述性统计分析，且采用 Logistic 二元选择模型对学生选择是否继续完成学业的意愿及其影响因素进行了计量分析。

6. 普通高校收费、资助的理论与政策研究

这部分从理论上对高校办学与教育成本构成、高校教育成本的计量、教育成本分担理论与应用、教育公平理论与学生学费、资助政策等进行分析。同时，对高校收费依据及其项目的科学设定、收费标准确定的依据及原则、贫困学生学费困境与资助问题、高校收费与学生资助等方面提出相应的政策建议。

第 2 章　普通高校办学经费来源与构成研究

1999 年以来，我国高等教育发展迅猛，江西省也在这一大背景下，抓住所谓的发展时机，从办学的规模、层次、在校生人数以及教育经费划拨等方面都有了很大变化。本章主要对江西省普通高校经费来源的相关数据进行分析，弄清楚江西省普通高等学校教育经费来源与构成的现状及其变动特点，在此基础上，将江西省的高等教育投入水平与国内部分省市相比较，并对江西省普通高校的发展、生均成本和江西普通高校教育经费的需求进行预测，力图探明投入过程中数量、结构等方面的不足之处和可能的决定因素，为政府制定教育财政政策提供数据参考。然后，以此分析教育经费变化与学生资助之间的关系。

2.1　教育经费来源及其总量与构成

2.1.1　教育经费的一般来源

高等学校教育经费来源，经过 1985 年政府允许高校招收少量自费生，1997 年学费制度的完全确立，到 1999 年扩招逐步打破高等教育投资渠道单一化的局面，高等教育经费来源已呈现多元化的格局。根据教育部财务司和国家统计局社会科技和文化产业统计司主编的《中国教育经费统计年鉴》的统计口径，2007 年以前，表述为："全国教育经费来源包括国家财政性教育经费、社会团体和公民个人办学经费、社会捐(集)资经费、事业收入及其他教育经费"；2007 年，国家教育部、财政部对全国教育经费部分统计口径做了修订，收入科目将原来的“社会团体和公民个人办学经费”按经费来源拆分为“预算内教育经费”，“各级政府征收用于教育的税费”，“举办单位、个人收入”，“事业收入”，“捐献收入”，“校办产业和经营收益用于教育的部分”和“其他收入”等科目；从2008年开始，则表述为“高等学校教育经费来源包括国家财政性教育经费，民办学校中举办者投入，社会捐赠经费，事业收入及其他教育经费等”。民办学校中举办者投入得到明确，“社会捐(集)资经费”明确为“社会捐赠经费”。按照新的统计口径，各项收入分别表述如下：

1. 国家财政性教育经费

国家财政性教育经费包括公共财政预算教育经费、各级政府征收用于教育的税费、企业办学中的企业拨款、校办产业和社会服务收入用于教育的经费，其他属于国家财政性教育经费。

(1)公共财政预算教育经费：指中央、地方各级财政或上级主管部门在本年度内安排，并划拨到各级各类学校、教育行政单位、教育事业单位，列入国家预算支出科目的教育经费。

①教育事业费拨款：指学校或单位从中央和地方财政取得的列入《政府收支分类支出科目》第205类“教育支出”科目中教育事业费拨款数，不含205类第9款“教育费附加支出”，第10款“地方教育附加支出”，第11款“地方教育基金支出”、其他类科目中纳入基金预算管理的安排用于教育的财政性经费拨款。

②科研拨款：指高等学校从中央和地方取得的《政府收支分类支出科目》第206类“科学技术”科目的科学研究经费。

③基本建设拨款：指学校或单位从中央和地方发展与改革部门取得的列入《政府收支分类科目》经济分类第309类的“基本建设支出”拨款。

④其他拨款：指学校或其他办学机构从中央和地方取得的除《政府收支分类支出科目》第205类以外的其他属于公共财政预算的教育经费拨款。如第210类中的“医疗保障”经费、第229类中的“住房改革”经费、第208类“社会保障和就业”中的相关经费、第218类第3款第1项“地震灾后恢复重建支出”中“学校和其他教

育设施”的经费等。

(2)各级政府征收用于教育的税费：指中央和地方各级政府为发展教育事业而指定机关专门征收，并划拨给教育部门使用的实际数额，如教育费附加、地方教育附加、地方基金。

①教育费附加：指按照国家规定比例向缴纳增值税、营业税、消费税的单位和个人征收的教育费附加。

②地方教育附加：指地方各级政府根据《教育法》的有关规定，在征收教育费附加以外，开征的用于教育的税费，如地方政府按增值税、营业税、消费税一定比例征收的用于教育的地方附加等。

③地方基金：指地方各级政府除公共财政预算教育经费、教育费附加、地方教育附加以外的纳入基金预算管理的安排用于教育的其他财政性经费拨款。如国有土地使用权出让金收入、城市基础设施配套费收入、彩票公益金收入、国有资源(资产)有偿使用收入、能源建设基金收入等安排用于教育的拨款。

(3)企业办学中的企业拨款：指中央和地方所属企业在企业营业外资金列支或企业自有资金列支，并实际拨付所属学校的办学经费。

(4)校办产业和社会服务收入用于教育的经费：指学校举办的校办产业和各种经营取得的收益及投资收益中用于补充教育经费的部分。

(5)其他属于国家财政性教育经费：指高等学校从非本级财政或其他政府部门、公办科研机构取得的，未列入“科研拨款”的所有用于科学研究并源自财政拨款的经费；学校因承担农民工培训、复转军人培训、岗前培训等任务，而收到的非本级财政或其他政府部门的财政拨款；各级各类学校和教育事业单位以外的培训机构承办农民工培训、复转军人培训、岗前培训等继续教育培训任务所取得的财政拨款。

2. 民办学校中举办者投入

这是指办学的单位或公民个人拨给民办学校的办学经费。

3. 社会捐赠经费

这是指境内外社会各界及个人对教育的资助和捐赠。

4. 事业收入

这是指学校和单位开展教学及其辅助活动依法取得的、经财政部门核准留用的资金，以及经财政专户核拨回的资金，包括教学事业收入和科研事业收入。其中学杂费：指学生缴纳的学费和杂费(含普通高中按省级人民政府规定收取的择校费和幼儿园的保育教育费)，不包括学校收取的课本费和其他代收费项目。

5. 其他收入

这是指除上述各项收入以外的其他各项收入。①

2.1.2　教育经费总量与构成

下面，对江西省高等学校教育经费收入情况进行历史性分析。

通过分析 1998—2012 年间江西省高等学校教育经费来源及构成的变化特点，可以说明，随着个人分担费用的增加，必须安排专项资金用于特困大学生的生活补助，高校必须按照国家有关规定，将收取的部分学费用于资助贫困大学生，并与财政资金相结合，共同建立完善以国家助学贷款为主体的高校贫困生资助体系。

数据选取说明：目前我国高等学校一般分为普通高等学校和成人高等学校，普通高等学校简称普通高校。普通高校这个名称主要用来区别于成人高校。普通高校是指按照国家规定的设置标准和审批程序批准举办的，通过全国普通高等学校统一招生考试(统招生)，招收普通高中毕业生为主要培养对象的学校，包括高等本科学校、高等专科学校和高等职业学校。而成人高校主要是招收在职人员为主。鉴于本章的研究对象是江西省普通高等学校教育经费来源与构成，笔者只选取了江西省普通高校的教育经费数据，不包括成人高校数据，即《中国教育经费统计年鉴》中“分地区普通高等学校教育经费收入情况”。1998—2007 年，江西省的普通高等学校均为地方所属(其中部分院校原为部属院校，后下放归省属管理)，2008 年以后才有中央所属高校教育经费收入情况数据，加之中央

① 教育部财务司和国家统计局社会科技和文化产业统计司主编的《中国教育经费统计年鉴》2007 年、2008 年版教育经费统计指标说明。

直属高校和地方所属高校的财政经费投入差异较大，因此在全国及部分省市的横向比较中，为增强可比性，笔者选取的是《中国教育经费统计年鉴》中“分地区地方普通高等学校教育经费收入情况”。

2007—2011年江西省普通高等学校教育经费收入情况数据直接取自2008—2012年《中国教育经费统计年鉴》。由于1998—2007年的《中国教育经费统计年鉴》中将“校办产业、勤工俭学、社会服务收入用于教育”，“基建拨款”科目单列，并不包含在“预算内事业性经费拨款”、“教育附加拨款”科目中，也无“国家财政性教育经费”指标。而在2008年版以后的年鉴中，“基建拨款”列在“公共财政预算教育经费”科目下，间接属于“国家财政性教育经费”科目，“校办产业、勤工俭学、社会服务收入用于教育”则直接列入“国家财政性教育经费”科目。因此，为保持统计口径一致，1998—2007年的“国家财政性教育经费”中的数据由“预算内事业性经费拨款”，“教育附加拨款”，“校办产业、勤工俭学、社会服务收入用于教育”，“基建拨款”数据加总得出。另外，“民办学校中举办者投入”科目下数据缺失。表2-1描述了1998—2012年江西省高等学校教育经费收入情况。

表2-1 **1998—2011年高校教育经费收入情况**（单位：千元）

年度	总计投入	(1)国家财政性教育经费	(2)社会捐赠经费	(3)事业收入		(4)民办学校中举办者投入	(5)其他
				合计	其中：学杂费		
1998	430331	284873	3168	129440	99016	—	12850
1999	808882	447089	10746	325917	221742	—	25130
2000	1341168	688353	5626	592853	432724	—	54336
2001	1591125	736592	13940	806662	602228	—	33931
2002	2469261	993601	19754	1396190	1152845	—	59716
2003	3362201	1036149	24720	2042183	1677369	—	259149
2004	3992027	1244946	7276	2619622	2131268	—	120183

续表

年度	总计投入	(1)国家财政性教育经费	(2)社会捐赠经费	(3)事业收入		(4)民办学校中举办者投入	(5)其他
				合计	其中：学杂费		
2005	4914501	1370593	9709	3245737	2728301	—	288462
2006	5974608	1611263	19687	4013026	3333352	—	330632
2007	9109706	2982236	86209	5439547	4933937	15534	586180
2008	10390866	3206818	34860	6071720	5546307	2200	1075268
2009	10521363	3669722	9673	5998727	5311038	22150	821091
2010	13305359	5266451	53578	6558949	5729097	219393	1206988
2011	17868142	10503813	45273	6132719	5470859	634720	551617

资料来源：《中国教育经费统计年鉴(1999—2012)》，中国统计出版社。

2.1.3　教育经费时序变化特点

(1)总计投入持续提升，增长迅速，相对投入仍然严重不足。

1998—2011 年是江西省高等教育规模发展较快的时期，如表 2-2 和图 2.1 所示，江西省普通高校在校生的规模平均以每年 18.24%的速度在增加，1999 年比 1998 年增长 17.82%，开始出现两位数的增长，当年新增在校生 16770 人。自 2000 年开始到 2005 年，在校生从 144293 人增加到 646086 人，增加了 3.5 倍，平均每年以 34.17%的速度急剧增长，2001 年为十几万，2002 年为二十几万，2003 年为三十几万，2004 年为四十几万，2005 年直接跳过五十几万，达六十五万左右，为江西省普通高校在校生规模增长最快的时期。2006—2009 年四年均维持在七十几万的水平，2006 年增长仍然为 19.26%的两位数水平，但自 2007 年以后，在校生规模逐渐趋于稳定，平均每年增长为 1.70%。2010 年超过了八十万，2011 年江西省普通高校在校生规模为 819356 人，是 1998 年在校生人数的 8.7 倍(1998 年在校生为 94103 人)。

表 2-2　　**1998—2011 年教育经费生均投入、人均 GDP 及增长情况**　　（单位：元）

年份	在校生数	增长情况	生均投入	增长情况	人均 GDP	增长情况
1998	94103		4573.0		4124	
1999	110873	17.82%	7295.6	59.54%	4402	6.74%
2000	144293	30.14%	9294.8	27.40%	4851	10.20%
2001	196455	36.15%	8099.2	-12.86%	5221	7.63%
2002	266251	35.53%	9274.2	14.51%	5829	11.65%
2003	358622	34.69%	9375.3	1.09%	6624	13.64%
2004	489854	36.59%	8149.4	-13.08%	8097	22.24%
2005	646086	31.89%	7606.6	-6.66%	9440	16.59%
2006	770525	19.26%	7753.9	1.94%	11145	18.06%
2007	781686	1.45%	11653.9	50.30%	13322	19.53%
2008	764182	-2.24%	13621.2	16.88%	15900	19.35%
2009	793488	3.83%	13280.4	-2.50%	17335	9.03%
2010	816484	2.90%	16320.4	22.89%	21253	22.60%
2011	819356	0.35%	21830.8	33.76%	26150	23.04%
平均	503732.7	18.24%	10580.61	14.86%	10978.07	15.41%

资料来源：《中国教育经费统计年鉴(1999—2012)》、《江西省统计年鉴(1999—2012)》，中国统计出版社。

与规模相适应，江西省高校教育的经费投入基本能与高等教育规模的扩大同步增长。1998—2011 年，江西省高等学校教育经费总额、国家财政性教育经费、学杂费总体上持续提升，增长迅速，每年都有大幅度提升，从表 2-1 中的数据来看，江西省高等学校教育经费收入从 1998 年总额 4.3 亿元，增加到 2011 年总额约 178.8 亿元，增加了 41.6 倍，年均增长率为 35.1%，年均增长率超过了在校生规模的平均增长率，是在校生规模的平均增长率的 2 倍，对江西普通高校人才培养的质量起到一定的保障作用。

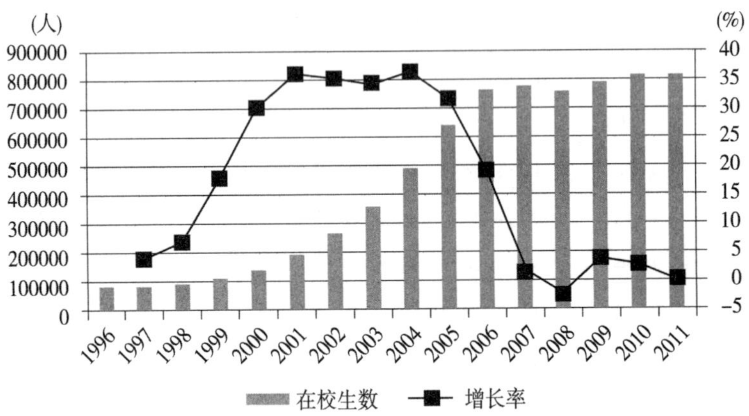

图 2.1　1996—2011 年江西省普通高校在校生及增长情况

资料来源：江西教育信息网数据<http：//www. jxedu. gov. cn/jytj/>

但是从总体情况看(图 2.2)，增长率有下降的趋势，而且增长

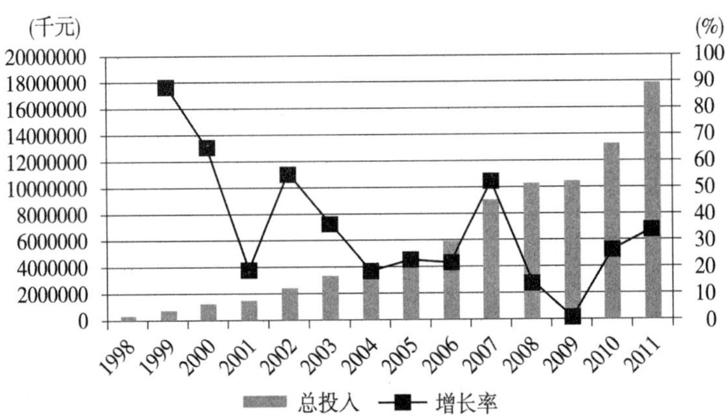

图 2.2　1998—2011 年江西省普通高校教育经费总投入及增长情况

资料来源：《中国教育经费统计年鉴(1999—2012)》，中国统计出版社。

不够稳定，波动较大，增长幅度较大的只有少数几个年份，如增长率超过 50%的年份有 1999 年(增长率为 87.97%)、2000 年(增长率为65.81%)、2002年(增长率为55.19%)和2007年(增长率为52.47%),其余年份增长幅度均不大但波动却较大,最低的只有1.24%(2009年)。

生均经费投入增长速度低于全省人均GDP增长速度,从生均经费投入看(表2-2),虽然2011年高校教育经费投入生均达21830.8元,是1998年4573.0元的4.8倍,年均增长14.86%,但是在高校规模高速发展时期(2000—2005年间),生均的教育经费出现了下降的趋势。生均教育经费的增长也只是集中在少数的几个年份,如1999年和2000年、2002年、2007年和2008年、2010年和2011年。相对于江西省人均国内生产总值来说,仍低于江西省人均国内生产总值(GDP)年均增长率15.41%的水平,而且,只有1999年、2000年和2011年这三年中,普通高校生均教育经费的投入高于当年的人均GDP的增长,其余大多数年份普通高校生均教育经费的投入都远远低于当年的人均GDP的增长,甚至在人均GDP增长较高的年份,生均经费出现负增长的情况,在规模增长较快的1999—2006年间,生均经费投入明显增长缓慢,相对投入仍然严重不足(见图2.3和图2.4)。

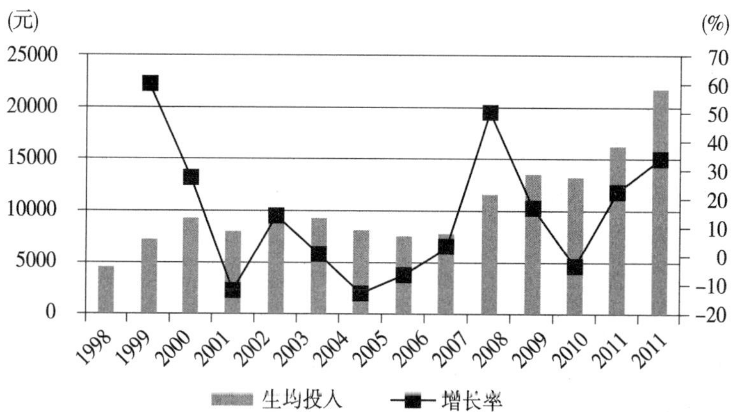

图2.3　1998—2011年江西省普通高校生均教育经费投入及增长情况

资料来源:《中国教育经费统计年鉴(1999—2012)》,中国统计出版社。

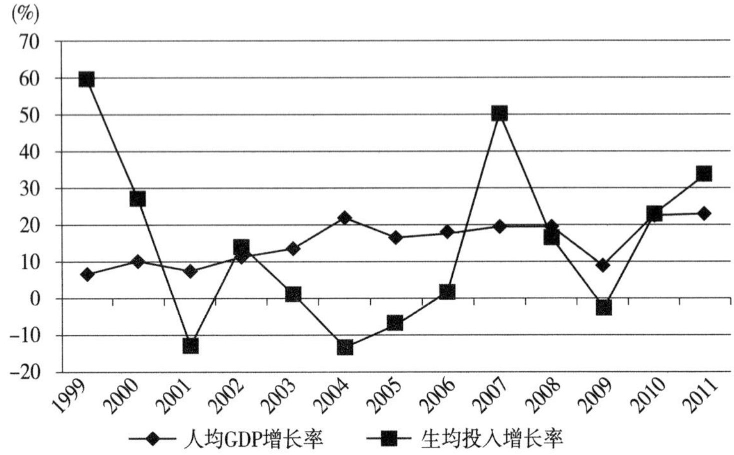

图 2.4　生均教育经费投入增长和人均 GDP 增长情况比较

资料来源：《中国教育经费统计年鉴(1999—2012)》，《江西省统计年鉴(1999—2012)》，中国统计出版社。

(2)经费来源结构虽然得到优化，但渠道狭窄，未出现预期多元化格局。

江西省高等学校教育经费收入来源逐步趋于多样化，由原来几乎全部由国家单方面投入逐步向多元化投入过渡，来源结构得到不断优化。从表 2-3 可见，1998—2011 年间江西省普通高等学校经费来源基本构成要素间的变动特点，此期间，江西省普通高等学校经费来源主要有：国家财政性教育经费投入、学校事业收入、社会捐赠经费收入、民办学校中举办者投入和其他的投入。1998 年，国家财政性教育经费占总经费收入的三分之二(66.2%)，事业收入占 30.1%，基本摆脱了国家全包的局面，接近我国高等教育成本分担体制目标，即逐步由国家负担向国家负担为主，个人、社会分担为辅转型。而到 2006 年，国家财政性教育经费仅占总经费收入的约 1/4(27%)，事业收入却占 2/3 以上(67.2%)，正好倒了个儿。平均来看，国家财政性教育经费平均只占到 40.82%，学校事业收入平均占到 52.79%，其中学费收入占总投入的 43.8%，经费投入仍然是以预算内教育经费拨款和以学杂费为主体的事业收入为主，而且个人负担超过了国家负担。社会捐赠经费所占比例也一直很低，平均仅占 0.5%，民办学校中举办者投入也只占 0.6%(见图 2.5)。

表 2-3　**1998—2011 年江西省普通高等学校教育经费来源结构**　(单位:%)

年度	总计投入	(1)国家财政性教育经费	(2)社会捐赠经费	(3)事业收入		(4)民办学校中举办者投入	(5)其他
				合计	其中:学杂费		
1998	100.0	66.2	0.7	30.1	23.0		3.0
1999	100.0	55.3	1.3	40.3	27.4		3.1
2000	100.0	51.3	0.4	44.2	32.3		4.1
2001	100.0	46.3	0.9	50.7	37.8		2.1
2002	100.0	40.2	0.8	56.5	46.7		2.4
2003	100.0	30.8	0.7	60.7	49.9		7.7
2004	100.0	31.2	0.2	65.6	53.4		3.0
2005	100.0	27.9	0.2	66.0	55.5		5.9
2006	100.0	27.0	0.3	67.2	55.8		5.5
2007	100.0	32.7	0.9	59.7	54.2	0.4	6.4
2008	100.0	30.9	0.3	58.5	53.4	0.8	10.3
2009	100.0	34.9	0.1	57.1	50.5	1.1	7.8
2010	100.0	39.6	0.4	49.3	43.1	0.3	9.1
2011	100.0	58.7	0.3	34.4	30.7	0.2	3.1
平均	100.0	40.9	0.5	52.9	43.8	0.6	5.3

资料来源:《中国教育经费统计年鉴(1999—2012)》，中国统计出版社。

可见，江西省普通高校教育经费来源渠道狭窄，自 1999 年以来，人们长期期盼的高等教育经费渠道多元化的格局并未出现，而仅仅呈现出了二元化的格局，教育经费主要来自财政性教育经费和

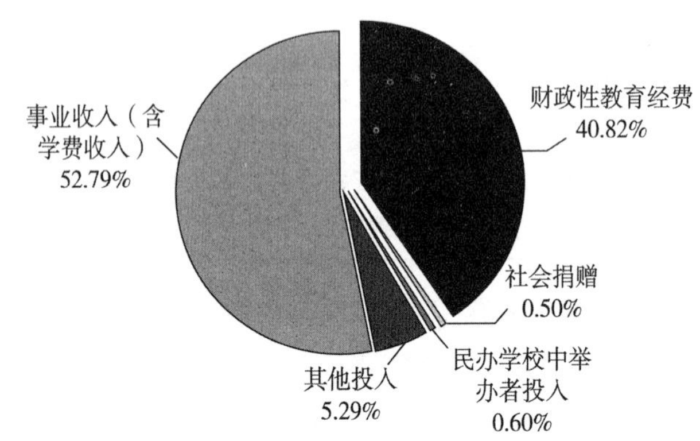

图 2.5　江西省高等学校教育经费收入来源结构

资料来源：《中国教育经费统计年鉴(1999—2012)》，中国统计出版社。

学校事业收入，这两种主要来源渠道呈现此消彼长的趋势，整个高等教育财政结构呈现出了财政投入占教育总投入的比重逐年下降，整个教育成本负担向学生及其家庭转移。由此引发的问题是，由于江西省在全国尚处于经济欠发达地区，与兄弟省份比较，大学生家庭普遍不够宽裕，使得一方面学费收缴相当困难，许多学校学杂费拖欠数额巨大，以至于影响了学校的正常运行；另一方面也产生了大量的贫困大学生。

(3)虽然国家财政性教育经费总量逐年提升，但所占比重却持续下降。

图 2.6 显示了 1998—2011 年江西省普通高等学校财政性教育经费及其占 GDP 的比重情况，可见，1998—2011 年间，江西省普通高等学校财政性教育经费总量不断增加，由 1998 年的 2.85 亿元增加到 2011 年的 105.08 亿元，增长了 42 倍，在这些年份中，增幅较大的年份有 1999 年、2002 年、2007 年及 2010 年以后的各年，这显然是与我国高等教育事业发展的步伐协调一致的，1999 年由于高校大幅扩招引起政府财政性教育经费投入大幅增加，2002 年和 2007 年分别为每个五年计划开局的第一年，体现了各级政府优先发展教育事业的决心；当然，也可能是从 2002 年开始，教育部

决定对高等学校进行每五年一轮教学质量评估，地方政府相应加大了对高校的投入的缘故。2011 年 1 月 6 日，江西省原省长吴新雄曾表示，从当年开始，江西将建立健全以政府投入为主、多渠道筹集教育经费的体制，要大幅度增加教育经费投入，确保到 2012 年财政性教育经费支出占 GDP 比重的 4%，并保持稳定增长①。当年，江西省财政性教育经费首次突破 GDP 的4%，达到4.31%，而普通高等学校财政性教育经费占了 GDP 的0.9%，接近1%的目标。

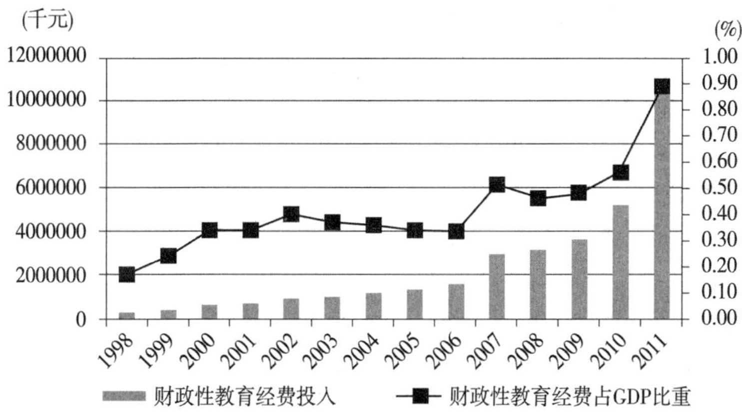

图 2.6　1998—2011 年江西普通高校财政性经费及其占 GDP 比重
资料来源：《中国教育经费统计年鉴(1999—2012)》、《江西省统计年鉴(1999—2012)》中国统计出版社。

但是，高等教育财政性教育经费占 GDP 的比例始终偏小。中国人民大学原校长纪宝成教授说："在'财政性教育经费占 GDP 的比例达到 4%'这一观念深入人心的情况下，我建议在 4%的目标实现的时候，其中的 25%能用于高等教育，也就是高等教育的财政性经费占到 GDP 的 1%。这样会解决高等教育发展中的很多问题。

① 李兴文．江西确保明年财政性教育经费支出占 GDP 比重 4%．新华网，http://news.xinhuanet.com/politics/2011-01/06/c_13679061.htm.中国教育新闻网.http://www.jyb.cn/china/gnxw/201101/t20110106_409502.html.

同时，拨款的增加部分应更多地用于提高标准，如目前一名大学生的年均经费约 6000 元，显然标准太低，如果能增加到 1 万元甚至更多，那会给学生的培养带来巨大的变化。”如果按照纪宝成教授的观点，在理想状况下，高等教育的财政性经费应占到 GDP 的 1%。而在 1998—2011 年期间，2009 年以前(2007 年除外)江西省高等教育财政性经费占 GDP 的比例在均低于 0.5%，平均只有 0.36。1993 年 2 月，中共中央、国务院联合发布的《中国教育改革和发展纲要》明确提出“国家财政性教育经费支出占国民生产总值即 GDP 的比例，本世纪达到 4%”，2000 年普通高校教育财政性经费应占到 GDP 的 1%，而事实上，直到 2010 年才超过 0.5%，达到 0.56%，2011 年达到最高也仅仅只有 0.90%，与理想目标还有差距。

虽然江西省普通高等学校财政性教育经费总量不断增加，但在 2006 年以前，普通高等学校财政性教育经费在总的经费来源中却逐年下降，从 1998 年的 66.2%，下降为 2006 年的 27.89%，下降了 38.31%，平均每年下降 5%左右，从生均投入的角度看，在高校在校生规模急剧膨胀的 2000—2006 年间，生均财政性教育经费却呈现连续下降的趋势，从 2000 年生均财政性教育经费为 4770.52 元，下降到 2006 年的 2091.12 元，达到历史最低点，仅占生均经费投入的 27%。2006 年，全国人大审议通过了《国民经济和社会发展第十一个五年规划纲要》，其中规定，“逐步使财政性教育经费占国内生产总值的比例达到 4%”。2010 年是实施“十一五规划”的最后一年，也是实现这一具有法律约束力目标的最后一年。教育部在年度工作要点中表示要“促进全国财政性教育经费占 GDP 比例 4%目标的实现”。2007 年，我国政府在相关文件中提出，保证财政性教育经费增长幅度明显高于财政经常性收入增长幅度。在教育部的推动下，2007 年财政性教育经费有大幅度的增加，2011 年江西省财政教育支出占 GDP 的比重超过 4%，达到 4.31%，占财政总支出的比重达到 16%。财政性教育支出总量及同比增幅、教育支出占财政支出比重、财政性教育支出占 GDP 比重均创历史新高，普通高校财政性教育经费占到 GDP 的 0.9%，实现了巨大的跨越。由于财政经费的提高，在校生规模的逐步稳定，江西省2011年普通高校生均经费突破万元，达12825.25元(见图2.7和表2-4)。

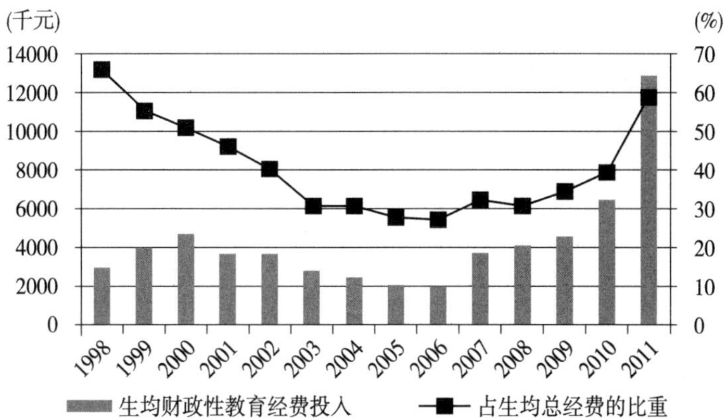

图2.7　1998—2011年江西省普通高校生均财政性教育经费投入及所占比重

资料来源：《中国教育经费统计年鉴(1999—2012)》、《江西省统计年鉴(1999—2012)》，中国统计出版社。

表2-4　**1998—2011年江西省普通高校财政性教育经费投入情况**　(单位：千元)

年份	财政性教育经费投入	国内生产总值(GDP)	财政性教育经费占GDP比重	生均财政投入	生均财政投入占生均总经费的比重
1998	284873	1719.87	0.17%	3027.25	66.20%
1999	447089	1853.65	0.24%	4032.44	55.27%
2000	688353	2003.07	0.34%	4770.52	51.32%
2001	736592	2175.68	0.34%	3749.42	46.29%
2002	993601	2450.48	0.41%	3731.82	40.24%
2003	1036149	2807.41	0.37%	2889.25	30.82%
2004	1244946	3456.7	0.36%	2541.46	31.19%

续表

年份	财政性教育经费投入	国内生产总值(GDP)	财政性教育经费占 GDP 比重	生均财政投入	生均财政投入占生均总经费的比重
2005	1370593	4056. 76	0. 34%	2121. 38	27. 89%
2006	1611263	4820. 53	0. 33%	2091. 12	26. 97%
2007	2982236	5800. 25	0. 51%	3815. 13	32. 74%
2008	3211763	6971. 05	0. 46%	4202. 88	30. 86%
2009	3672921	7655. 18	0. 48%	4628. 83	34. 85%
2010	5271173	9451. 26	0. 56%	6455. 94	39. 56%
2011	10508442	11702. 82	0. 90%	12825. 25	58. 75%

资料来源：《中国教育经费统计年鉴(1999—2012)》、《江西省统计年鉴(1999—2012)》，中国统计出版社。

(4)事业收入及其中的学杂费快速增长，学杂费一直保持上升趋势。

与西方一些高福利发达国家一样，我国也在 20 世纪 80 年代对免费高等教育政策进行了重估，并做出了历史性的调整。1989 年，国家教委、物价局和财政部联合颁布了《关于普通高等学校收取学杂费和住宿费的规定》(教财字〔1989〕32 号)，对“按照国家计划招收的学生(除师范生等)收取学杂费和住宿费”，虽然最高标准为每生每学年不超过 300 元，但这项规定的出台，标志着我国“完全免费享受高等教育”时代的终结。此后几年，中国普通高校的学杂费一直保持上升趋势。

从 1997 年秋季开始，高校学费标准的审批权下放到各省、直辖市和自治区政府，各地学费标准有了较大的差异。除了政府的财政拨款，学生以成本分担形式缴纳的学费成为高校办学经费的另一主要来源。地方普通高校办学经费由国家单方面投入开始向多元化投入过渡。江西省普通高校个人分担高等教育成本比例逐年攀升，1998 年生均学费仅为 1052. 21 元；1999 年则翻了接近一番，达到

2000 元；2000—2001 年增加了 50%，达到 3000 元左右；2002 年继续大幅度增加，达到 4330 元；2002 年到 2006 年的“十五”期间，生均学费平均基本维持在 4400 元左右；进入“十一五”的 2007 年又有一次显著的提高，整个“十一五”期间，学费平均达到 6805 元，是“十五”期间的 1.6 倍，最高年份为 2008 年，生均学费达到 7275 元，是十年前 1998 年的 7 倍(见图 2.8)。

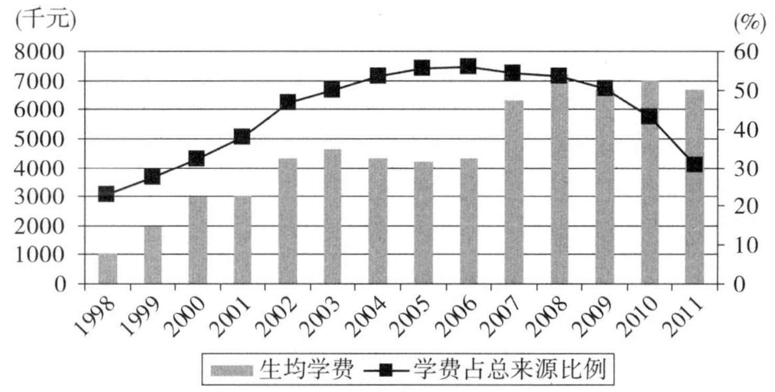

图 2.8 1998—2011 年江西省普通高校生均学费及其占经费总来源比例

资料来源：《中国教育经费统计年鉴(1999—2012)》，中国统计出版社。

从图 2.8 和表 1-1 中的生均学费占经费总来源的比例看，1998—2011 年，生均学费以 18.3%的速度逐年递增，而同期江西省的人均 GDP 增长速度平均为 15.4%，江西省城镇居民年平均纯收入增长速度为 11.5%，农民年平均纯收入增长速度仅为 10.0%。1998 年学费仅占总的经费来源的 23%，到 2006 年达到最高，占总的经费来源的 55.8%，超过了总经费来源的一半，平均以 23%的速度上升。2007 年以后，因江西省加大国家财政性教育经费的投入，生均学费所占的比例有所降低，但是绝对数仍然呈增加的趋势，个人的负担比例虽然有下降趋势，但平均依然占 46.4%，受教育者个人分担的总经费已经远远超过政府提出的“普通高等学校学费占每生每学年平均教育培养成本的比例一般不超过 25%”的最高限额，也远远超过国际上的“市场型”标准，更不用说超过“福利型”了。

（5）捐资收入数量少，增长缓慢，具有随机性和不确定性。

社会捐赠是高等教育经费的来源之一。在美国，包括私立奖学金和捐赠基金在内的捐赠收入占高等教育经费的比例，在公立高等学校和私立高等学校中分别为 4.7%和 14.4%。①

目前，我国社会对普通高等学校的捐资助学规模还相当低，1998 年捐资收入为 316.8 万元，2011 年为 4527.3 万，其中 2007 年最高，也仅仅只有 8620.9 万元。而且捐资收入稳定性极差，社会对高等教育的捐赠力度明显不够。从图 2.9 中明显可以看出，社会对高等教育的捐赠增长缓慢，具有较大的随机性和不确定性。

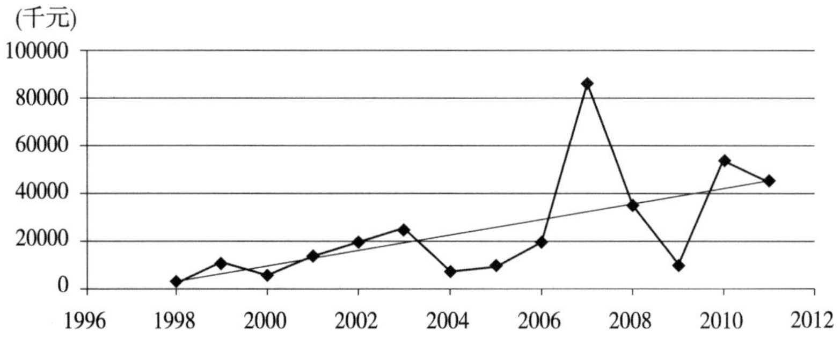

图 2.9　1998—2011 年江西省普通高校社会捐赠经费收入情况

资料来源：《中国教育经费统计年鉴（1999—2012）》，中国统计出版社。

社会机构和人士对高等教育捐资助学占整个经费总额的比重始终非常低，平均仅占 0.5%，2008 年、2009 年还出现了连续的下降；2009 年，占整个经费总额的比重不足 0.1%，对实现高等教育经费来源多元化的贡献甚微。

鉴于此，我们认为，国家应采取一些税收优惠政策，鼓励企业和社会各界提高对诸如江西等欠发达地区高等教育的捐赠规模。

---

① 吴惠，刘志新．我国高等教育经费筹措现状及国际比较［J］．陕西师范大学学报（哲学社会科学版），2010（1）：165-169.

2.2 教育经费与在校生规模的省际比较

高等教育的成本支出作为一种人力资本投资，既可以带来社会收益，也可以带来个人收益。按照约翰斯通在1984年提出的“谁受益谁付费”的高等教育成本分担理论，高等教育的成本补偿机制就必然是多元的。但是从我国目前的情况看，普通高校教育经费来源渠道是相对狭窄的，人们长期以来所期盼的高等教育经费来源渠道多元化的局面并未出现，而只是呈现出了二元化的格局，教育经费主要来自财政性教育经费和学校事业收入，学校事业收入则主要是学费收入，这两种主要来源渠道呈现此消彼长的趋势，整个高等教育财政投入占教育总投入的比重下降，整个教育成本负担必然会向学生及其家庭转移；相反，如果高等教育财政投入占教育总投入的比重高，则自然会减轻学生及其家庭的负担，当然会导致对其他经济领域投入的减少，加之高等教育对经济发展促进作用的滞后性，从而有可能短期内会减缓经济的发展速度。所以，对地方政府来说，不仅要确定其高等教育经费投入量的多少，还要分析其是否与当地的经济发展水平相适应。要探究一个地区的高等教育经费投入是否合理，本研究采用的方法就是将本地高等教育财政经费与其他省市水平进行比较。

在进行比较时，关键是比较对象和比较指标的选取。在比较对象(地区)的选取上，为使分析更具有针对性和科学性，笔者选取地方普通高校在校生教育规模与江西省相近的省份以及全国平均水平分别进行比较，以期能得到一些启示。我们之所以选择地方普通高校，一是因为江西省的普通高校在南昌大学确立为省部共建高校以前全部为地方高校，二是我国高等教育近年来的规模扩张主要集中在地方所属高校。据统计，2000—2005年间，在校生数增加约1006万，其中743万增长发生在地方所属高校。在各地经济社会发展不均衡、财力水平存在较大差异的背景下，我国高等教育财政政策存在的主要问题是地方普通高校财政投入总体不足。与学生人数的超常规增长相比，地方普通高等教育财政投入在2006年达到

1062 亿元，比 1998 年的 356.75 亿元增加了 705.28 亿元，增长 1.97 倍，年均增长 12.7%。财政投入增长速度远远低于学生人数增长。据 2006 年统计，全国普通高校生均预算内事业费支出为 5869 元，比 1998 年的 6775 元下降 906 元，最高的省市(北京)达到 18228.36 元，最低的省份(江西)仅为 2219 元，前者是后者的 8.2 倍。

对于比较指标的选取，我们在衡量普通高校经费来源时，首先分析各省市经费来源总量及其内部构成，在此基础上，选取“普通高等学校生均教育经费”、“生均国家财政性教育经费占地方普通高等学校生均教育经费总额的比例”和“国家财政性教育经费占 GDP 的比例”这三项指标进行比较，以此来衡量江西高等学校教育经费的财政投入水平。同时，还采用“高等教育国家财政性教育经费占教育财政投入总额的比例”这一指标判断政府对高等教育的投入力度和重视程度。

2.2.1　生均财政性教育经费占生均经费总投入比例的比较

自 1998 年以来，全国各个地区的地方高等学校规模都有不同程度的扩张，从统计数据看，地方普通高等学校在校生规模与江西省相近的省区有北京市、辽宁省、黑龙江省、上海市、浙江省、安徽省和陕西省(见图 2.10)，虽然规模都在扩张，但在 2003 年以前，在这八个省市中，江西一直处于较低的规模水平，然而 2004 年，江西高等学校在校生规模超过了黑龙江省和上海市，2005 年又超过了安徽省和北京市，2006 年曾经再一次超过浙江省、陕西省和辽宁省，成为这八个省份中在校生规模最大的省份。2007 年以后，由于江西省的高等学校在校生规模增长较慢，基本处于稳定状态，而安徽、陕西、浙江和辽宁等省仍处于增长中，所以 2008 年以后，江西省高等学校在校生规模略低于上述四个省市，但高于上海、北京和黑龙江。特别是北京和上海的地方普通高校在 2004 年以后在校生规模基本稳定在较低的增长水平，总规模维持在五六十万人。

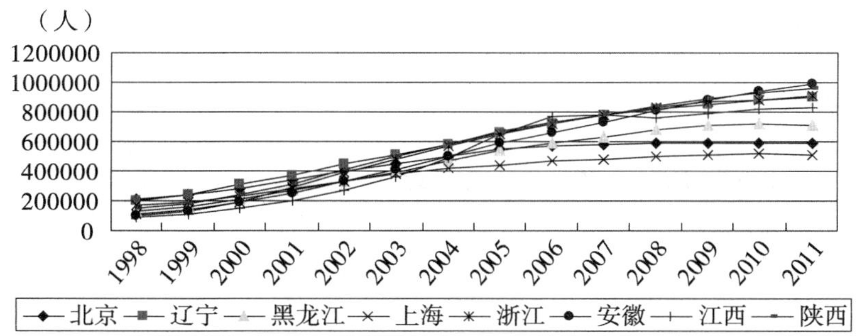

图 2.10　地方普通高校在校生规模相近的省市在校生变动情况

资料来源：《中国教育经费统计年鉴(1999—2012)》，中国统计出版社。

1. 生均教育经费总投入情况

地方普通高等学校在校生规模相近的八个省市中，经济较发达的省市，如上海、浙江、北京，这些地方的生均高等学校教育经费的总投入远远高于全国平均水平，辽宁省的生均高等学校教育经费的总投入与全国平均水平基本保持步调一致，且高于全国平均水平，江西、黑龙江、陕西、安徽的生均高等学校教育经费的总投入均低于全国平均水平。各地区的生均高等学校教育经费的总投入有差距扩大的趋势。这和地区的经济发展水平有关，经济发展水平较高的地区，生均教育经费投入也相对较高(见图 2.11)。

2. 生均财政性经费投入情况

生均财政性经费投入总体上与生均教育经费总投入相类似，但有一点可以明显可以看出，浙江省的生均总投入和生均总投入最高的上海市不相上下，而浙江省生均财政性投入远低于上海市，也明显低于北京市。与生均高等学校教育经费的投入较低的省份相比，江西省地方政府对高等教育的投入力度和重视程度都是相当大的，例如，在高等学校大规模扩张以前，生均高等学校教育经费的投入是达到或略高于全国平均水平的，只是在规模急速扩张中的几年，可能是由于经济总体发展水平较低的原因，投入到高等学校教育的

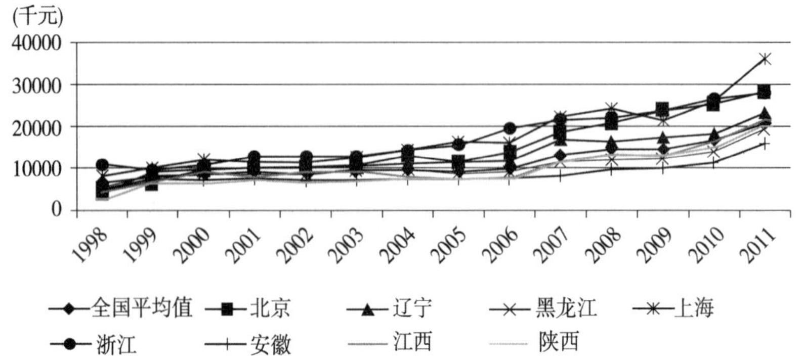

图 2.11　地方普通高等学校在校生规模相近的省市生均总投入情况

资料来源：《中国教育经费统计年鉴(1999—2012)》，中国统计出版社。

经费有些捉襟见肘，生均高等学校教育经费的投入明显下滑，但是在学校规模趋于稳定、经济快速增长的情况下，江西省政府仍然毫不犹豫地加大了普通高等学校教育经费的投入，在 2011 年超过了全国平均水平，将陕西和安徽远远甩在后面(见图 2.12)。

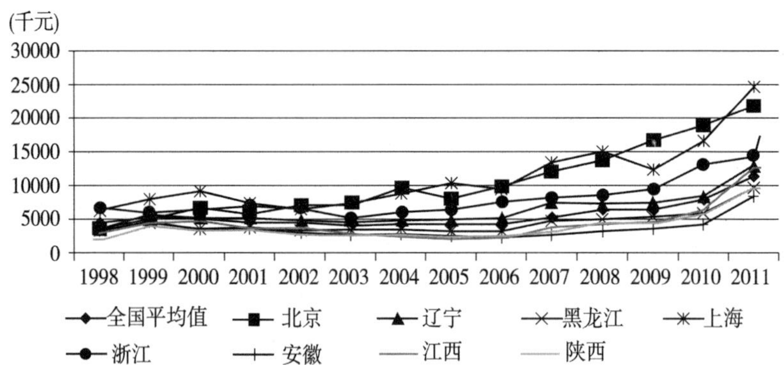

图 2.12　地方普通高等学校在校生规模相近的省市生均国家财政投入情况

资料来源：《中国教育经费统计年鉴(1999—2012)》、《中华人民共和国统计年鉴(1999—2012)》，中国统计出版社。

3. 生均财政性教育经费占生均经费总投入的比例

高等学校的教经费总额由国家财政拨款、事业收入(主要指学杂费)和社会资金构成。由于社会投入所占比重较低(不足1%),通常可以忽略不计。因此,可以粗略认为,高等教育经费主要由国家财政投入和个人(家庭)投入两部分构成。通过分析生均高等教育财政性经费投入占生均高等教育经费总额的比例,可以知道政府和个人在高等教育经费中的投入力度,为政府和高校的收费与资助决策提供参考。

图2.13反映的是在校生规模相近的地方高校,其国家财政性经费教育生均经费占生均经费总投入的比例情况。从图2.13可以发现,1998年以来,江西省普通高校生均财政性教育经费占生均经费总投入的比例是相对最低的,平均比例为41%,是所有规模相近省份中最低的,低于全国平均比例近10个百分点。2006年江西地方高校生均国家财政性教育经费占生均经费总投入的比例只有27%,而同期全国为平均为43%,上海为57%,北京为69%,国家财政投入和个人投入构成是此消彼长的,这说明江西省高等学校教育经费来源中,国家财政性经费投入比例偏低,政府投入一直相对欠缺,高等学校过分依赖事业收入,而事业收入中个人(家庭)

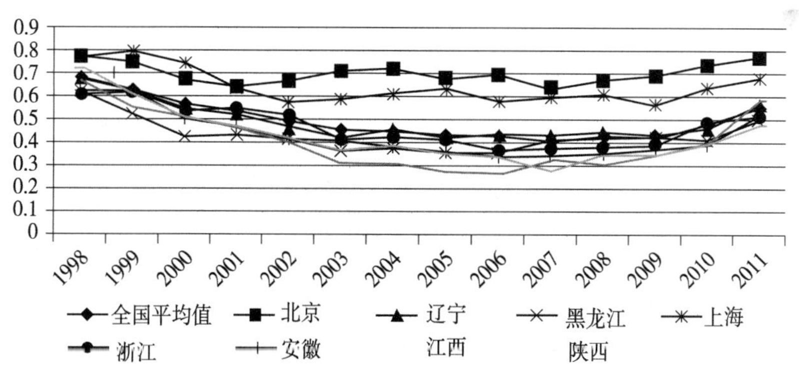

图2.13 生均国家财政性教育经费占经费总投入的比例

资料来源:《中国教育经费统计年鉴(1999—2012)》、《中华人民共和国统计年鉴(1999—2012)》,中国统计出版社。

投入的学杂费部分占较大比重。所以，江西高校学生的学杂费负担相对于其他省份高校的学生来说，是比较沉重的，这对江西高等教育的进一步发展非常不利。

2.2.2　财政性教育经费投入占地区 GDP 比重的比较

财政性教育经费占 GDP 的比重是衡量一个国家或地区对教育事业支持程度最重要的指标之一。比较普通高校教育财政经费占 GDP 的比重，可以看出，江西省普通高校教育财政投入总量的差距。图 2.14 描述了地方普通高校在校生规模与江西省相近的各省市其高等教育财政投入占 GDP 比重的时序变化特点。从图上来看，1998—2006 年间，江西省地方普通高校国家财政性教育经费占地方 GDP 的比重平均为 0.32%，同期这些相近省市的平均水平是 0.39%，仅略高于安徽省、黑龙江省和浙江省的比例。这一期间，国家财政性教育经费占地方 GDP 的比重最高的 2002 年，江西省也只有 0.41%，同期北京是 0.86%、陕西为 0.58%。2007—2011 年，是江西省地方普通高校国家财政性教育经费占地方 GDP 的比重上升较快的时期，平均达到 0.6%，在所比较的省份中，江西省处于较高水平，特别是 2011 年，达到 0.9%，超过了一直处于最高水平

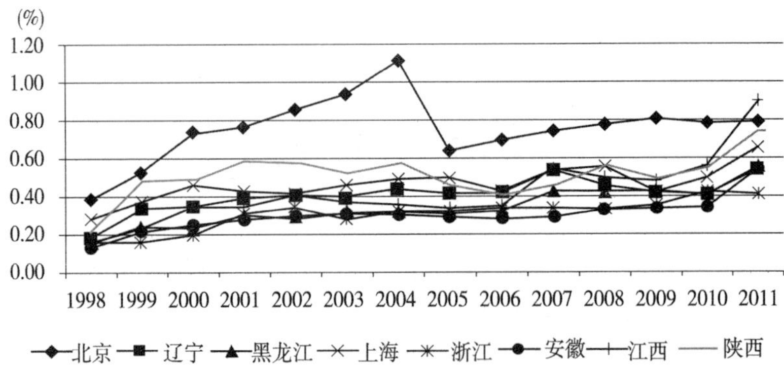

图 2.14　地方普通高校财政性教育经费投入占地区 GDP 的比重

资料来源：《中国教育经费统计年鉴(1999—2012)》、《中华人民共和国统计年鉴(1999—2012)》，中国统计出版社。

的北京市，成为进行比较的省份中最高的省份。但由前文可知，江西省普通高校教育国家财政性经费投入总额几乎比所有省份都低，这意味着虽然江西省财政投入比例高于其他省份，但由于基数（GDP 总额）远小于其他省市，导致江西省高等教育财政投入总额偏低。由此可知，地方经济发展水平低才是制约江西省高等教育财政投入整体不高的根本原因，因此，政府应该努力发展当地经济，提高投入基数，改变高等教育财政经费投入不足的状况，方可有效改善学生及其家庭负担过重的困境。

2.2.3　财政性教育经费占地区教育经费总投入比重的比较

财政性教育经费一度是中国高等教育经费的主要来源，随着我国改革开放的不断深入、经济实力的不断增强和市场化水平的扩大，它的总规模是逐渐加大的，但是教育财政投入是对各个教育层次的投入总和，国家在不同时期对不同类型和不同级别的教育投入有所侧重。通过分析“普通高校国家财政性教育经费占教育财政投入总额的比重”这一指标，可以得出相比于其他教育层次而言，政府对高等教育的重视程度，从而对教育财政经费的分配决策提供帮助。

表 2-5 和图 2.15 描述了 1998 年以来各省市普通高校财政性教育经费投入占地区教育经费财政投入总额的比例（2002 年数据缺失），从中可以看出，2006 年以前，历年江西省该项比例均略低于全国平均水平，平均在 15%左右，这在普通高等学校在校生规模相近的省份中，也仅高于安徽省。从 2007 年开始的以后各年，江西省加大了财政性教育经费的投入比例，每年均高于全国平均水平，平均达到 17%左右，远远高于安徽省，也超过陕西和黑龙江，2011 年这一比例达到 22%，仅仅略低于北京（25%）和上海（23%），位于八个省市的第三位。可见，江西省地方政府对高等教育的重视程度正在逐步提高，教育财政经费的分配向高等教育倾斜，这有利于减轻普通高校学生及其家庭的学杂费负担。

表 2-5　**地方普通高校财政性教育经费占地区教育经费总投入的比重**

年份 地区	1998	1999	2000	2001	2003	2004	2005	2006	2007	2008	2009	2010	2011
全国平均	12%	17%	17%	17%	17%	21%	18%	17%	15%	15%	14%	15%	17%
北京	19%	23%	31%	30%	35%	39%	30%	31%	26%	26%	27%	25%	25%
辽宁	14%	25%	24%	26%	24%	25%	23%	23%	23%	20%	18%	19%	22%
黑龙江	12%	16%	16%	16%	17%	19%	16%	15%	15%	14%	14%	14%	18%
上海	15%	20%	25%	21%	22%	24%	25%	21%	23%	23%	18%	20%	23%
浙江	14%	13%	15%	19%	16%	18%	18%	20%	17%	16%	16%	19%	18%
安徽	9%	13%	14%	13%	14%	14%	13%	11%	10%	10%	10%	11%	15%
江西	10%	14%	18%	15%	16%	17%	16%	16%	17%	16%	15%	18%	22%
陕西	11%	22%	21%	21%	19%	22%	17%	14%	14%	14%	13%	15%	18%

资料来源：《中国教育经费统计年鉴(1999—2012)》，中国统计出版社。

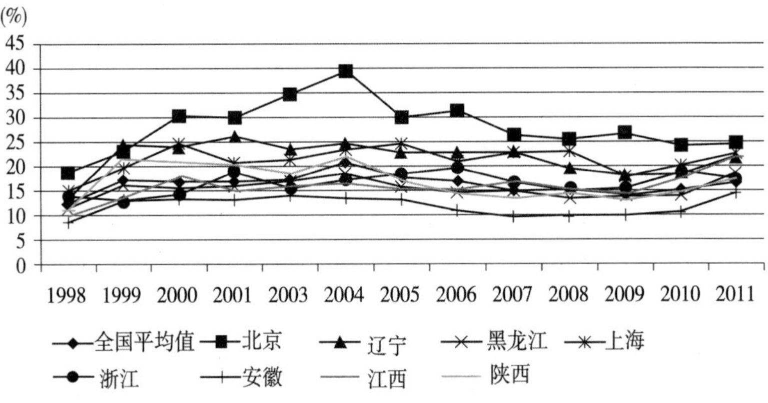

图 2. 15　地方普通高校财政性教育经费占地区教育经费总投入的比重
资料来源：《中国教育经费统计年鉴(1999—2012)》，中国统计出版社。

2.3 高校发展与教育经费需求分析

决定一个国家或地区普通高校教育经费需求规模的主要因素，是普通高校的教育规模和生均教育成本水平。教育规模越大，生均教育成本水平越高，需要的教育经费也就越多。

2.3.1 高校发展规模分析

1. 江西省普通高校数量发展情况

江西省普通高等学校数量出现的变化符合全国的趋势。1998年以前，江西省高等学校数量维持在一个相对稳定水平，1993年以前总数为30所，1994—1998年为31所，各类型院校的分布也没有变化。从1999年扩招开始，普通高校数量开始增加到34所，2002年一年就增加了14所，从34所增加到48所。2003—2012年又将近增加了一倍，至2012年为88所。除了综合性大学和理工类院校数量有较大变化外，其他类型的院校分布变化不大。综合性大学和理工类院校数量分别从几所增加到30所左右，截至2012年年底，江西省各类型普通高校数量分别是：综合性大学32所，理工类院校30所，农林类院校4所，医药类院校5所，师范类院校5所，财经类院校7所，政法类院校2所，艺术类院校3所。从总的情况看，医药类院校有所减少，而财经类院校则由原来的1所增加到7所(见表2-6)。在这些增加的院校中，有些是由中职院校升格的，也有相当一部分是新建的高校。从江西目前的经济社会发展可以预测，江西省普通高校的数量大幅增加的可能性较小，但各类型高校的结构还会有所调整。这些新增的高等院校都为江西高等教育规模的扩大奠定了坚实的基础，成为大学生的“吸纳器”。当然，占地面积以及各类教学、生活、后勤设施等配套设施的投入都必须得到相应解决。

表 2-6　　**历年来江西省普通高校数量及类型变化情况**

年份	合计	综合大学	理工院校	农业院校	林业院校	医药院校	师范院校	财经院校	政法院校	艺术院校	备注
1990	30	5	6	2		6	8	1	1		
1991	30	5	6	2		6	8	1	1		
1992	30	5	6	2		6	8	1	1		
1993	30	5	6	2		6	8	1	1		
1994	31	5	6	2		6	8	2	1		1(高职)
1995	31	5	6	2		6	8	2	1		1(高职)
1996	31	5	6	2		6	8	2	1		1(高职)
1997	31	5	6	2		6	8	2	1		1(高职)
1998	31	5	6	2		6	8	2	1		1(高职)
1999	34	5	6	2		6	8	2	1		4(短期职业大学)
2000	34	6	6	1		5	7	2	1		4(短期职业大学)
2001	34	6	6	1		5	7	2	1		3(短期职业大学)
2002	48	7	7	1		4	6	1	1		21(高职)
2003	54	8	6	1		2	3	1	1		32(高职)
2004	66	21	22	3	1	3	5	5	2	3	1(民族院校)
2005	66	22	21	3	1	4	5	5	2	2	1(民族院校)
2006	66	21	23	3	1	4	5	5	2	2	
2007	66	22	22	3	1	4	5	5	2	2	
2008	69	24	23	3	1	4	5	5	2	2	
2009	85	29	30	3	1	5	6	7	2	2	
2010	85	29	30	3	1	5	6	7	2	2	
2011	86	29	31	3	1	5	6	7	2	2	
2012	88	32	30	3	1	5	5	7	2	3	

资料来源：《江西省统计年鉴(1991—2013)》，中国统计出版社。

2. 江西省普通高校在校生规模发展情况

江西省普通高校在校生规模在前文已经作过详细分析，下面分析高校扩张的内部结构情况。高校数量是应高等教育需求的增加而增加的，把高等院校在校生规模也考虑进去的话，可以发现，自1990年以来，江西省普通高校在校生总规模的扩张，呈现出了内部膨胀式和外延扩展式两种方式交替进行扩张的特点。首先是1990—2001年，经历了第一轮稳定的内部膨胀式的扩张，即通过扩大已有学校的办学规模来寻求扩张；其次是2002—2004年，经历了第一轮外延扩展式为主的规模扩张，即主要通过增加新的学校数量来扩大规模。此后，两种扩张方式交替进行，2005—2007年又开始了第二轮内部膨胀式为主的扩张，至2007年，校均规模接近12000人；2008—2009年，开始了第二轮外延扩展式为主的规模扩张；2010年至今，再次开始第三轮的内部膨胀式为主的规模扩张(见表2-7和图2.16)。

表2-7 **1990—2012年江西省普通高校在校生数、高校数和年度校均规模**

年度	在校生数	高校数	校均规模	年度	在校生数	高校数	校均规模
1990	56608	30	1887	2002	266251	48	5547
1991	56383	30	1879	2003	358622	54	6641
1992	59294	30	1976	2004	489854	66	7422
1993	70537	30	2351	2005	646086	66	9789
1994	77976	31	2515	2006	770525	66	11675
1995	81999	31	2645	2007	781686	66	11844
1996	84592	31	2729	2008	764182	69	11075
1997	87993	31	2838	2009	793488	85	9335
1998	94103	31	3036	2010	816484	85	9606
1999	110873	34	3261	2011	819356	86	9527
2000	144293	34	4244	2012	851119	88	9672
2001	196455	34	5778				

资料来源：《江西省统计年鉴(1991—2013)》，中国统计出版社。

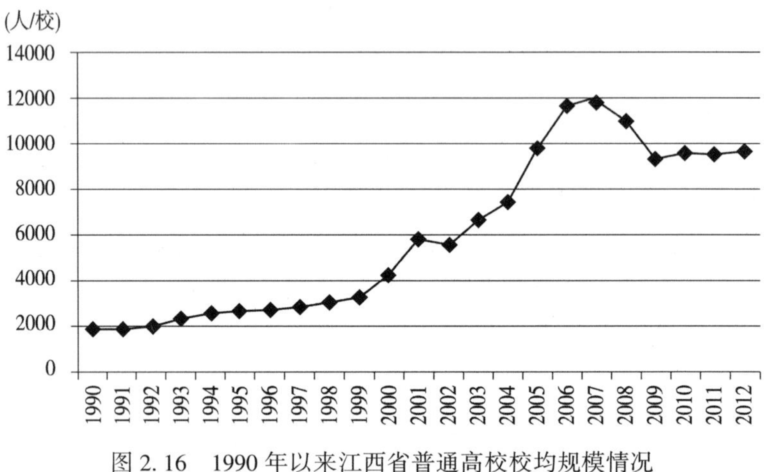

图 2.16　1990 年以来江西省普通高校校均规模情况

资料来源：《江西省统计年鉴(1991—2013)》，中国统计出版社。

从办学层次和结构看(见表 2-8 和图 2.17)，在扩招时期，虽然在校本科生比专科生多，但增长率不及在校专科生的增长率，在校生规模的扩张主要以专科生为主。从 1999 年开始，在校专科生的年增长率远远高于本科生，在校专科生年百分比也逐年上升。2004 年在校专科生超过本科生。从 2007 年开始，在校专科生年百分比有所下降，绝对数也在下降，年增长率甚至出现负增长。到 2010 年，本专科在校生基本持平，而在校本科生仍一直保持较高的增长态势。2011 年，在校本科生再次超过在校专科生。而且从目前的趋势看，随着本科在校生的增加，本科教育资源的供给必然还会继续增加，其结果是高职院校必将竞相升格为本科院校，如此必然会造成政府对高等教育的过度投资，高等教育资源出现极大浪费。根据世界高等教育大众化的经验，承担大众化重任更多的是职业技术教育，高等教育大众化的实现并不是原有精英高等教育机构的简单放大与扩大，更重要的是专科层次高等教育的大发展。

表 2-8　**1999—2012 年江西省普通高校本专科在校生、年增长率和年度百分比**

年份	在校生		本科在校生		专科在校生		本专科生比例(%)	
	数量	增长率(%)	数量	增长率(%)	数量	增长率(%)	本科生	专科生
1999	110873		66735		44138		0.60	0.40
2000	144293	30.14	86319	29.35	57974	31.35	0.60	0.40
2001	196455	36.15	112536	30.37	83919	44.75	0.57	0.43
2002	266251	35.53	158545	40.88	107706	28.35	0.60	0.40
2003	358622	34.69	199375	25.75	159247	47.85	0.56	0.44
2004	489854	36.59	227782	14.25	262072	64.57	0.46	0.54
2005	646086	31.89	274571	20.54	371515	41.76	0.42	0.58
2006	770525	19.26	295964	7.79	474561	27.74	0.38	0.62
2007	781686	1.45	333886	12.81	447800	-5.64	0.43	0.57
2008	764182	-2.24	359892	7.79	404290	-9.72	0.47	0.53
2009	793488	3.83	376776	4.69	416712	3.07	0.47	0.53
2010	816484	2.90	407978	8.28	408506	-1.97	0.50	0.50
2011	819356	0.35	428600	5.05	390756	-4.35	0.52	0.48
2012	851119	3.88	468678	9.35	382441	-2.13	0.55	0.45

资料来源：《江西省统计年鉴(2000—2013)》，中国统计出版社。

根据对江西省普通高校发展过程及趋势的分析，要预测江西省普通高校教育经费的需求情况，不仅要考虑普通高校在校生规模情况，而且还需知道这种规模的结构情况。一是扩张的方式，是内部膨胀式为主，还是外延扩展式为主，因为不同的扩张方式，政府的经费投入会有很大差异。比如，内部膨胀式为主的在校生规模扩张方式，要求必须投入更多的教学、办公和生活后勤等配套设施，以

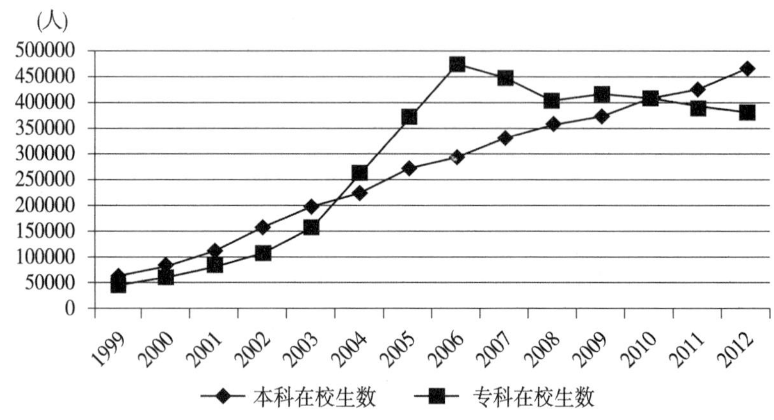

图 2.17　江西省普通高校本专科在校生情况

资料来源：《江西省统计年鉴(2000—2013)》，中国统计出版社。

满足正常的教育教学需求；而外延扩展式为主的扩张，除上述投入之外，还必须有新的校园建设投入。二是办学的层次问题。是以本科为主的规模扩大，还是以专科为主的规模扩大，因为本科层次和专科层次的高等教育所需的经费投入有很大的差异。

依照江西省中长期教育改革和发展规划纲要(2010—2020 年)战略目标，到 2020 年，基本实现教育现代化，基本形成学习型社会，进入人力资源强省行列。高等教育毛入学率达 42%，在学人数总规模达 135 万人(其中普通高等教育在校生达 98 万人)。从上述分析可以看出，江西省中长期教育改革和发展规划纲要(2010—2020 年)战略目标确定“普通高等教育在校生达 98 万人”的目标是比较合理的。

2.3.2　高校生均成本分析

教育成本(education cost)这一概念是在 20 世纪 60 年代初伴随着教育经济学的产生而出现的。英国经济学家约翰·维泽(1958)在《教育成本》一书中提出了“教育成本”一词，指出教育成本要计量教育的直接成本和间接成本。美国经济学家舒尔茨的《教育的经济价值》一书专章论述了教育成本，提出了“教育全部要素成本”概念，即在提供教育服务成本的基础上，把学生上学时间的机会成本加入到教育的全部要素中，这一概念进一步充实了教育成本的内容。阎达五、王耕(1989年)提出，教育成本是教育过程中所耗费的物化劳动和活劳动的价值总和，从理论上说，是指培养每名学生所耗费的全部费用。王善迈(1996年)认为，教育成本是用于培养学生所耗费的教育资源的价值。国内外学者对于教育成本的表述和界定，在概念本质内涵上基本达成共识，即教育成本是为使受教育者接受教育所耗费的年度资源总和。从广义讲，教育成本主要包括财务成本和机会成本。按照教育主体的不同，财务成本可分为学校(或社会)投入成本和个人投入成本；机会成本同样可分为公共机会成本和个人机会成本。从狭义讲，教育成本主要是指学校(或社会)投入的实际资源成本，可分为人员成本和物质成本。

可见，高等教育成本是大学生接受高等教育期间的教育费用，即高等教育活动中所消耗的物化劳动和活劳动的价值形式的总和，包括直接成本、间接成本和期间成本三种。直接成本是直接用于培养大学生的费用；间接成本是间接培养大学生的费用，可按一定比例折算到教育成本；期间成本是指学校行政管理部门为管理学校而发生的管理及人员的费用。其中，直接成本是构成高等教育成本的主体，从高等教育成本分担与补偿的角度来看，高等教育成本分担与补偿主要是分析高等教育的直接成本。虽然高等教育经费投入不能完全等同于教育成本，但在我国高等学校现行的会计制度下，高等教育支出是高等教育成本的集中反映，普通高等学校教育经费的支出主要包括事业性经费支出和基建支出。事业性支出包括个人部分(基本工资、补助工资、其他工资、职工福利费、社会保障费和奖助学金)和公用部分(公务费、业务费、设备购置费、修缮费和其他费用)。

我国高等教育事业的发展，高等教育生均培养成本受到了高等教育机构和社会公众的普遍关注，高等教育生均培养成本是理顺财政拨款和成本分担机制的必要条件，是制定学费及政府拨款的依据。高校的生均支出可以看做高校为了培养一个大学生而能保持正常运行的支出。从历年江西省和全国地方普通高校生均经费支出(图 2. 18)可以看出，江西省的地方高校生均经费支出一直低于全国平均水平，且增长缓慢，1998 年生均教育经费支出为 6179. 94 元，仅为全国平均水平的一半，1999 年增加为 8271. 37 元，比 1998 年增长 33. 84%，2000 年再次增长 19. 48%，达到 9882. 61 元，逐步拉近与全国平均水平的差距，至 2004 年，比全国平均水平低 1769. 89 元，是历年来最接近全国平均水平的一年，以后年份与全国平均水平却有逐步拉大的趋势。值得一提的是，1999—2006 年江西省高校在校生规模急剧扩张，普通高校的生均经费支出是每年都增加的，但是江西省生均公共财政预算教育经费支出却在每年减少，尤其是 2005 年和 2006 年生均公共财政预算教育经费支出仅为 2939. 3 元和 2359. 24 元，是全国生均公共财政预算教育经费支出最低的省份。这一期间，江西省普通高校的正常运转主要是靠收取学杂费来维持，以至于一些高校教职工的工资都出现青黄不接的现象，出现了高校拖欠教师工资的现象，每年只有在 9 月份开学收取学杂费之后才补发拖欠的工资。

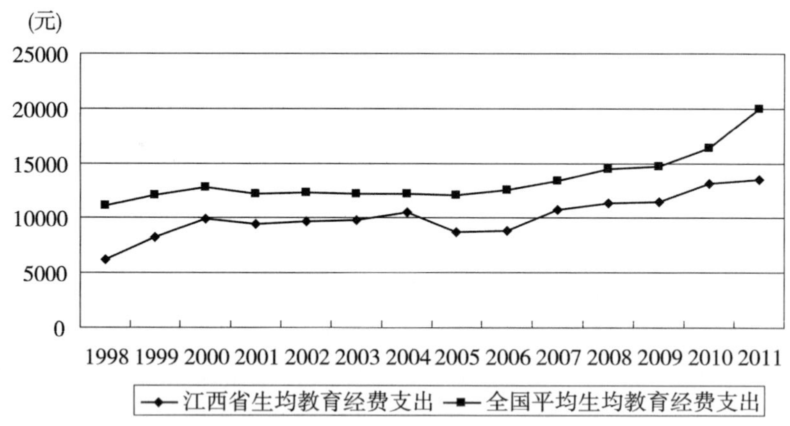

图 2. 18　1998—2011 年江西省生均教育经费支出与全国平均比较

资料来源：《中国教育经费统计年鉴(1999—2012)》，中国统计出版社。

从历年生均基本建设支出(图 2. 19)可以看出，2004 年江西省地方普通高校生均基本建设支出达到 3248.47 元(生均总支出为 10485.33 元),是江西省地方普通高校生均基本建设支出历年来的最高水平。可以说,从 1999 年扩招开始到 2007 年,是江西省地方普通高校大兴土木的时期,此期间,平均每年的生均基本建设支出为 2030.84 元,此期间高校真正用于人才培养的支出也是可想而知的了。此后各年,江西省地方普通高校生均基本建设支出都在减少,2011 年生均基本建设支出仅有 118.26 元,标志着江西省地方高校外延扩展式的规模扩张暂告结束。在以后的年份,江西省地方普通高校即使有扩张,也可能主要是以内部膨胀式扩张为主,除非国家政策有大的变动,否则,江西省将告别地方高校大兴土木建新校区的现象。

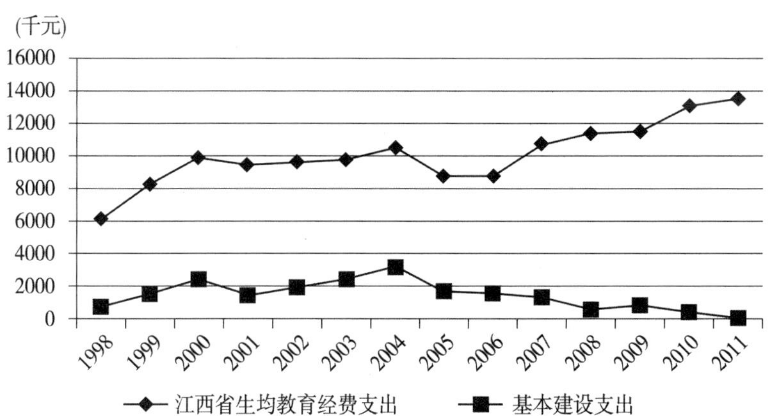

图 2.19 1998—2011 年江西省生均教育经费支出与基本建设支出比较

资料来源:《中国教育经费统计年鉴(1999—2012)》,中国统计出版社。

从江西省本专科普通高校生均支出和生均公共财政预算经费支出(图 2.20)可以看出,尽管本科高校生均支出和专科高校生均支出每年都有上升,但是本科高校生均支出平均高出专科高校生均支出的距离基本保持不变,平均生均高出为 3000 多元。2011 年,本科高校生均基本建设支出仅为 8.52 元,这说明江西本科高校的外延扩展式扩张基本结束，今后一段时间内主要是以内部膨胀式扩张为主(假如仍然存在继续扩张的话)。专科高校生均基本建设支出为 336.46 元，比往年有所减少，说明专科高校的规模扩张也处在结尾阶段。

值得注意的是，本专科高校生均公共财政预算教育经费支出自 2008 年以来，有差距逐步扩大的趋势。生均公共财政预算教育经费支出是财政在各层次学校间分配资金时运用的一种方法，江西省财政在本科院校生均公共财政预算教育经费的支出有明显加快的趋势，而在专科院校则增长缓慢，给人一种江西省更加重视本科教育的感觉。正如前文所述，本科在校生规模超过专科在校生，而且还有进一步增加的趋势，本科教育资源的供给必然还会继续增加，其结果是，高职院校必将试图竞相升格为本科院校。通过分析我们知道，造成这一结果的最根本的原因是政府财政投放的导向。根据世界大众化高等教育的经验，承担大众化重任更多的是职业技术教育，高等教育大众化的实现并不是原有精英高等教育机构的扩大，更重要的是专科层次高等教育的大发展。所以，这一点必须引起江西省政府的高度重视，应当从根本上调整高等教育层次布局和教育经费投放思路。

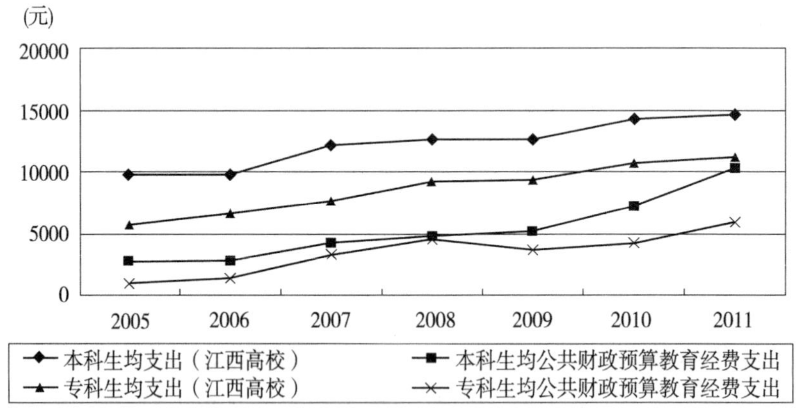

图 2.20　2005—2011 年江西普通本专科生均支出与生均公共财政预算支出情况

资料来源：《中国教育经费统计年鉴(2006—2012)》，中国统计出版社。

2.3.3 高校教育经费需求总量分析

高等教育生均培养成本的计量是理顺财政拨款和成本分担机制的必要条件，是确定学费标准及政府拨款额度的依据。从前文的分析中，我们已经知道高校为了培养一个大学生而能保持正常运行的支出，即高校的生均支出。那么，这些成本应该如何分担呢？政府应该怎样确定财政拨款的总量呢？按照教育部规定，也是国际上的经验，高校学费的收取不应该超过学校年生均日常运行成本的25%，也就是说，普通高校生均支出的75%以上应该由公共财政预算教育经费来承担。表2-9反映了江西省地方普通高校生均公共财政预算经费支出占生均总支出的比例。1998年以来，生均公共财政预算经费支出占生均总支出的比例平均为41.71%，远低于75%。各年度的数据表明，除了1998年、1999年和2011年外，其他年份江西省公共财政分担高等教育成本的比例都没有超过总成本的1/2。最低的年份(2004年)公共财政只分担了1/4，可见，按照教育部规定，江西省公共财政预算教育经费支出总量严重不足。

高等教育作为公益性事业，政府对于其成本承担具有不可推卸的责任。据联合国教科文组织统计，1991年世界平均公共教育经费占GNP的比例为5.1%，其中发达国家为5.35%，发展中国家为4.1%，最不发达国家为3.3%，当时中国财政性教育经费支出占GDP的比例仅为2.3%。因此，该年颁布的《中国教育改革和发展纲要》明确规定了“逐步提高国家财政性教育经费支出占国民生产总值的比例，本世纪末达到4%”。而实际情况却是，我国在20世纪末不仅没有达到4%的比例，21世纪初的前几年国家财政性教育经费占GDP比例还连续几年一路走低，2002年为3.32%，2003年为3.28%，2004年只有2.79%，财政性教育支出占GDP的比重距离4%的目标越来越远。

财政性教育经费支出占GDP的比例没有呈现出逐年增长的趋势，财政性教育拨款短期内自然也不会大幅度增长。虽然国家财政拨款的绝对额逐年增加，但增幅有限，政府财政拨款占高等教育事业收入的比重呈现逐年下降的趋势。据不完全统计，1990—2002

年，我国财政性教育经费占普通高校教育经费来源的比重从93.5%下降到50%。国家财政性教育经费支出占全国教育经费总支出的比例更是呈直线水平下降。所有这些统计数据都表明，我国政府投入到高等教育中的经费是严重不足的。

表 2-9　**生均公共财政预算经费支出占生均总支出的比例**

年份	1998	1999	2000	2001	2002	2003	2004
比例	66.52%	55.65%	47.81%	45.07%	37.53%	28.44%	25.29%
年份	2005	2006	2007	2008	2009	2010	2011
比例	26.79%	26.74%	33.02%	38.22%	40.55%	47.32%	64.98%

资料来源：《中国教育经费统计年鉴(1999—2012)》，中国统计出版社。

高等教育属于非义务教育，为了弥补公共办学经费的不足，高校依据国家有关规定向学生收取学费。除了政府的财政拨款，学生以成本分担形式缴纳的学费成为高校办学经费的另一主要来源。而高校大部分年份扩大招生规模，却是以降低生均经费为代价的，学生个人及其家庭则以更高的个人成本接受了更低质量的高等教育。

然而学费的增长空间是有限的，高校的学费收取多少，主要取决于国家所规定的学费标准的高低。我国高校收费严重偏高，超出了居民的平均承受能力，特别是对广大农村的学生来说，目前高校的收费用已经成为他们难以逾越的障碍。因此，通过向学生增收学费来筹措更多办学经费的办法是不可行的。

2.4　结论与启示

综合以上的分析，我们可以得出以下结论及启示：

(1)与高校教育规模相适应，江西省高校教育的经费投入基本能与高等教育规模的扩大同步增长，对江西普通高校人才培养的质量起到了一定的保障作用。但是增长不够稳定，波动较大。大多数年份普通高校生均教育经费的投入增长都远远低于当年人均 GDP

的增长。尤其是在办学规模增长较快的1999—2006年间，生均经费投入却明显增长缓慢，相对投入严重不足。2007年以后，财政性教育经费有大幅度的增加，2011年江西省财政性教育支出占GDP的比重超过4%，达到4.31%，占财政总支出比重的16%。普通高校财政性教育经费占到GDP的0.9%，实现了巨大的跨越。由于财政经费的提高，在校生规模的逐步稳定，江西省2011年普通高校生均经费突破万元，达12825.25元，这是一个巨大的进步。

(2)江西省高等学校教育经费收入来源，由原来几乎全部由国家单方面投入逐步向多元化投入过渡，来源结构得到不断优化。在这个过程中，政府用规模扩张政策满足了人们的高等教育需求，同时，用高等教育发展拉动地方经济发展的观点来对等高等教育扩张的成效。然而事实上，这种扩张是依靠学生的学费来支撑的。江西省普通高校教育经费来源渠道仍然非常狭窄，捐资收入数量少，增长缓慢，具有很大的随机性和不确定性。人们长期以来所期盼的高等教育经费渠道多元化的局面并未出现，而只是呈现出了二元化的格局，教育经费主要来自财政性教育经费和学校事业收入，而事业收入则主要依靠学费收入，这两种主要来源渠道呈现此消彼长的趋势，整个高等教育经费来源结构呈现出了财政投入占教育总投入的比重已经逐年下降，绝大部分教育成本负担向学生及其家庭转移，生均学费已经超过家庭的承受能力。从现在的情况分析，在高等教育经费来源实现多元化之前，高等教育经费来源的两个主渠道的变动趋势，不可能再像以前那样持续下去。财政性教育经费的下降只能导致生均教育经费的下降，最终导致大学教育质量的下降；学费的相对水平与国际上一些发达国家相比，也已经是相当高了，在政府对学生的资助手段单一、数量有限的情况下，老百姓是否有能力承担起比重持续增加的学费，是值得怀疑的。在高等教育实现大众化之后，国家财政是否有能力持续推动高等教育向普及化迈进？政府需要作出什么样的抉择？这都是亟待解决的问题。

(3)地方普通高等学校在校生规模相近的八个省市中，江西省高等学校生均教育经费的总投入低于全国平均水平，但是江西省地方政府对高等教育的投入力度和重视程度却比较大。虽然在

1998—2006 年间，在江西省高等学校教育经费来源中，政府财政性经费投入比例偏低，而且占地方 GDP 的比重也较低，政府投入一直相对欠缺，高等学校过分依赖事业收入，个人投入(学费)部分所占比重较大，所以江西高校学生的学费负担相对于其他省市高校的学生来说是相对沉重的，这对高等教育规模的进一步发展是非常不利。但是，在 2007—2011 年间，财政教育支出总量及同比增幅、教育支出占财政支出比重、财政性教育支出占 GDP 比重等，均创历史新高，特别是 2011 年，地方普通高校政府财政性教育经费占地方 GDP 的比重达到 0.9%，超过了一直处于最高水平的北京市，成为所比较的几个省市中地方普通高校政府财政性教育经费占地方 GDP 的比例最高的省份。教育财政经费的分配向高等教育倾斜，这有利于减轻学生及其家庭的学费负担。但由于基数(GDP 总额)远小于其他省市，导致江西省高等教育财政投入总额仍然偏低。因此，江西地方经济发展水平是制约江西省高等教育财政投入整体不高的根本原因。从这个角度上讲，江西省政府应该努力发展当地经济，提高投入基数，这样方可有效改善江西高等教育财政经费不足的状况，缓解学生及其家庭学费负担过重的困境。

(4)从目前的经济社会发展可以预测，江西省普通高校的数量大幅增加的可能性较小，但各类高校结构还会有所调整。近年来新增的高等院校都为江西高等教育规模的扩大作出了贡献，满足了众多学子上大学的愿望。但是这些新增高校的各类教学、科研、生活、后勤等配套设施要得到较好的解决，仍然需要一大笔后续资金投入。根据对江西省普通高校发展过程及趋势的分析，要预测江西普通高校教育经费的需求，不仅需要考虑普通高校在校生的规模，而且还需要知道这种规模的结构，一是扩张的方式，是以内部膨胀式为主的扩张，还是以外延扩展式为主的扩张，因为不同的扩张方式，政府的经费投入会有很大的差异。比如，内部膨胀式为主的在校生规模扩张，重点要求投入充足的教学、生活、后勤等配套设施以满足正常教学需求；而以外延扩展式为主的扩张除上述投入之外还必须有新的校园建设投入。二是扩张的层次，是以本科为主的规模扩大，还是以专科为主的规模扩大，因为本科层次和专科层次的高等教育所需的经费投入也有很大差异。可见，高等教育机构内部的层次和水平的分化是高等教育发展的必然结果。为社会提供多样化的教育产品从而获得多元化的经费来源的高等教育机构，通常是指研究型大学(如技术转让、科研经费等收入)。对于那些只能提供相对单一教育产品的高等教育机构，其经费来源构成将会呈现完全不同的特点，如地方所属高等学校，一般来讲完全倚重国家财政和个人支付的学费两种渠道，其中，基于经济不平衡性而出现的区域差异可能十分明显①。

(5)建立和完善教育经费保障机制。一是建立和完善以国家财政拨款为主、多渠道筹措教育经费的投入体制，切实依法增加教育投入。国家财政性教育经费是发展教育事业的重要保障。政府要依法做到教育财政拨款的增长高于财政经常性收入的增长，并使得按在校生人数平均的教育经费能够逐步增长，同时保证教师工资和学生人均公用经费能够逐步增长。二是建立、健全符合社会主义市场经济体制的合理分担教育成本的机制，调动社会、个人投资教育的主动性和积极性。目前，江西高校学生收费已占到办学成本的40%左右。因此，一方面，要对高校学费进行结构性调整，在收费政策上允许根据学校、专业的差异作不同的安排，并随着教育市场、人才供求关系的变化而作出有区别的对待。鉴于此，省政府应当组织教育、财政、物价等部门专题研究高校收费问题，制定科学合理的相关政策。另一方面，要完善对家庭经济困难学生的“奖贷助勤减”扶助体系，特别是贷学金制度，并且鼓励制定帮助学生完成学业的相应措施。

① 郭海．20世纪90年代中国高等教育经费的来源构成变化[J]．清华大学教育研究，2004(5)．

第3章　普通高校收费与构成研究

本部分对江西2013年的高等教育收费现状进行了调查，并抽取了江西省各个类型、层次高校的各个专业的收费情况进行分析处理，力图弄清楚江西高校收费项目构成和标准的基本省情，然后寻找高校收费的实践依据，分析其产生的影响以及存在的问题。

3.1　高等教育的收费政策分析

在新中国成立后的相当长的一段时间里，在中央集权的计划经济下，江西省高等教育实行了和全国一样的由政府“统包”下来的政策，大学生免费上学，而且政府还挤出相当一部分资金作为人民助学金，用于补贴大学生学习期间的部分生活开支。正是由于这一政策，迅速动员了全社会的资源，培养了大批社会主义建设急需的高级专门人才，我国社会经济的发展取得了前所未有的成就，也使我国的高等教育自身按照国家计划和社会需求得到了合理的配置和协调发展。

20世纪80年代，随着对外开放政策的实行和有计划的商品经济的发展，我国经济环境发生了巨大的变化，国家财政实力进一步增强，人民生活水平得到显著提高。而高等教育经过几十年的快速发展，已经成为一个规模庞大的机构，现代科学技术的发展，对高校的办学条件提出了更高的要求，高等教育的成本迅速提高。高等教育由国家包办，几乎完全依靠国家财政拨款这一单一的经费来源渠道，这就使得我国高等教育的发展越来越不能满足人们日益增长的高等教育需求。高等教育财政也因此遇到了真正的危机，同时，这也是世界各国都面临的难题。其实，从20世纪70年代中期开始，高等教育经费就成为了一个重要的问题，许多发展中国家公共预算的财政负担经常难以承受巨额的高等教育支出。随着教育需求的不断增加而导致了教育经费资源的紧张，引起人们对新的教育资源开发的思考。于是，开辟新的教育经费来源渠道来实现对传统教育体系进行改革的观点，逐步被各个国家所接受，由此也出现了多渠道筹措教育经费的实践活动。

早在 1978 年，我国就出现了普通高等学校招收自费生的雏形，即出现了“收费走读，不包分配”的大学生类型。

1984 年，我国政府开始了高等教育管理体制的改革，高等教育从计划走向市场，普通高校在国家计划招收的公费生和定向生之外，也开始招收了一部分属于市场调节成分的纯自费生和委培生。《高等学校接受委托培养学生的试行办法》颁布后，普通高等学校开始招收委培生，委培生即是单位委托学校进行培养的学生，这些学生的录取标准比国家计划任务招收的公费生要低，但学生本人或其所在委培单位需要缴纳一部分培养费用，如学杂费等。

1985 年，国家计划外的自费生的出现，使得国家“统包”的招生制度变成了“免费的国家计划招生”和“收费的国家调节招生”两者同时并存的实验形态的“双轨制”。试点收费额为每学年学杂费 100 元，住宿费 20 元。

随着收费制度的改革，国家也进一步改革了学生资助体系，原来单一的“人民助学金”制度逐步演变成了“助学金”和“奖学金”并存的制度，并于 1987 年启动了资助家庭困难学生的贷款计划。基于此，1989 年正式确立了普通高校招生与毕业生就业的“双轨制”系统，试点收费额为每学年学杂费 100 元，住宿费 20 元。此时，除少数专业外，其他绝大部分专业的学生都要支付学费，但“计划内”和“计划外”两种不同来源的学生所交纳的学费标准仍然存在较大的差异：国家任务计划招收的公费生和定向生，仅交纳较低水平的学杂费；通过市场调节招收的自费生和委培生，则需交纳较高水平的费用。这一情况的出现，改变了我国高等教育办学经费完全由国家负担的状况，个人开始分担高等教育的成本。这在很大程度上加速了我国高等教育经费来源多元化发展的进程。

随着经济、社会、政治改革的不断深入以及社会主义市场经济体制的确立，教育市场化(或称为“教育产业化”)的呼声日渐强烈，“教育产业化”在我国最初、也是最核心的表现，便是在人力资本理论推动下形成的教育有偿性——教育由一种完全意义上的公共产品向介于公共产品与私人产品两者之间的形式过渡，即准公共产品或准私人产品形式。既然是准公共产品或准私人产品，个体(受教育者)便应当根据其需要和能力进行对这种产品进行一定意义上的“购买”，“购买”之后，便享有择业的自由。正是在这样的关于教育属性认知的转变下，国家推出高等教育收费制度。

1992 年 6 月，原国家教委联合有关部门发出了《关于进一步完善普通高等学校收费制度的通知》，指出：“我国地域辽阔，各地经济发展很不平衡，全国制定统一的普通高等学校收费标准和办法，已不能适应改革开放的新形势。”于是，全国高等学校开始推行招生收费制度的改革，教育成本分担政策首次被正式写入 1993 年颁布的《中国教育改革和发展纲要》。是年，学杂费占高等教育成本的比例也被大幅度调高，由 1992 年的 4. 34%跃升为 1993 年的 12. 12%，达到平均每学年 600 元左右。从 1993 年起，部分高校出于教育公平的考虑，开始进行招生并轨和缴费上学的尝试，对所有被录取的学生实行收费上学，即收费并轨改革开始启动。这项重大的改革措施于 1997 年基本完成。并轨后的学费又一次出现快速增长，达到 3000 元左右。1999 年高等教育扩招政策出台，学费进入高速增长期。虽然 1999 年《关于深化教育改革全面推行素质教育的决定》中进一步提出要适当增加学费在培养成本中的比例，同时规定高校收取的学费最高不得超过生均培养成本的 25%，但公办高校的学费却一举涨到过 4000 元，并于 2001 年突破 5000 元，目前则基本稳定在 5000 ~ 6000 元的水平。全国高校生均学费已经从 1995 年 800 元左右上涨到了 2006 年的 5000 元左右，而进入所谓新校区学习的学生的学费则在 6000 元左右。住宿费也同样在增长，从 1995 年的 270 元左右，上涨到了 2006 年的 1200 ~ 1500 元，加上学生日常的衣、食、行等，平均每个大学生每年的费用在万元左右，四年大学下来需要支付 4 万元左右。2004 年我国城镇居民年平均纯收入和农民年平均纯收入分别为9422元和2936元，以此计算，供养一个大学生，需要一个城镇居民4.2年的全部纯收入，需要一个农民13.6年的全部纯收入。这充分说明，中国高等教育名副其实地进入了高额收费阶段。

从目前情况来看，我国高等教育收费增长的过程让许多人难以接受，增长速度的确太快，其并没有根据人民的物质生活水平的提高而缓慢地、逐步地增长，而是想急于求成、一步到位，可以说是过于激进。而与此同时，相应的成本补偿体系，即资助体系却未建立或健全起来，这就使得高等教育收费改革遭到了社会民众的广泛质疑。当然，另一方面也是由于生均培养成本一直没有一个明确的标准，政府和学校均无具有说服力的测算，因此高额学费标准的确定至今也没有一个可以让人信服的理由。

3.2 高校收费状况与分类构成

自改革开放以来，江西省按照原国家教委的统一部署，高校于1997年完成招生并轨改革，除师范、农林类院校或专业的新生免收或少收学费外，其他院校或专业的新生均实行缴费上学。特别是1999年高校扩招以后，江西省的高等教育事业得到迅速发展，但是在高等教育的收费问题上还比较混乱，没有统一的收费标准，甚至有部分高校存在乱收费的现象。为促进高等教育事业的健康持续发展，江西省政府结合本省的实际情况，贯彻了我国于1996年12月16日颁布实施的《高等学校收费管理暂行办法》，并依照此办法分别制定了《关于调整社会力量举办的高等教育收费标准的通知》、《关于转发教育部等三部委“关于进一步规范高校教育收费管理若干问题的通知”的通知》（赣教计字〔2006〕141号）、《关于进一步规范全省培训考试收费管理有关问题的通知》（赣发改收费字〔2006〕547号）和《关于印发〈关于进一步做好2006年治理教育乱收费工作的实施意见〉的通知》（赣教监字〔2006〕10号）等一系列有关高等教育收费标准、收费管理的规范性文件，对江西省的公办高等教育、民办高等教育的收费进行了明确的规定，加强了江西省高等学校的收费管理。此后，江西省各高校一直贯彻和实践这一收费政策和制度。

2000 年，《江西省人民政府办公厅转发省教委等部门关于调整教育收费标准的通知》(赣府厅发〔2000〕49 号)确立了江西省普通高校收费标准，其中规定：文科(文、史、哲)类专业每生每学年学费为 3100 元；文科(经、管、法、外)类专业每生每学年为 3300 元；理工类(I)专业每生每学年为 3500 元；理工类(II)专业(计算机、建筑等)专业每生每学年为 3700 元；医药、体育类专业每生每学年为 3700 元；艺术类专业每生每学年为 8000 元；农林类专业每生每学年为 2900 元；师范类专业学费收费标准按所属专业的上述收费标准执行。对进入国家“211”工程建设的高等学校、江西省政府与中央部委共建的高等学校，学费收取标准可在以上高等学校学费收取标准的基础上上浮 15%。同时，对巧立名目擅自增设收费项目、扩大收费标准的学校，物价部门将予以严肃查处。

2007 年，江西省政府确定了普通高校收费标准，具体收费项目、收费标准及收费依据如表 3-1 所示。

表 3-1　**江西省普通高校收费标准**

序号	收费项目	收费标准	审批单位和审批文号
(一)老校区普通本专科学费			
1	文科(文、史、哲)类专业	3100 元/(生·学年)	省政府，赣府厅字〔2000〕49 号
2	文科(经、管、法、外)类专业	3300 元/(生·学年)	同上
3	理工(Ⅰ)类专业	3500 元/(生·学年)	同上
4	理工(Ⅱ)类(计算机、建筑等)专业	3700 元/(生·学年)	同上
5	医药、体育类专业	3700 元/(生·学年)	同上
6	艺术类专业	8000 元/(生·学年)	同上

续表

序号	收费项目	收费标准	审批单位和审批文号
7	农林类专业	2900元/(生·学年)	同上
8	师范类专业学费收费标准按所属专业上述标准执行	按所属专业上述标准执行	同上
(二)老校区的重点高校及共建高校本专科学费			
	收费项目同上	在上述标准的基础上上浮15%	同上
(三)新校园区学校			
1	普通高校本专科学费	在原收费标准的基础上浮50%	省政府，赣府厅发〔2003〕6号
2	高职生学费	5000元/(生·学年)(可上浮20%)	同上
3	二级学院		同上
	(1)一般专业	8000元/(生·学年)	同上
	(2)其他专业	10000元/(生·学年)	同上
(四)高职学费		5000元/(生·学年)	省教育厅，赣教计字〔2001〕225号
(五)二级学院			
1	一般专业学费	8000元/(生·学年)	省财政厅省物价局省教育厅，赣教计字〔2001〕214号
2	其他专业	10000元/(生·学年)	同上
(六)专升本学费		按普通本专科收费标准执行	省教育厅省财政厅省计委，赣教计字〔2003〕167号

续表

序号	收费项目	收费标准	审批单位和审批文号
(七)高校软件学院学费			
1	江西师范大学软件学院	第一、二学年 10000 元/(生·学年),第三、四学年和专升本 9000 元/(生·学年)	省计委 省财政厅,赣计收费字〔2002〕344 号
2	江西财经大学软件学院	同上	省计委 省财政厅,赣计收费字〔2002〕345 号
3	华东交通大学软件学院	同上	省计委 省财政厅,赣计收费字〔2002〕346 号
4	南昌大学软件学院	同上	省计委 省财政厅,赣计收费字〔2002〕347 号
5	南昌航空工业学院软件学院	同上	省计委 省财政厅,赣计收费字〔2002〕348 号
6	东华理工学院软件学院	同上	省计委 省财政厅,赣计收费字〔2002〕349 号
(八)预科班学生收费		暂按普通本专科收费标准执行	待批
(九)委培及自筹经费的硕士生学费		12000 元/(生·学年)	教育厅省计委省财政厅,赣教计字〔2001〕190 号
(十)委培及自筹经费的博士生学费		8000 元/(生·学年)	教育厅省计委省财政厅,赣教计字〔2001〕190 号
(十一)住宿费		400~1000 元/(生·学年)	省教育厅省计委省财政厅,赣教计字〔2002〕146 号

续表

序号	收费项目	收费标准	审批单位和审批文号
(十二)其他			
1	华东交大本科教育实验班学费	12000 元/(生·学年)	省计委，赣计收费字〔2003〕270 号
2	华东交大第二学士学位学费		省计委
	1. 国际经济贸易(经济学)	5000 元/(生·学年)	省计委，赣计收费字〔2002〕333 号
	2. 计算机科技(理学或工学)	6000 元/(生·学年)	省计委，赣计收费字〔2002〕333 号
3	江西财大中美 MBA 班学费	4000 美元/(生·学年)	省计委，赣计收费字〔2003〕54 号
4	南昌航空学院中澳合作办学学费	12000 元/(生·学年)	省计委、省财政厅，赣收费字〔2003〕437 号
5	赣南师院赣南医学院学费	原标准上浮 15%	省计委、省财政厅，赣计收费字〔2003〕486 号
6	江西科技师大，井冈山师院学费	原标准上浮 15%	

资料来源：江西教育网 http://www.jxedu.gov.cn/xbwsbs/bjsswsb/2010/10/20101003114714893.html。

从江西省政府 2007 年公布的普通高校收费标准看，老校区普通本专科学费执行的是赣府厅字〔2000〕49 号文件制定的标准，仍保持在 2000 年规定的水平。重点高校及省部共建高校本专科高校中，老校区的学费在一般普通本专科学校学费标准的基础上上浮 15%；新校区则执行的是赣府厅发〔2003〕6 号文件的标准，普通本专科专业学费是在原标准的基础上上浮 50%；新校区的高职生学费标准执行的是赣教计字〔2001〕225 号文件标准，规定的学费标准为 5000 元/(生·学年)(可上浮 20%)；二级学院一般专业学费为

8000 元/(生·学年)，少数其他专业可高达 10000 元/(生·学年)；“专升本”学生的学费按普通本专科收费标准执行(赣教计字〔2003〕167 号)。另外，南昌大学、江西师范大学、江西财经大学、华东交通大学、南昌航空工业学院、东华理工学院等六所高校的软件学院学费一直执行的是 2002 年的标准，为第一、二学年 10000 元/(生·学年)，第三、四学年 9000 元/(生·学年)。住宿费则按赣教计字〔2002〕146 号文件要求，根据宿舍具体情况，规定在 400~1000 元/生/年。

从课题组对江西各高校近年来的收费现状调查结果来看，总体上，江西省各高校实施的是高等教育统一收费的政策，但同时也依据培养成本、社会需求以及高校所在地区经济社会发展水平的差别，在一定程度上实行差别收费的制度。但是，由于大部分高校都建设了新的高校园区，所以学费一般都比较高。

3.2.1　高校收费总体情况(2013 年)

目前，江西省各高校在执行省政府统一标准的同时，收取的学费也因不同的录取批次而有所差别。根据江西省内高校的具体情况，可分为本科和专科两个大的录取层次，其中理工类和文史类本科分第一、第二和第三共计三个批次录取，专科分第一和第二两个批次录取，艺术类和体育类分为本科层次、第一批次专科和第二批次专科录取。2013 年江西高校收费总体情况如表 3-2 所示。

表 3-2　**2013 年江西省高校收费总体情况**　(单位：元)

		文史类	理工类	艺术类	体育类
本科	一本	4400.00	4687.00	10203.00	
	二本	4056.00	4324.00	10155.00	4250.00
	三本	9400.00	10056.00	11661.00	10000.00
专科	一专	3812.29	4109.19	7824.14	3978.25
	二专	5491.67	5514.29	6477.78	5450.00

数据来源：根据江西省教育厅、江西省高招办主办的 2013 年《高考指南》整理得出。

从表 3-2 可以看出，江西高校的学费除了艺术类和第三批次录取的本科之外，一般都低于 5000 元，按专业类别看，艺术类学费远远高于理工类、文史类和体育类，理工类学费高于文史类和体育类。这些基本上能体现出培养成本的差别。从录取批次上看，第一批次录取的本科学费高于第二批次 300 元左右，这可能体现的是教育质量上的差别；而第三批次录取的本科学费远远高于第一和第二批次录取的本科的学费，是其余两个批次录取本科学费的 2 倍。这是因为，第一和第二批次录取的本科的教育成本，其中有一部分由政府进行了分担。在专科层次上，除了艺术类外，理工类、文史类和体育类的第二批录取专科的学费均比第一批次录取的专科的学费高 1500 元左右，甚至高于本科层次的学费 700～800 元，这其中的原因可能是，第二批次录取的专科专业一般在本科院校中开设，这些学校的办学投入的重点可能在本科层次而不在专科层次，而第一批次录取的专科专业一般属于专科层次的院校或专科层次的高职院校，这些院校投入的重点本身就是专科专业。至于第二批录取的专科的学费高于本科批次的学费，可能是因为第二批录取的专科专业一般都在独立校区或新校区举办的缘故。

3.2.2　本科院校的收费情况

1. 第一批次录取的理工类、文史类的本科收费情况

江西省高校在第一批次录取的学校主要有南昌大学、江西财经大学和江西师范大学，其收费情况见表 3-3。从表中的数据来看，第一批次录取的理工类、文史类的本科收费呈现出三个特点：一是平均来看，院校之间的收费有比较明显的层次性，江西财经大学的收费明显低于南昌大学和江西师范大学，而南昌大学和江西师范大学的收费基本相同。江西财经大学平均为 3882 元，南昌大学和江西师范大学平均分别为 4916 元和 5010 元。这种现象产生的原因，可能是南昌大学和江西师范大学新生按新校区收费标准，而江西财经大学是按照老校区的收费标准的。二是同一院校不同专业的收费略有差别，如文学、历史类专业各个学校的收费都是最低的，比平均学费水平要低 300～400 元；理工类专业要比平均学费水平高出

300 元左右，并且工科类专业学费要比理学类专业学费稍高，同时，在这些专业中，医学类的学费水平是最高的，这与该专业培养成本有关。三是在统计整理过程中，我们发现文理兼收的专业学费基本是一致的。

2. 第二批次录取的理工类、文史类的本科收费情况

为了解第二批次录取院校收费的特点，我们抽取了几个比较具有代表性院校的数据进行了统计整理和分析，发现有以下两个特点：一是不同院校的收费标准存在差异，有的院校收费高一些，有点院校收费低一些，收费差异值高达 1200 元左右，这是值得我们研究的。另外，我们通过计算了解到，第二批次录取的院校的收费要比第一批次录取的院校低，这究竟是由于培养质量不同而导致的，还是其他原因导致的，有待我们作进一步深入的探讨。二是相同类型院校中不同专业的收费略有不同，这种不同点基本上与第一批次录取的院校中的一些差异是一致的，仍然是文学、历史类专业的学费比较低，理工类的学费比较高。在表 3-4 中，我们发现，农学类专业收费更低，基本上是所有专业中最低的，这究竟与政府的补贴相关，还是与培养成本相关，也有待我们作进一步深入的研究。

3. 第三批次录取的理工类、文史类的本科收费情况

我们抽取了一些比较有代表性的院校的数据进行统计整理和比较分析。由于第三批次录取的理工类、文史类的本科院校是民办本科院校和独立学院，可能由于生源、办学成本和政策鼓励等多方面因素的影响，其收费标准比较一致，所有院校的几乎所有专业都在 8000 ~ 10000 元之间，少数院校或少数专业在 12000 ~ 13200 元之间(如表 3-5 所示)。从数据表中我们可以发现，民办院校和独立院校相比，其收费标准还是相对要高一些。整体来看，第三批次录取的院校收费要远高于第一和第二批次录取的院校或专业。

4. 艺术类本科的收费情况

艺术类的本科院校收费标准基本上与文史、理工类本科院校的收费情况的特点相同。一是呈现出层次性、地区性的特点，同一层

表 3-3　**2013 年江西省高等教育第一批次录取主要本科收费情况**　（单位：元）

	语言类	经济学	法学	教育学	文学	历史学	理学	工学	农学	医学	管理学	平均
江西财经大学	3790	3790	3790	—	—	—	—	4250	—	—	3790	3882
江西师范大学	4950	4950	4950	4650	4650	4650	5250	5250	—	—	4950	4916
南 昌 大 学	4950	4950	4950	4950	4650	4650	5250	5250	—	5550	4950	5010
平　均	4563	4563	4563	4800	4650	4650	5250	4916	—	5550	4563	4603

数据来源：根据江西省教育厅、江西省高招办主办的 2013 年《高考指南》计算整理得出。

表 3-4　**2013 年江西省高等教育第二批次录取主要本科收费情况**　（单位：元）

	语言类	经济学	法学	教育学	文学	历史学	理学	工学	农学	医学	管理学	平均
江西农业大学	3795	3795	3795	—	3795	—	—	4025	3335	—	3795	3762
江西理工大学	3795	3795	3795	—	—	—	4025	4140	—	—	3795	3890
南昌航空大学	4950	—	—	—	—	—	5250	5550	—	—	4950	5175
东华理工大学	3795	3795	3795	—	3795	—	4025	4140	—	—	3795	3877
赣南师范学院	3795	3795	3795	3795	3565	3565	4025	4140	3335	—	3795	3760
九江学院	3795	3795	3795	3795	3565	—	4025	4140	3335	4255	3795	3829
南昌工程学院	4950	4950	—	—	4650	—	5250	5400	4350	—	4950	4928
宜春学院	3795	3795	3795	3795	3795	—	4025	4140	3335	4255	3795	3852
平均	4084	3960	3795	3795	3860	3565	4375	4460	3335	4255	4084	3961

数据来源：根据江西省教育厅、江西省高招办主办的 2013 年《高考指南》计算整理得出。

表 3-5　**2013 年江西省高等教育第三批次录取主要本科收费情况**

（单位：元）

	语言类	经济学	法学	教育学	文学	历史学	理学	工学	农学	医学	管理学	平均
江西科技学院	11000	11000	—	—	—	—	12000	12000	—	12000	11000	11500
南大科技学院	8000	8000	8000	8000	8000	—	10000	10000	—	—	8000	8500
南昌理工学院	10000	10000	10000	—	—	—	11000	11000	—	—	10000	10333
江西财大现代经济管理学院	8000	8000	8000	—	—	—	10000	10000	—	—	8000	8667
江西理工大学应用科技学院	8000	8000	8000	—	—	—	10000	10000	—	—	8000	8667
华东交通大学理工学院	11200	11200	11200	—	—	—	13200	13200	—	—	11200	11867
东华理工大学长江学院	8000	8000	8000	—	—	—	10000	10000	—	—	8000	8667
南昌航空大学科技学院	8000	8000	—	—	—	—	10000	10000	—	—	8000	8667
平均	9025	9025	8867	8000	8000	—	10775	10775	—	12000	9025	9608

数据来源：根据江西省教育厅、江西省高招办主办的 2013 年《高考指南》计算整理得出。

次的不同院校之间的收费只是略有差别。二是同一院校内不同专业之间的收费标准几乎没有差别，如南昌大学、江西师范大学、南昌航空大学、景德镇陶瓷学院等为第一层次，各专业的收费标准均为12000元；江西财经大学、江西农业大学、华东交通大学、东华理工大学、赣南师范学院、江西教育学院、江西科技师范学院等院校为第二层次，各专业的收费为9200元(如表3-6所示)。

5. 体育类本科的收费情况

体育类本科的收费标准层次比较分明，南昌大学、江西师范大学、南昌航空大学为第一层次，收费比较高，高于第二层次约1300元；江西财经大学、江西理工大学、东华理工大学、江西师范科技学院、赣南师范学院、九江学院等为第二层次，收费均为4250元左右。在同一院校的不同专业之间，收费标准几乎相同(如表3-7所示)。

3.2.3 专科院校的收费情况

(1)根据江西省专科院校录取的实际情况及专业设置，我们挑选了部分具有代表性的院校和主要类别的专业的相关数据进行了统计整理。从整理的情况来看，专科第一批次录取院校收费情况与本科基本类似：一是不同地区、不同院校的收费标准层次分明，如第一批次录取的专业中，位于省会城市的南昌工程学院、江西科技师范学院等为第一层次，其收费标准为：理工类4950~5550元，平均在5300元左右，文史类4650~4950元，平均在4900多元；位于地市级城市的上饶师院、九江学院等院校为第二层次，其收费标准为：理工类3795~5000元，平均在4700元左右，文史类3100~5000元，平均在4000元以上；第三层次为宜春学院、景德镇高专、萍乡高专、新余高专等高等专科院校，其平均收费标准为理工类为3500元，文史类3300元。二是同一院校不同专业的差别收费明显：教育类专业收费较低，其他专业相对较高(如表3-8所示)。

表3-6 **2013年江西省高等教育艺术类本科(不含三本)学费情况**

(单位：元)

	音乐学	音乐表演	艺术设计	工业设计	美术学	舞蹈学	播音与主持	绘画	平 均
南昌大学	12000.00		12000.00	12000.00		12000.00	12000.00	12000.00	12000.00
江西师范大学	9200.00	9200.00	12000.00	12000.00	12000.00	9200.00	12000.00		10800.00
南昌航空大学	12000.00		12000.00	12000.00			12000.00		12000.00
景德镇陶瓷学院			9200.00	9200.00	9200.00				9200.00
江西财经大学	9200.00		9200.00	9200.00					9200.00
江西农业大学		9200.00	9200.00						9200.00
华东交通大学	9200.00		9200.00	9200.00		9200.00			9200.00
东华理工大学	9200.00		9200.00			9200.00			9000.00
赣南师范学院	9200.00		9200.00		9200.00	9200.00			9200.00
江西科技师范大学	12000.00	12000.00	12000.00		12000.00	12000.00			12000.00
宜春学院	9200.00		9200.00		9200.00	9200.00	9200.00		9200.00
上饶师范学院	9200.00		9200.00		9200.00	9200.00	9200.00		9200.00
井冈山学院	9200.00	9200.00	9200.00		9200.00	9200.00			9200.00
九江学院	9200.00		9200.00		9200.00		9200.00	9200.00	9200.00
平 均	9900.00	9700.00	9800.00	10600.00	9700.00	9622.22	10600.00	10600.00	10065.25

数据来源：根据江西省教育厅、江西省高招办主办的2013年《高考指南》整理得出。

表 3-7　**2013 年江西省高等教育体育类收费情况表**　（单位：元）

	本科			第一批次录取专科		
	社会体育	体育教育	平　均	社会体育	体育教育	平　均
南昌大学		5550.00	5550.00			
江西师范大学	5550.00	5550.00	5550.00			
江西师大体育运动学院				5000.00	5000.00	5000.00
江西财经大学	4250.00		4250.00			
江西理工大学	4255.00		4255.00			
东华理工大学		4255.00	4255.00			
南昌航空大学	5550.00		5550.00			
南昌师专					4255.00	4255.00
江西师范科技大学	4255.00	4255.00	4255.00			
赣南师范学院	4255.00	4255.00	4255.00		4255.00	4255.00
宜春学院		4255.00	4255.00		4255.00	4255.00
上饶师范学院	4255.00	4255.00	4255.00		4255.00	4255.00
井冈山学院	4255.00	4255.00	4255.00		4255.00	4255.00
九江学院	4255.00	4255.00	4255.00	4255.00	4255.00	4255.00
景德镇高专				4255.00	4255.00	4255.00
萍乡高专				4255.00	4255.00	4255.00
新余高专				4255.00	4255.00	4255.00
平　均	4537.44	4542.77	4578.33	4514.00	4384.50	4384.50

数据来源：根据江西省教育厅、江西省高招办主办的 2013 年《高考指南》整理得出。

表 3-8　**2013 年江西省高等教育第一批次录取专科收费情况**　（单位：元）

	法学类	管理类	经济类	理工科类	教育类	语言类	平　均
江西科技师范大学	4950.00		4950.00	5550.00		4950.00	5100.00
南昌工程学院		4950.00	4950.00	5550.00		4950.00	5100.00
上饶师范学院	5000.00	5000.00	5000.00	3700.00	3100.00		4360.00
九江学院	4250.00	4255.00	3795.00	4255.00	3795.00	3795.00	4024.16
井冈山学院	3300.00	3300.00	3300.00	3700.00	3300.00	3300.00	3366.66
宜春学院	3300.00	3300.00	3300.00	3700.00	3100.00		3340.00
景德镇高专	3300.00	3300.00	3300.00	3700.00	3300.00	3300.00	3366.66
萍乡高专			3500.00	3700.00	3100.00	3300.00	3400.00
新余高专	3300.00	3300.00	3300.00	3700.00	3100.00	3300.00	3333.33
平　均	3914.28	3915.00	3932.77	4172.77	3256.42	3842.14	3838.89

数据来源：根据江西省教育厅、江西省高招办主办的 2013 年《高考指南》整理得出。

(2)根据江西省专科院校录取的实际情况及专业设置状况，我们挑选了部分具有代表性的院校和主要类别专业的相关数据进行了统计整理。从整理的情况来看，在第二批次录取的专科专业中，理工类和文史类专业的收费情况与第一批次录取的专科专业略有不同：一是不同地区、不同院校的收费标准层次分明，如第二批次录取院校南昌航空大学、江西现代学院为第一层次，其平均收费标准为6000元；南昌大学、江西师范大学、江西财经大学、江西农业大学、华东交通大学、江西理工大学、东华理工大学等院校为第二层次，其平均收费标准为5000元；第三层次为江西科技学院等民办学院。二是在各个层次中，同一院校中的不同专业的收费标准相当一致，如南昌大学的所有专业的收费均为5000元，其中，只有江西科技学院的理工类收费略高于文史类专业。三是在第二批次录取的专科院校中，民办高校的收费明显高于公办高校。与一批次专科相比，第二批次专科专业学费较一批次专科专业要高(如表3-9所示)。

表3-9 **2013年江西省高等教育第二批次录取专科收费情况** (单位：元)

	语言类	管理类	经济类	理工类	平　均
江西科技学院	7200.00	7200.00	7200.00	7500.00	7275.00
江西大宇学院	5500.00	5500.00	5500.00	5500.00	5500.00
南昌航空大学	6000.00	6000.00	6000.00	6000.00	6000.00
江西现代学院	6000.00	6000.00	6000.00	6000.00	6000.00
南昌大学	5000.00	5000.00	5000.00	5000.00	5000.00
江西师范大学	5000.00	5000.00	5000.00	5000.00	5000.00
江西财经大学	5000.00	5000.00	5000.00	5000.00	5000.00
江西农业大学	5000.00	5000.00	5000.00	5000.00	5000.00
江西理工大学	5000.00	5000.00	5000.00	5000.00	5000.00
东华理工大学	5000.00	5000.00	5000.00	5000.00	5000.00
平　均	5470.00	5470.00	5470.00	5500.00	5477.50

数据来源：根据江西省教育厅、江西省高招办主办的2013年《高考指南》整理得出。

3.3　收费依据与存在的问题

3.3.1　收费依据

在我国，普通高校是以政府公共经费为其办学经费主要来源的教育机构。作为一个组织机构，高校不仅要履行其社会职能，还必须维护其“个性”，以谋求生存和进一步的发展，因而它必须进行一定限度的成本回收，以此作为其有效运作的物质支撑。众多高校组成的高等教育系统作为市场经济体系的一个组成部分，客观上存在着供给和需求的供求关系，以及相应的供求市场，也客观上存在着调节供求关系的价格和价格体系。因此，高校收取一定的学费，以实现一定程度上的成本回收，是情理之中的事。但是，高校收费标准究竟是依据什么而定则的？我们认为有进一步探讨的必要。对这一问题进行探讨的意义并不仅仅在于确定高校究竟应该收取多少学杂费，而且还在于明了这些学杂费是否充分反映了高等教育的内涵和成本。

一般而言，教育的收费标准应当依照教育的价格而定，而影响教育价格的主要因素包括教育质量、教育成本、教育的供求关系、政府的教育政策目标等，效率与公平、市场与政府的联系始终是教育收费标准制定过程中无法回避的基本问题。

由于高等教育兼有私人产品和公共产品的双重性质，属于准公共产品，因此教育价格的决定不能完全由市场交换原则来支配，政府理应履行调控的职责。目前，与全国其他省市一样，江西普通高等学校的收费标准并不是由学校依照自己的教育教学质量、成本状况和教育市场的供求关系情况来制定的，而是由政府制定的，政府对收费标准有严格的规定，在这些规定中，学科类别、学校类别之间有一定程度的差异性，但同一类别、同一学科之间的标准相对统一。因而，作为个体组织的学校间的质量差异，事实上并不是制定收费政策的变量。出于公平与效率平衡的考虑，国民对学费的承受能力和高等教育自身状况就成为了影响政府制定收费政策的重要因素。事实上，我国政府制定收费政策和普通高校收费的依据，主要源于以下几个方面：

1. 我国社会经济政治的发展

从江西高校收费制度的历史演变中，我们可以看到，经济制度和经济体制的改革直接影响了教育收费制度的建立。一方面，经济制度和经济体制转变后，教育制度和教育体制必须作相应的转变；另一方面，经济发展为教育制度和体制改革提供了所需的财力、物力等物质条件，保障了改革的顺利实施。事实上，教育政策的制定本身也是一种政治行为，社会政治的转变同样也影响着教育政策目标的制定、方案的选择。新中国成立初期的计划经济，使得教育在为经济服务的宗旨下形成了免费的高等教育收费制度，而随着经济体制改革的深入，教育也要适应经济发展的要求，其收费制度也相应调整。此外，经济体制改革的深入，使得整个社会的物质生活水平不断提高，人们对知识的渴望、社会对人才的需求，也使得我国原来的计划经济体制下的高等教育制度无法满足日益发展的经济的需要，因此，进一步提高高等教育的入学率，满足大多数人接受高等教育的需求，成为历史的必然选择。由于人们物质生活水平的提高，通过个人缴纳学费来弥补国家财政的不足，便不失为新的经济形势下高等教育适应经济发展而发展的一种较好的选择。

2. 我国高等教育自身的发展

我国高等教育的发展相对滞后于经济发展。“九五”初期，我国的毛入学率仅为 9%，而相同经济水平国家的毛入学率约为 16.05%。因此，伴随着经济改革的深入，需要大量的有专业知识的高素质人才，提高高等教育的入学率，便成为时代的要求。随着入学人数的激增，高等教育的成本也直线上升，校舍的扩大，师资的扩充，图书馆、实验室等配套设施的增加，使得教育经费的增长远远满足不了日益膨胀的高等教育规模，而此时光依靠国家财政拨款已远远不能满足高校发展的需要，于是通过提高高等教育成本的个人(家庭)分担比例，对受教育者从免收学费到部分收费再到全面收费，也就成了当时高等教育实现规模发展的现实必选途径。

3. 国际高等教育的发展趋势

进入 20 世纪 80 年代后，世界各国都呈现出提高高等教育成本中个人分担比例的趋势，特别是各国普遍推行教育平等与民主政策之后，各国高等教育入学人数激增，提高高等教育成本中个人分担比例，便成为各国解决经费短缺的一个重要手段。从目前状况看，世界上绝大多数国家的高等教育都实行收费制度，比较而言，只是采取了不同的资助形式来缓解学费压力罢了。高等教育实行收费制度是高等教育发展的必然结果。在国际性的高等教育成本个人分担比例上升的趋势中，处于同样矛盾状态中的我国高等教育，也不可避免地要受其影响。

4. 受教育者经济承担能力的提高

受教育者经济承担能力的提高，为收费制度改革提供了经济上的基础。一方面，从近年来国民财富的分配结构的情况来看，国民收入的分配明显由“藏富于国”向“藏富于民”转变。在 GDP 的最终分配中，政府财政收入所占的比重从 1978 年的 32.7%下降到了 1995 年的 14.1%，而同期个体收入所占的比重则从 51.2%增加到了 69.1%。国民财富分配结构的变化表明，个人的经济负担能力相对国家而言，已大幅度上升。另一方面，城乡居民收入大幅度提高，居民储蓄也一直保持着较高的增长速度。2012 年，城镇居民人均可支配收入为 24565 元，比 1978 年增长 71 倍，年均增长 13.4%，扣除价格因素，年均增长 7.4%；农村居民人均纯收入 7917 元，增长 58 倍，年均增长 12.8%，扣除价格因素，年均增长 7.5%。同时，城乡居民拥有的财富显著增加，2012 年年末，城乡居民人民币储蓄存款余额 39.96 万亿元，比 1978 年末增长 1896 倍，年均增长 24.9%。股票、债券等金融资产规模不断扩大。城镇居民拥有的财产性收入从无到有，2012 年占人均全部年收入比重上升到 2.6%。① 此外，即使是对收入较低的居民，国家的相关

① 陈筱红. 城镇居民人均可支配收入 34 年增长 71 倍[N]. 北京青年报，2013-11-07. 央视网，http://jingji.cntv.cn/2013/11/07/ARTI1383781986951929.shtml.

资助方式如贷学金、奖学金、助学金等制度的逐步建立和完善，同样也可以帮助贫困家庭子女顺利完成学业。

对教育价值功能认识的转变，则为制度改革提供了思想基础。随着社会主义市场经济改革的不断深化、发展和完善，人们逐渐意识到，高等教育不再是一种简单的公益性消费，而更是一种生产性的投资，属于非义务教育。普通民众对非义务教育“谁受益、谁投资”的教育投资观已经慢慢形成了共识，个人和家庭承担适当比例的高等教育成本(学费)也逐渐为人们所接受。高等教育的高回报率和中国长期文化历史积淀中孕育出来的一种教育理念，为制度改革提供了一定的思想基础和心理上的准备。

3.3.2 高校收费产生的影响

1. 建立和完善了高等教育发展的可靠资金来源和保障体系

据联合国的资料统计，我国是用占世界 1.18%的教育经费培养占世界 18.45%的学生。尽管各级政府十分重视教育，但对教育的投入远远不能满足经济建设和社会发展对人才的需求和人们的求学欲望，沿袭了几十年的依赖国家拨款的机制，在不能满足社会发展需求的同时，也影响了高等教育自身的发展。因此，在教育经费严重短缺，教育规模急剧扩张的情况之下，收费制度的改革能够弥补教育资金的不足，缓解两者之间的矛盾，使高校经费来源多样化。高等教育的经费来源，从改革前单一的国家拨款方式到国家拨款、学费收入、社会办学资金引入等多种方式并存，既减轻了国家财政的压力，也使教育经费来源渠道大为拓宽，经费总量也大为增长。

长期以来，国家一直将高等教育总投入的 75%视为财政拨款的标准，但高等学校实行全面收费早已打破了这一标准。在 2000 年之前，国家投入尚占多数，但自 2001 年开始，则出现了“宾主易位”的情况，个人投入“反客为主”，达 50.7%，2002 年增至 56.7%。政府对高等教育的投资比例逐年减少，减轻了财政的压力。因此我们看到，高等教育收费制度在一定程度上减轻了国家的负担，为高等教育健康稳健地发展和正常运行提供了可靠的保障。

2. 建立和完善了教育规模和结构的市场调节机制

进入知识经济时代以后，社会和经济的发展需要更多高层次的人才。虽然近年来我国高等教育从规模和内涵上都得到了长足的发展，但和其他发展中国家相比，还有相当大的差距。收费制度的改革，有助于建立高等教育规模、质量、结构和效益的市场调节机制，有利于高等学校动态地适应社会的需要。当社会民众对高等教育的需要大于高等教育自身的供给时，随着收费额度的提高，高等教育的需求将会呈逐渐下降的趋势，直到高等教育的市场需求和供给最终达到平衡。与此同时，市场反馈的教育需求的信息也能够及时地反映到高等教育系统内部，从而调节招生规模、专业结构、人才培养规格等，使其不断地适应经济、社会发展的需要。

3. 提高了教育经费的使用效率和学生的培养质量

目前，我国教育资金运行存在两大问题：一是严重不足，二是严重浪费。收费制度改革后，随着个人(家庭)分担成本额度的提高，个人(家庭)会更多地关注教育资金的运行，关注目前普通高校普遍存在的种种资源闲置浪费、配置效率低下、师生比例过低等问题，也不乏要求进行有效监督的呼声。同样，学校也会因此增强成本核算意识，注意资源配置效率、节约资金、提高办学效益。学生交纳学费接受高等教育，一定程度上可以将其视为花钱购买教育产品或教育服务。学生在履行自己对教育应尽的责任和义务的同时，作为教育服务的消费者，也必然会对自己所接受的高等教育的内容、途径、方式和方法问题提出自己的要求。另外，作为学生个人在分担教育成本的同时，总是希望将来能得到补偿，于是往往将个人未来的就业与收益直接与当下的投资和付出进行挂钩，如此势必激起学生个人的学习动力和激情。而且，在这种情况下，高等学校及其教师们在对待交纳了高额学费的学生及其家庭时，无论从道义上、自身责任上或学校声誉上讲，都必须对学生及其家庭更加负责，只有认真从教、严格要求和严格管理，才能对得起学生及其家庭，才能使学生顺利学成学业而毕业。所以说，高校收费不仅有利于提高学生的培养质量，也有利于高校自身办学效益的提高。

4. 体现教育公平原则，促进高等教育公平

高校适当收费，首先使得广大社会成员之间接受高等教育的机会更加均等。在高等教育尚处于精英教育阶段，完全免费的高等教育即意味着少数接受高等教育的人占用了大量的公共高等教育资源。特别是在20世纪80年代，我国是在一定程度上以牺牲初等教育为代价来发展高等教育的，教育投资明显向高等教育倾斜，这就显得非常不公平。政府高等教育经费支出越多，不公平的情形就越显著。实行高等教育收费制度后，特别是对一部分专业收取高额学费，国家可以在不增加更多高等教育投资的情况下，使高校的招生名额逐年增加，使更多的人能够享受到高质量、高层次的教育。统计表明，1985—1989年的5年间，高校招生人数一直在60万左右徘徊。1989年高校开始收费后，每年招生人数都有大幅度的增加，1993年普通高校招生总数增加至90万人，1999年为60万人，2004年达到447万人。民众接受高等教育的机会增加了，带来的是高等教育机会相对更趋均等。其次，使得教育资源的分配在社会不同收入阶层之间更趋公平。就目前情况来说，我国仍存在贫富不均的现象，主要表现在以下两个方面：一是城市居民和农村居民之间的收入差距比较悬殊；二是较高收入阶层与一般工薪阶层之间所拥有的财富非常不均等。在一个贫富不均的社会里，免费高等教育只能是“利富不利贫”，会使得高收入阶层占用大量的高等教育资源。这是因为，经济状况较好的家庭可以为子女提供相对较好的受教育条件(如聘请家教、参加补习班、选择有资源优势的学校等)，如此便使得其子女在高考方面更具有竞争优势，从而造成如下一种现象：富裕家庭子女上大学的机会多，在大学生中所占的比例相对较高。在这种情况下，政府对高等教育的补贴越多，就越显得不公平。所以说，在城乡居民经济收入差别相对较大的情况下，实行高等教育完全免费制度，只能以表面的均等掩盖事实上更大的不均等。从这个角度分析，收费的高等教育则意味着降低或减少了政府对高收入家庭子女的补贴，从而使得高等教育资源配置在不同收入阶层之间更趋公平。

教育公平原则是教育活动发展到一定阶段的产物，在客观上起

着促进教育事业发展的作用。对这一原则的贯彻和落实，将为更多的学生提供学习和深造的机会，使教育这种稀缺资源能够为更多的人所享用。根据“谁收益，谁付费”的公平原则，高等教育的受益者是“个人”和“社会”，而且个人收益率往往高于社会收益率，所以个人接受非义务阶段的高等教育理应分担一部分教育成本，进行成本补偿。高等教育收费制度的改革使得政府在投入不变、生均成本不变的情况下，补偿的成本越来越接近培养的成本。从长远来看，高等教育的规模越大，享用政府投入公共教育经费的学生数量越多，这便扩大了高等教育的供给，使有限的公共教育资源面向更多的社会成员，供其作选择，为其提供更多的接受高等教育的机会，从而维护教育机会的均等，实现教育公平。

当然，从整体来看，高等教育收费制度在给我们带来诸多利益的同时，也不可避免地会产生一些负面影响。一方面，由于地区经济发展的不均衡，很多贫困家庭无力承担高额的学费，从而在一定程度上降低了对教育应有的需求；另一方面，学业成绩也将在一定程度上让位于经济相对殷实的家庭。特别需要指出的是，在实践操作层面上，高等教育并不会因为教育规模的扩大而变成一种普遍的权利，反而会成为强势阶层子女方能享受的特权，由此，便引起了一系列的社会问题。

3.3.3　高校收费引发的问题

1. 欠费或欠贷问题突出

高校收费偏高的问题，前文已经论及，这里不再赘述。关于高校学生欠缴学费的问题，早已成为普遍的现象。学生拖欠学费，严重地影响了学校正常的教学秩序和正常运行。随着高等院校全面收费制度的推行和招生规模的进一步扩大，学生欠费金额越来越高、比例越来越大①，到期贷款学生的违约也致使助学贷款发放不良，这些均引起了教育主管部门的高度重视。

---

①　周丽琴．高校学生欠费的原因及对策[J]．江西科技师范学院学报，2004(4)．

据调查，江西省按“老机制”共发放助学贷款5448万元，涉及12785人，尽管江西高校国家助学贷款还贷情况总体好转，但2006年6月底仍有1001名大学生在毕业后没有及时还贷，涉及违约金额568万元，平均违约率为9.8%，个别涉农学校的违约率高达30%。据2006年6月底统计的数据，逾期金额占贷款总额的9.84%，违约人数占贷款总人数的7.8%，个别违约率较高的高校达到了36%①。所以从总体上看，全省高校国家助学贷款的还贷情况不容乐观。

国家助学贷款虽然启动新机制，但能否持久、健康、平稳运行，关键要看能否有效降低还款的违约率。违约现象一旦蔓延，不仅会影响到贷款机构进一步放贷的信心，而且对高校形象和学生本人信誉也将产生重大影响。因此，江西省教育厅曾要求全省各高校在大力开展诚信教育和信贷知识教育，帮助学生树立诚信意识，自觉履行还款付息义务。

2. 个人与家庭不堪重负

我国农村人口比例仍然很大，人均收入低，高等教育收费年年递增，已成为一些农村家庭的最大负担。从1995年至今，大学学费从每年几百元一路飙升至4000~8000元不等，学费猛涨约15倍。增长过快的学费使低收入家庭无法缴纳学费，农民不堪重负，当前农村出现的“教育消费型贫困”与当下教育收费居高不下的情况是密切相关的。40%的农村家庭认为教育消费支出负担重，50%认为较重，只有10%认为较轻。高校向受教育者收取较高的学费，这对大部分农村家庭形成了较大的压力。据调查，2007年，江西省人均可用于储蓄的金额最大为1102元(用收入减去生活消费支出)，而1位大学生1年的学费最低在4000元以上，也就是说，农民家庭中4个人的收入才能送1个大学生上学，因而便形成了“家庭收入低——没钱投资教育——子女就业机会少——子女收入

① 刘建林．江西：如何破解助学贷款难题[N]．人民日报，2006-08-24，13，人民网，http://paper.people.com.cn/rmrb/html/2006-08/24/content_10211579.htm.

低——新一代家庭收入低”这样一个贫困代际传递的怪圈，“教育消费型贫困”带给许多农民对生活前景的担忧。而在城市，60%以上的居民也认为学费过高，令不少家庭不堪重负。

教育支出已经成为许多家庭的第一支出，超过了医疗等其他支出。根据中国青少年研究中心发布的《“十五”期间中国青少年发展状况与“十一五”期间中国青年发展趋势研究报告》，大学学费在 20 年上涨约 25 倍，而同期城镇居民人均年收入只上升了 4 倍，如果扣除价格因素实际只增长了 2.3 倍，而此时的大学学费涨幅几乎 10 倍于居民的收入①。

3. 收费平均化，缺乏公平性

首先，收费平均化体现在专业收费的平均上。目前，江西省高等教育收费只是简单地分文、理、艺术类来收费，除艺术类差距较大以外，其他专业只按文、理差别来收费，而且差距也只在几百元上下，无法体现不同学校或不同专业间的成本与收益差异，“指导价”或“区别定价”政策在实际执行中失效。实行“指导价”或“区别定价”政策旨在合理体现学校、专业间的成本或收益差异。例如，上海就允许将热门专业定为每生每学年 6500 元，这比一般专业要高出 1500 元；再如，浙江允许各大学、学院、大专基准价分别为每生每学年 4000 元、3600 元、3200 元，不同学校或不同专业可在 10%（浙江大学为 20%）的幅度内上下浮动。然而，从这些省市实际执行的情况来看，几乎所有高校的所有专业都按规定的最高限额收费。这就使原来的“指导价”失去了本来的意义和应有的效果。政府在制定学费标准时，通常考虑的只是一个平均值，缺少分层、分类的研究，但实际上，国家对重点高校和少数热门专业的投入相对更多，而对其他非重点高校和非重点专业的投入则相对要少，平均的收费标准无法体现投入的差异，这就导致了教育资源分配的不合理，缺乏公平性。高等学校能提供的教育资源实际上存在重大差

① 中国青少年研究中心课题组．“十五”期间中国青少年发展状况与“十一五”期间中国青年发展趋势研究报告[R]．2008-8-3，http://www.cycs.org/Article.asp? ID=7895.

别，而在收费上却没有得到充分反映，这也使得学生在交费之后得不到相应的服务保障，这种制度在客观上影响了高校教育资源的整合。

其次，收费平均化也体现在对各地、各阶层学生收费标准的统一上。我们通过研究不同社会阶层在当前条件下的教育机会的差异后发现，我国教育不公平主要表现在地区之间、城乡之间和不同阶层之间，这是我国最重要的教育国情之一。我国农村人口仍然众多，收入水平却较低，城乡收入差距较大。一般来说，在现代经济社会条件下要缩小贫富之间的收入差距，一个最有效的途径就是增加教育的投资，使贫困者能够接受较多的教育和培训。我国目前的收入分配呈哑铃形结构，即“两头大，中间小”，低收入群体所占比例太大，高收入群体也有进一步扩大的趋势，中等收入群体的数量则相对较少。社会贫富差距有进一步拉大的趋势，尤其是城乡居民收入的差距。有关统计资料显示，2005 年，我国农村人均纯收入仅为 3255 元，城市则突破了万元大关，达 10493 元。据国务院扶贫办 2006 年的统计，我国贫困人口列世界第 2 位。2005 年，全国农村仍有 2365 万人没有解决温饱，处于年收入 683～944 元的低收入群体还有 4067 万人①。在当今高等教育收费制度下，却要求其平等分担成本，这势必导致低收入者难以承受，不但影响了公民教育机会的平等，而且影响了社会的公平。所以，如果不及时遏制高等教育的高收费，贫困阶层读不起书的局面将越来越严峻，将直接导致受教育的权利与机会的不平等，且极有可能产生一种恶性循环，并进一步拉大贫富的差距。

4. 学费的收取制度和资助制度不配套

江西省高校(尤其民办高校)的收费水平在一定程度上超过了许多城镇居民家庭的支付能力。大学收费对那些低收入家庭的学生来说，的确是一种比较沉重的负担。这一政策使得家庭收入水平不同的学生在进行是否上大学的决策时，处于某种程度的不平等的地位，从而影响受了高等教育机会的公平性。因而，在实行大学收费

① 信息来源：http：//218.195.112.45/jpkc/zgdl/TXT/1-4.doc.

改革的同时，一定要制定必要的配套资助政策。然而，江西省高校目前十分有限的助学金无法有效提供低收入水平家庭学生获得足够的资助，所以说，与收费政策配套的贫困学生资助体系急需完善。

目前的情况是，贷款、助学金、勤工俭学等资助机会不充分；学生资助结构不尽合理，在现行的学生资助体系中，奖学金所占的资源较多，而以支持低收入水平家庭学生为主要目的的贷款、助学金、勤工俭学资助等方式的投入却相应不足。低收入家庭的学生获得的助学金的比例虽然高于中、高收入家庭的学生，但数额偏小的助学金并不能有效提高低收入水平家庭学生获得公共资助水平。从总的趋势看，对学生资助的幅度并没有与学费上涨的幅度保持同步增长。所以，现行的奖学金、助学金体系对贫困生作用是十分有限的。由此可见，高等教育的收费制度与对贫困生的资助制度不相配套。2004 年，江西省实施高校学生助学贷款这一新机制以来，实际已发放的助学贷款金额为 6999.8 万元，支持学生 12869 人。2006 年 9 月，江西省 76 所高校已全部按国家助学贷款新政策落实了承办银行，全省各经办银行都完善了相关工作制度，简化了工作流程和发放手续，新学期江西省国家助学贷款发放的准备工作基本到位。当年全省高校助学贷款人数达 3.5 万人，贷款总金额将达 2 亿元①。

5. 大学生年均培养成本的高估致使学费偏高

对高校学费有两种核收方法：一种是按实际成本；另一种是按日常的运行成本。考虑到我国的国情和成本计算的复杂性，我们选取了后一种方法。按国际惯例，学费标准应按生均成本的 20%进行核定，我国教育部则规定收取学费的比例应为学校年生均日常运行成本的 25%。但是，根据教育部规定的学费测算方法，如果一个大学有 30000 名在校生，那么我们可计算出该校年运行支出为 6 亿元。然而事实上，目前在校生规模在 30000 人左右的高校已经不少，年运行成本达到 6 亿元的可以说是凤毛麟角。可见，目前大学年生均培养成本被严重高估，实际上也说明了大学学费偏高。

① 信息来源：http：//www.12edu.com/jiangxi/xw/200609/133350.shtml.

第4章　普通高校学生的付费能力研究

从第3章的研究中我们发现，江西普通高等学校的收费标准并不是由学校根据自己的教育教学质量、成本状况和教育市场的供求关系情况制定的，而是由政府制定的，政府对收费标准有严格的规定。在政府的这些规定中，学校类型、专业类别之间有一定程度的差异性，但同一类学校、同一类专业之间的标准相对统一。因而，学校间的质量差异事实上并不是制定收费政策的变量。如果出于公平与效率平衡的考虑，政府在确定收费标准时还应当考虑学生及家庭的付费意愿和付费能力。学生及其家庭对缴费上学的意愿和承受能力应当成为影响政府制定收费政策的重要因素。因此，本章将对江西省高校大学生及家庭的付费意愿和付费能力进行实证分析。

4.1　学生在校期间其家庭的经济状况

4.1.1　研究样本

2011年6月，课题组对全省部分高校大学生的付费能力和意愿进行了调查。本次问卷调查选取南昌大学、江西师范大学、江西财经大学、江西农业大学、南昌工程学院、宜春学院、九江学院、江西蓝天学院(现江西科技学院)、江西大宇学院等不同类型、不同层次的公办、民办高校的在校大学生作为调查对象。调查对象涉及综合性、理工类、农林类、财经类和师范类等本科院校、部分专科院校和职业技术学院。课题组共发放问卷1100份，剔除无效样本后，本次高校学生抽样调查回收的有效样本数为952份，有效回收率达到86.5%。样本中，从性别看：男生占43.3%，女生占

56.7%；从学生所在的年级分布看：一年级学生占 64.2%，二年级占 20.5%，三年级占 15%；样本中，88.3% 为本科层次学生，11.7%为专科层次学生；被调查的大学生平均成绩在合格以上的占 99.8%；江西籍生源占 63.8%，外省籍生源占 36.2%。江西高校 87.0%学生来自县级以下乡镇及农村，其中来自农村的占 50.9%。被调查对象的基本信息见表 4-1。

表 4-1　　**被调查学生的基本信息表**

		数量	比重(%)	累计百分比(%)
性别	男	412	43.3	43.3
	女	540	56.7	100.0
家庭居住地	大中城市	124	13.0	13.0
	县级城市	250	26.3	39.3
	集镇	93	9.8	49.1
	农村	485	50.9	100.0
年级	一年级	611	64.2	64.2
	二年级	195	20.5	84.7
	三年级	143	15.0	99.7
	四年级	3	0.3	100.0
就读层次	本科生	841	88.3	88.3
	专科生	111	11.7	100.0
学习成绩	A(90~100 分)	13	1.4	1.4
	B(80~89 分)	436	45.8	47.2
	C(70~79 分)	430	45.2	92.3
	D(60~69 分)	71	7.5	99.8
	E(60 分以下)	2	0.2	100.0

续表

		数量	比重(%)	累计百分比(%)
父亲受教育程度	小学及以下	160	16.8	17.3
	初中	369	38.8	56.1
	高中	280	29.4	85.5
	大学	135	14.2	99.7
	硕士	1	0.1	99.8
	博士	2	0.2	100.0
父亲职业	公务员	46	4.8	5.7
	企业一般员工	104	10.9	16.6
	农(牧、渔)民	416	43.7	60.3
	自由职业	101	10.6	70.9
	其他	56	5.9	76.8
	科研人员	9	0.9	77.7
	教师	53	5.6	83.3
	医生	13	1.4	84.7
	律师	1	0.1	84.8
	军人	5	0.5	85.3
	新闻出版工作者	1	0.1	85.4
	个体工商户	112	11.8	97.2
	企业管理或技术人员	27	2.8	100.0

4.1.2 学生家庭收入状况

表4-2反映了本次调查的江西高校大学生家庭的收入情况，家庭年收入的平均值为28043.75元，学生父亲的年收入平均值为16740.47元，高于母亲的年收入平均值，可见，一般家庭中父亲是家庭的经济支柱。

表 4-2　**大学生家庭收入总体状况**　（单位：元）

	样本数	最小值	最大值	平均值	标准差
家庭年总收入	952	500. 00	1000000. 00	28043. 75	47400. 22
父亲年收入	939	0	350000. 00	16740. 47	24036. 49
母亲年收入	940	0	300000. 00	9938. 07	14930. 18

如果根据调查问卷中学生对自己家庭经济收入的回答，把学生家庭按收入的高低分为五个组：家庭年总收入低于 10000 元（$X<10000$）的为低收入、10000～20000 元（$10000\leqslant X<20000$）为中等偏下收入、20000～40000 元（$20000\leqslant X<40000$）为中等收入、40000 到 100000 元（$40000\leqslant X<100000$）为中等偏上收入、100000 元以上（$100000\leqslant X$）为高收入，各组占样本总数的百分比依次为：低收入 24. 37%、中等偏下收入 28. 26%、中等收入 25. 42%、中等偏上收入 17. 65%、高收入 4. 31%。从受调查大学生家庭的具体高、中、低收入分布情况来看，江西高校大学生家庭主要以中等及中等以下收入为主，如表 4-3 所示。

表 4-3　**大学生家庭收入总体状况（分段情况）**

收入状况（元）	数量	比重（%）	累计百分比
低收入（$X<10000$）	232	24. 37	24. 37
中等偏下收入（$10000\leqslant X<20000$）	269	28. 26	52. 63
中等收入（$20000\leqslant X<40000$）	242	25. 42	78. 05
中等偏上收入（$40000\leqslant X<100000$）	168	17. 65	95. 69
高收入（$100000\leqslant X$）	41	4. 31	100. 00

从表 4-4 可以看出，低收入的家庭主要分布在农村，而高收入的家庭主要分布在大中城市，家庭居住地与家庭年总收入的卡方检验值极其显著（表 4-5），说明不同居住地的家庭，其收入水平情况是有显著性差异的。

表 4-4　　不同家庭居住地的学生家庭收入分布情况

		总计	低收入	中等偏下	中等收入	中等偏上	高收入
大中城市	样本数量	124	4	18	36	50	16
	比重(%)	13.0	3.2	14.5	29.0	40.3	12.9
县级城市	样本数量	250	26	44	81	84	15
	比重(%)	26.3	10.4	17.6	32.4	33.6	6.0
集镇	样本数量	93	15	34	24	16	4
	比重(%)	9.8	16.1	36.6	25.8	17.2	4.3
农村	样本数量	485	187	173	101	18	6
	比重(%)	50.9	38.6	35.7	20.8	3.7	1.2
合计	样本数量	952	232	269	242	168	41
	比重(%)	100.0	24.4	28.3	25.4	17.6	4.3

表 4-5　　家庭居住地与家庭年收入水平的卡方检验

	Pearson 卡方值	自由度	显著水平
Pearson 卡方值	284.0336	12	0.000

4.1.3 学生在校期间的经济来源状况

从表 4-6 中可以看出，家庭供给是学生在校期间最主要的经济来源，平均为 10372.20 元/年，约占总来源的 82.07%。除了家庭供给之外，国家助学贷款、亲友资助、学校助学金、勤工俭学资助和奖学金分别排在第 2、3、4、5、6 位。而高校提供的生活困难补助、特种专业补贴、临时困难补助等其他方面的资助，在学生的经济来源中排在最后。由此可知，学生在校期间的经济来源主要是家庭，从学校的各项资助获得的经济来源是十分有限的。尽管如此，学生获得国家助学贷款来源最大值为 6000 元，平均值为 726.68 元；获得国家助学金来源的最大值为 6000 元，平均值为 496.18

元；获得奖学金来源的最大值为 8000 元，平均值为 193. 32 元；获得校内勤工俭学收入来源的最大值也有 3500 元，平均值为 132. 12 元。相对于平均学费支出 5596. 15 元来说，这样的资助力度显得有些微弱。

表 4-6　　**学生在校期间的经济来源状况**

	样本数	最小值（元）	最大值（元）	平均值	比重（%）	标准差
家庭资助	947	0	40000. 00	10372. 20	82. 07	5859. 66
奖学金	950	0	8000. 00	193. 32	1. 53	709. 97
助学金	951	0	6000. 00	496. 18	3. 93	937. 49
国家助学贷款	951	0	6000. 00	726. 68	5. 75	1911. 94
亲友资助	950	0	12000. 00	523. 32	4. 14	1597. 98
勤工俭学收入，其中：	952	0	5000. 00	263. 12	2. 08	648. 73
校内勤工俭学收入	952	0	3500. 00	132. 12	1. 05	381. 61
校外勤工俭学收入	952	0	5000. 00	131. 00	1. 04	484. 31
其他	951	0	6000. 00	64. 16	0. 51	481. 88

1. 家庭资助与家庭总收入的关系

从表 4-7、表 4-8 中可以看出，不同收入家庭的学生从家庭获得的经济资助总额是不同的，收入越高的家庭的学生，其来源于家庭的资助总额也越高，低收入家庭的学生从家庭获得的资助仅占其总来源的 61. 72%，而高收入家庭的学生从家庭获得的资助占其经济来源总额的 97. 30%。这与我们访谈中所掌握的现实情况是一致的。学生家庭资助与其收入水平的单因素方差分析的结果如表 4-9 所示。

表 4-7 家庭收入与学生在校期间的经济来源状况(均值) (单位：元)

	低收入	中等偏下收入	中等收入	中等偏上收入	高收入
家庭资助	6547.89	8394.03	11999.46	14578.45	18102.44
奖学金	300.86	146.99	170.04	176.19	96.34
助学金	947.63	609.78	274.31	107.74	97.56
国家助学贷款	1451.72	882.90	424.38	88.10	0.00
亲友资助	791.81	567.29	580.17	80.36	195.12
勤工俭学收入，其中：	388.34	377.84	155.25	111.10	61.46
校内勤工俭学收入	83.53	108.55	26.86	0.00	146.34
校外勤工俭学收入	207.54	205.91	67.64	32.41	10.24
其他	180.80	171.93	87.60	78.69	51.22
合计	10900.12	11465.22	13785.71	15253.04	18760.72

表 4-8 家庭收入与学生在校期间的经济来源状况构成比例 (%)

	低收入	中等偏下收入	中等收入	中等偏上收入	高收入
家庭资助	61.72	75.28	87.64	95.78	97.30
奖学金	2.84	1.32	1.24	1.16	0.52
助学金	8.93	5.47	2.00	0.71	0.52
国家助学贷款	13.68	7.92	3.10	0.58	0.00
亲友资助	7.46	5.09	4.24	0.53	1.05
勤工俭学收入，其中：	3.66	3.39	1.13	0.73	0.33
校内勤工俭学收入	0.79	0.97	0.20	0.00	0.79
校外勤工俭学收入	1.96	1.85	0.49	0.21	0.06
其他	1.70	1.54	0.64	0.52	0.28
合计	100.00	100.00	100.00	100.00	100.00

表 4-9　　单因素方差分析的结果

	Sum of Squares	df	Mean Square	F	Sig.
Between Groups	10504992810. 1	4	2626248202. 5	112. 348	0. 00
Within Groups	22113793096. 7	946	23376102. 6		
Total	32618785906. 8	950			

从表 4-9 中可以看出，显著性水平远远小于 0. 01。因此，家庭收入水平对学生从家庭获得的资助总额有极其显著的影响，而且具有很高的关联度(η=0. 57，见表 4-10)。就总的趋势而言，家庭收入水平越低，学生从家庭获得的资助越少，学生对于家庭以外的经济来源的需求也就趋于上升。

表 4-10　　家庭资助与家庭总收入之间的关联度测度

	R	*R* Squared	Eta	Eta Squared
家庭资助 * 家庭总收入	0. 56	0. 32	0. 57	0. 32

2. 学生获得奖学金与家庭总收入的关系

从表 4-7、表 4-8 中可以看出，不同收入家庭的学生获得的奖学金金额是不同的，收入越高的家庭的学生，平均来说其获得的奖学金金额也越少，而且，不同收入家庭的学生获得的奖学金在总的经济来源中所占比例也有所不同，低收入家庭学生组占 2. 84%，高收入家庭学生组占 1. 16%。单就奖学金来源的条件似乎可以看出，家庭收入较低的学生在学习上相对来说好像要更刻苦一些，那么现实果真如此吗？要弄清楚这一情况，还要通过进一步的统计检验才能得出正确的结论。学生获得奖学金与家庭总收入的单因素方差分析的结果见表 4-11。

表 4-11　学生获得奖学金与家庭总收入单因素方差分析的结果

	Sum of Squares	df	Mean Square	F	Sig.
Between Groups	3826609.7	4	956652.4	1.905	0.11
Within Groups	475526501.3	947	502139.9		
Total	479353110.9	951			

从表 4-11 中可以看出，显著性水平没有通过检验。因此，学生获得的奖学金情况与其家庭收入水平没有显著的关系，即没有充分证据显示家庭收入较低的学生，其学习上相对于家庭收入较高的学生来说会更刻苦一些，也就是说，在江西高校资助体系中，国家奖学金获得者必须严格符合“在校期间学习成绩优异，社会实践、创新能力、综合素质等方面特别突出”等基本条件，而学生家庭的经济条件并不是决定性因素，这符合财政部、教育部制定的《普通本科高校、高等职业学校国家奖学金管理暂行办法》的要求。学生获得奖学金情况与家庭总收入之间的关联度测度结果（表 4-12）也表明，学生获得奖学金情况与家庭总收入之间的关联度很小。

表 4-12　学生获得奖学金与家庭总收入之间的关联度测度

	R	R Squared	Eta	Eta Squared
奖学金 * 家庭总收入	-0.06	0.00	0.09	0.01

3. 学生获得助学金来源与家庭总收入的关系

表 4-7、表 4-8 显示，不同收入家庭的学生获得助学金的资助金额是不同的，收入越低家庭的学生，平均来说其获得的助学金金额也越高，低收入家庭学生平均获得 947.63 元的助学金，占总获得的资助的 8.93%，是该类学生在校期间的第二大经济来源（第一为家庭资助，占 61.27%；第二为贷款，占 13.68%），占到低收入家庭学生平均学费 5303.59 元的 16.67%。而对于较高收入家庭的学生来说，平均只获得 107.74 元，占其在校期间经济来源的 0.71%。总体趋势是，随着家庭收入的提高，学生获得的助学金资

助明显减少，正如《普通本科高校、高等职业学校国家助学金管理暂行办法》中所规定的，“国家助学金用于资助高校全日制本专科(含高职、第二学士学位)在校生中的家庭经济困难学生。家庭经济困难，生活俭朴是国家助学金申请的基本条件之一”。可见，高校资助体系中的助学金资助管理可能是有效的和公平的，当然这个结论是否正确，还要通过进一步的统计检验才能得出结论。学生获得助学金资助与家庭总收入的单因素方差分析结果见表 4-13。

表 4-13　**学生获得助学金资助与家庭总收入单因素方差分析的结果**

	Sum of Squares	df	Mean Square	F	Sig.
Between Groups	94530497. 5	4	23632624. 4	30. 191	0. 00
Within Groups	741284071. 4	947	782770. 9		
Total	835814568. 9	951			

从表 4-13 中可以看出，显著性水平远远小于 0. 01，因此，不同收入水平家庭的学生所获得的助学金资助额度有极其显著的差异。就总的趋势而言，随着家庭收入水平的提高，学生获得的助学金资助额度也极其显著地趋于下降。学生获得的助学金资助与学生家庭收入水平关联度为 0. 34(表 4-14)，这说明两者有显著的相关关系。

表 4-14　**学生获得助学金资助与家庭总收入之间的关联度测度**

	R	R Squared	Eta	Eta Squared
助学金 * 家庭总收入	-0. 33	0. 11	0. 34	0. 11

4. 学生获得贷款资助与家庭总收入的关系

从调查结果看，在表 4-7、表 4-8 中，中低收入家庭的学生贷款的金额较大，特别是低收入家庭的学生，获得国家贷款资助的平均额为 1451. 72 元，占其经济来源的 13. 68%(1451. 72/10900. 12)，是低收入家庭学生第二大经济来源。而高收入的家庭的学生则不需要贷款，这与现实情况是一致的。总的趋势是，随着家庭收入的提高，学生需要贷款的明显减少。单因素方差分析的结果见表4-15。

表4-15 **学生获得贷款资助与家庭总收入单因素方差分析的结果**

	Sum of Squares	df	Mean Square	F	Sig.
Between Groups	240799314. 8	4	60199828. 7	17. 619	0. 00
Within Groups	3235577996. 1	947	3416661. 0		
Total	3476377310. 9	951			

从表4-15中可以看出，显著性水平远远小于0.01，因此，对不同收入水平家庭学生而言，其所获得贷款资助有极其显著的差异。从总体趋势讲，随着家庭收入水平的提高，学生获得的贷款资助也极其显著地趋于下降，两者的关联度为0.26（表4-16），说明两者有显著的相关关系。

表4-16 **学生需要贷款资助与家庭总收入之间的关联度测度**

	R	R Squared	Eta	Eta Squared
贷款 * 家庭总收入	-0. 26	0. 07	0. 26	0. 07

5. 学生获得勤工助学资助与家庭总收入的关系

从表4-7、表4-8中可以看出，不同家庭收入的学生获得的勤工助学资助是不同的，家庭收入越低的学生，其勤工助学的收入总额也越高，这与现实情况也是一致的。单因素方差分析的结果见表4-17。

表4-17 **学生获得勤工助学收入资助与家庭总收入单因素方差分析的结果**

	Sum of Squares	df	Mean Square	F	Sig.
Between Groups	15543980. 2	4	3885995. 1	9. 566	0. 00
Within Groups	384688504. 1	947	406218. 1		
Total	400232484. 3	951			

通过表 4-17 可以看出，显著性水平也远远小于 0.01，因此，不同收入家庭的学生，其所获得勤工助学资助的情况也是有极其显著差异的。总的来讲，随着家庭收入水平的提高，学生获得的勤工助学收入也极其显著地趋于下降，表 4-18 也说明两者有较显著的相关性。

表 4-18　**学生获得勤工助学收入资助与家庭总收入之间的关联度测度**

	R	R Squared	Eta	Eta Squared
勤工助学收入 * 家庭总收入	-0.18	0.03	0.20	0.04

6. 校内勤工助学收入与家庭总收入

从表 4-7、表 4-8 中可以看出，不同家庭收入的学生获得的校内勤工助学资助情况是不同的，家庭收入越低的学生，其校内勤工助学的收入总额也越高，这与我们走访中所了解的情况也是一致的。单因素方差分析的结果见表 4-19。

表 4-19　**单因素方差分析的结果**

	Sum of Squares	df	Mean Square	F	Sig.
Between Groups	6069755.0	4	1517438.7	10.852	0.00
Within Groups	132418705.1	947	139829.7		
Total	138488460.1	951			

由表 4-19 得知，显著水平远远小于 0.01，因此，不同收入水平家庭的学生获得校内勤工助学资助情况有极其显著的差异。就总体趋势而言，随着家庭收入水平的提高，学生获得校内勤工助学收入也会极其显著地趋于下降。学生获得贷款资助与学生家庭收入水平关联度为 0.21（表 4-20），有较显著的相关关系。

表 4-20　**校内勤工助学收入与家庭总收入之间的关联度测度**

	R	R Squared	Eta	Eta Squared
校内勤工俭学收入 * 家庭总收入	-0.19	0.04	0.21	0.04

7. 校外勤工助学收入与家庭总收入

通过表 4-7 和表 4-8 可以看出，不同家庭收入的学生获得的校外勤工助学收入资助是不同的，家庭收入越低的学生，其勤工助学的收入总额也越高，这与现实情况和我们的调查情况也是相吻合的。单因素方差分析的结果见表 4-21。

表 4-21　　单因素方差分析的结果

	Sum of Squares	df	Mean Square	F	Sig.
Between Groups	2202433. 9	4	550608. 5	2. 361	0. 05
Within Groups	220857233. 1	947	233217. 8		
Total	223059667. 0	951			

从表 4-21 中可以看出，单因素方差检验在 0. 05 显著水平上显著，因此，不同收入水平家庭的学生获得校外勤工助学收入有显著性差异。就总的趋势而言，随着家庭收入水平的提高，学生获得校外勤工助学收入也显著地趋于下降。学生获得贷款资助与学生家庭收入水平关联度为 0. 10(表 4-22)，有较为显著的相关关系。

表 4-22　校外勤工助学收入与家庭总收入之间的关联度测度

	R	R Squared	Eta	Eta Squared
校外勤工俭学收入 * 家庭总收入	-0. 09	0. 01	0. 10	0. 01

4.2　学生在校的支出构成与影响因素分析

4.2.1　家庭收入对学生在校支出的影响

表 4-23 反映了高校学生在校期间一年的各项开支结构，即用于高等教育的直接开支包括学费及用于住宿、伙食、交通、通信、娱乐社交、购买书籍等其他学习用品以及其他各方面的支出。可以

看出，学生每年直接开支总额的平均水平为 13043. 35 元，学费为 5596. 15 元，学费、住宿费和书费三项刚性支出占总支出的 56. 5%，学费和书费两项比例则达到了 48. 49%。伙食费、交通、通信费和娱乐社交费用占总支出的 36. 65%。这说明，学校的三项刚性收费占学生总支出的一半还多。

表 4-23　　**学生在校期间的年支出情况**

	样本数	最小值（元）	最大值（元）	平均值	比重（%）	标准差
学费支出	952	2800	16000	5596. 15	42. 90	2210. 86
伙食费支出	952	1000	15000	3913. 89	30. 01	1914. 53
住宿费支出	952	500	8000	1045. 17	8. 01	301. 27
书费支出	952	100	4000	728. 68	5. 59	371. 36
其他学习用品支出	952	0	6000	530. 13	4. 06	593. 58
交通、通信费支出	952	0	8500	476. 00	3. 65	470. 09
娱乐和社交费	952	0	10000	389. 69	2. 99	602. 46
其他费用	952	0	10000	363. 64	2. 79	734. 83

表 4-24 和表 4-25 反映的是家庭收入状况与学生在校期间的年支出之间的关系，以下逐个分析家庭收入对学生在校期间的每一项支出的影响。

表 4-24　　**家庭收入与学生在校期间的年支出情况（均值）**　　（单位：元）

	低收入	中等偏下收入	中等收入	中等偏上收入	高收入	总平均
学费支出	5303. 59	5422. 21	5987. 02	5561. 49	6227. 80	5596. 15
书费支出	688. 28	733. 03	703. 60	805. 48	762. 20	728. 68
住宿费支出	1032. 33	1046. 10	1050. 00	1057. 74	1031. 71	1045. 17
伙食费支出	3158. 41	3521. 64	4310. 95	4544. 64	5834. 15	3913. 89
其他学习用品支出	403. 23	475. 13	563. 43	675. 42	817. 07	530. 13
交通、通信费支出	370. 91	459. 98	495. 26	536. 67	813. 41	476. 00

续表

	低收入	中等偏下收入	中等收入	中等偏上收入	高收入	总平均
娱乐和社交费支出	226.49	306.17	415.04	499.94	1259.76	389.69
其他费用	308.88	334.29	399.40	343.63	737.07	363.64

表 4-25 **家庭收入与学生在校期间的年支出项目构成比例(%)**

	低收入	中等偏下收入	中等收入	中等偏上收入	高收入	总评均
学费支出	46.15	44.09	43.00	39.65	35.62	42.90
书费支出	5.99	5.96	5.05	5.74	4.36	5.59
住宿费支出	8.98	8.51	7.54	7.54	5.90	8.01
伙食费支出	27.48	28.63	30.96	32.40	33.37	30.01
其他学习用品支出	3.51	3.86	4.05	4.82	4.67	4.06
交通、通信费支出	3.23	3.74	3.56	3.83	4.65	3.65
娱乐和社交费支出	1.97	2.49	2.98	3.56	7.21	2.99
其他费用	2.69	2.72	2.87	2.45	4.22	2.79

4.2.2 学生支出总额占家庭总收入的比例

表 4-26 列出了不同收入组直接开支总额占家庭总收入的比例。

表 4-26 **学生支出总额占家庭年总收入比例** (单位：元)

	家庭总收入	学生在校总支出	学生支出总额占家庭年总收入比例(%)
低收入	6029.96	11492.12	190.6
中等偏下收入	12594.05	12298.55	97.7
中等收入	25584.71	13924.70	54.4
中等偏上收入	53601.19	14025.01	26.2
高收入	163902.44	17483.17	10.7

学生开支总额占家庭年收入的比例，可以反映学生上学给家庭带来的经济负担。从上表可以看出，这一比例随家庭收入水平的提

高而迅速趋于下降，在低收入组中这个比例高达190.6%，而最高收入组则只占10.7%，两者相差17.8倍，这反映了不同收入的家庭因子女上学所带来的负担是有很大差距的。

4.2.3 学生支出与家庭收入的关系

1. 学费支出与家庭总收入之间的关系

从表4-24和表4-25中可以看出，不同收入组的家庭在学费上的开支总额是不同的，收入越高，其开支总额也越高，高收入家庭学生由其家庭直接支付学费的比例也最高。可见，高收入家庭的学生在选择学校类型、学校层次和热门专业时均无经济之忧。因为江西省高校对不同类型、不同层次院校和不同需求的专业实行了不同的学费政策，这对高收入家庭和低收入的影响是不一样的，这一点与现实情况也是一致的。单因素方差分析的结果见表4-27。

表4-27　**单因素方差分析的结果**

	Sum of Squares	df	Mean Square	F	Sig.
Between Groups	81529432.3	4	20382358.08	4.23	0.00
Within Groups	4566848095.3	947	4822437.27		
Total	4648377527.6	951			

从表4-26中可以看出，显著水平远远小于0.01，因此，家庭收入水平对学生学费支出总额有极其显著的影响。就总的趋势而言，随着家庭收入水平的提高，学生家庭支付学费的比例也趋于上升。学费支出与家庭总收入之间的关联度测度系数为0.13(表4-28)，有较为显著的相关关系，这主要是由于院校类型、层次和专业的选择所造成的。

表4-28　**学费支出与家庭总收入之间的关联度测度**

	R	R Squared	Eta	Eta Squared
学费支出 * 家庭总收入	0.09	0.01	0.13	0.02

2. 书费支出与家庭总收入

从表 4-24 和表 4-25 中可以看出，不同收入家庭的学生其书费直接开支总额是不同的，收入越高，其书费开支总额占其在校开支总额也越低，这是因为书费仅占总开支的一小部分。单因素方差分析的结果见表 4-29。

表 4-29　　单因素方差分析的结果

	Sum of Squares	df	Mean Square	F	Sig.
Between Groups	1572967. 8	4	393241. 95	2. 87	0. 02
Within Groups	129576352. 8	947	136828. 25		
Total	131149320. 6	951			

从表 4-29 中可以看出，显著水平小于 0. 05。因此，家庭收入水平对学生书费的支出有显著影响。就总的趋势而言，随着家庭收入水平的提高，学生用于书费开支所占的比例也趋于下降。书费支出与家庭收入之间的关联度为 0. 11，有较为显著的相关关系（见表 4-30），略低于学费支出与家庭总收入之间的关联度。

表 4-30　　书费支出与家庭总收入之间的关联度测度

	R	R Squared	Eta	Eta Squared
书费支出 * 家庭总收入	0. 08	0. 01	0. 11	0. 01

3. 住宿费支出与家庭总收入

从表 4-24 和表 4-25 中可以看出，不同家庭收入组的住宿费开支基本相同，因为住宿费是每年比较固定的开支，而且学校的收费差别不大。单因素方差分析的结果见表 4-31。

表 4-31　　　　单因素方差分析的结果

	Sum of Squares	df	Mean Square	F	Sig.
Between Groups	78107. 6	4	19526. 89	0. 21	0. 93
Within Groups	86239665. 6	947	91066. 17		
Total	86317773. 1	951			

从表 4-30 中可以看出，显著水平远远大于 0. 05，因此，不同家庭收入水平在学生用于住宿费的支出方面没有显著性的差异。住宿费支出与家庭总收入之间的关联度测度(见表 4-32)也证明了这一点。

表 4-32　　　　住宿费支出与家庭总收入之间的关联度测度

	R	R Squared	Eta	Eta Squared
住宿费支出 * 家庭总收入	0. 02	0. 00	0. 03	0. 00

4. 伙食费支出与家庭总收入

从表 4-24 和表 4-25 可知，不同家庭收入组的学生伙食费开支总额是不同的，收入越高，其开支总额也越高，这与现实情况一致。单因素方差分析的结果见表 4-33。

表 4-33　　　　单因素方差分析的结果

	Sum of Squares	df	Mean Square	F	Sig.
Between Groups	429979374. 4	4	107494843. 61	33. 31	0. 00
Within Groups	3055833045. 3	947	3226856. 44		
Total	3485812419. 7	951			

在表 4-33 中，显著水平远远小于 0. 01，因此，不同家庭收入水平的学生用于伙食费的支出有极其显著的差异。就总体情况而言，随着家庭收入水平的提高，学生用于伙食费的开支也趋于上

升。伙食费支出与家庭总收入之间的关联度测度达到 0.35 为显著相关(见表 4-34)，这是与家庭收入之间关联度最大的项目。

表 4-34 **伙食费支出与家庭总收入之间的关联度测度**

	R	R Squared	Eta	Eta Squared
伙食费支出 * 家庭总收入	0.34	0.12	0.35	0.12

5. 日常学习用品支出与家庭总收入

表 4-24 和表 4-25 反映出，不同家庭收入组的学生，其日常学习用品的支出总额是不同的，收入越高，其开支总额也越高，这可能是因为家庭经济条件好的学生在学习用品的档次上、辅导资料的用量上和职业资格证的获取上等方面有更多投入。单因素方差分析的结果见表 4-35。

表 4-35 **单因素方差分析的结果**

	Sum of Squares	df	Mean Square	F	Sig.
Between Groups	11739916.1	4	2934979.02	8.60	0.00
Within Groups	323337868.8	947	341433.86		
Total	335077784.9	951			

从表 4-35 中可以看出，显著水平小于 0.01，因此，不同家庭收入的学生用于日常学习用品的支出总额是有显著差异的。从总的趋势看，随着家庭收入水平的提高，学生用于高等教育的直接开支也趋于上升。日常学习用品支出与家庭总收入之间的关联度测度为 0.19(表 4-36)，说明学生在校学习期间借助辅助手段学习的支出与家庭的经济状况有较大的关联性。

表 4-36 **日常学习用品支出与家庭总收入之间的关联度测度**

	R	R Squared	Eta	Eta Squared
日常学习用品支出 * 家庭总收入	0.19	0.03	0.19	0.04

6. 交通、通信费支出与家庭总收入

表 4-24 和表 4-25 中的数据证明，不同家庭收入组的学生在交通、通信费支出是不同的，收入越高，其开支总额也越高，这与现实情况也是一致的。单因素方差分析的结果见表 4-37。

表 4-37　　单因素方差分析的结果

	Sum of Squares	df	Mean Square	F	Sig.
Between Groups	8006945. 5	4	2001736. 36	9. 38	0. 00
Within Groups	202153749. 5	947	213467. 53		
Total	210160695. 0	951			

分析表 4-37 可知，显著水平小于 0. 01，因此，不同家庭收入水平的学生用于交通、通信费支出总额存在极其显著性的差异。就总体趋势而言，随着家庭收入水平的提高，学生用于交通、通信等方面的开支也趋于上升，且两者关联度较大为 0. 20(见表 4-38)。

表 4-38　交通、通信费支出与家庭总收入之间的关联度测度

	R	R Squared	Eta	Eta Squared
交通、通信费支出 * 家庭总收入	0. 18	0. 03	0. 20	0. 04

7. 娱乐、社交费支出与家庭总收入

表 4-24 和表 4-25 反映出，不同家庭收入的学生，其用于娱乐、社交等方面的支出是不相同的，收入越高，其开支总额也越高，这同样符合现实情况。单因素方差分析的结果见表 4-39。

表 4-39　　单因素方差分析的结果

	Sum of Squares	df	Mean Square	F	Sig.
Between Groups	41290968. 9	4	10322742. 23	32. 17	0. 00
Within Groups	303885664. 6	947	320892. 99		
Total	345176633. 6	951			

由表4-40得知，显著性水平小于0.01。因此，家庭收入水平对学生用于娱乐、社交等方面支出有极其显著的影响。就总的趋势而言，随着家庭收入水平的提高，学生用于娱乐、社交等方面的开支也趋于上升。两者关联度达到0.35(见表4-40)表现为显著相关。

表4-40 **娱乐与社交费支出与家庭总收入之间的关联度测度**

	R	R Squared	Eta	Eta Squared
娱乐和社交费支出 * 家庭总收入	0.28	0.08	0.35	0.12

4.2.4 个体及家庭特征对学生支出影响

1. 学生性别对其在校支出的影响

调查结果显示(见表4-41和表4-42)，就性别而言，男生和女生在校期间的支出在学费、书费、住宿费、交通、通信费和其他费用等项目上并没有显著性差异，这些项目上男生和女生之间支出的金额相差不大，比例也较接近。男生和女生有明显差异的是伙食费、娱乐和社交方面的支出，男生每年的伙食费支出平均比女生多出600多元，这与现实情况非常一致；男生在娱乐和社交方面的花费也显著高于女生，平均高出130元，这与男女的性格差异和交际偏好有密切关系。调查显示，男生中“伙食费”和“娱乐、社交”这两项支出中，在“课余时间安排了谈恋爱”的同学额度更大，表现更为明显。在其他信息类产品用品的支出方面，男生和女生之间也有较明显的差别。

表4-41 **性别与学生在校期间的年支出状况** (单位：元)

性别	学费支出	书费支出	住宿费支出	伙食费支出	其他学习用品支出	交通及通信费支出	娱乐和社交费支出	其他费用
男	5581.7	738.0	1052.7	4281.9	570.6	497.3	463.3	367.3
女	5607.2	721.6	1039.4	3633.1	499.2	459.7	333.5	360.8
合计	5596.2	728.7	1045.2	3913.9	530.1	476.0	389.7	363.6

表 4-42　　　　　　**单因素方差分析的结果**

		Sum of Squares	df	Mean Square	F	Sig.
学费支出 * 性别	Between Groups	151090. 9	1	151090. 9	0. 0	0. 861
	Within Groups	4648226436. 7	950	4892869. 9		
	Total	4648377527. 6	951			
书费支出 * 性别	Between Groups	62871. 4	1	62871. 4	0. 5	0. 500
	Within Groups	131086449. 2	950	137985. 7		
	Total	131149320. 6	951			
住宿费支出 * 性别	Between Groups	40876. 7	1	40876. 7	0. 5	0. 502
	Within Groups	86276896. 4	950	90817. 8		
	Total	86317773. 1	951			
伙食费支出 * 性别	Between Groups	98380499. 2	1	98380499. 2	27. 6	0. 000
	Within Groups	3387431920. 6	950	3565717. 8		
	Total	3485812419. 7	951			
其他学习用品支出 * 性别	Between Groups	1191675. 6	1	1191675. 6	3. 4	0. 066
	Within Groups	333886109. 3	950	351459. 1		
	Total	335077784. 9	951			
交通、通信费支出 * 性别	Between Groups	330648. 4	1	330648. 4	1. 5	0. 221
	Within Groups	209830046. 6	950	220873. 7		
	Total	210160695. 0	951			
娱乐和社交费 * 性别	Between Groups	3938314. 2	1	3938314. 2	11. 0	0. 001
	Within Groups	341238319. 4	950	359198. 2		
	Total	345176633. 6	951			
其他费用 * 性别	Between Groups	9863. 9	1	9863. 9	0. 0	0. 893
	Within Groups	513509588. 1	950	540536. 4		
	Total	513519452. 0	951			

2. 家庭居住地对学生在校支出的影响

表4-43和表4-44显示，就性别来说，不同家庭居住地的学生，其在校期间在书费、住宿费、交通及通信费等方面没有显著性差异，支出的金额相差不大，比例也较接近。有明显差异的是学费、伙食费、娱乐和社交等方面的支出和其他费用支出，这与现实情况也是非常一致的，经调查了解，这些与学生所就读院校、所学专业及学生本人的生活习惯密切相关。

表4-43 **家庭居住地与学生在校期间的年支出状况** （单位：元）

家庭居住地	学费支出	书费支出	住宿费支出	伙食费支出	其他学习用品支出	交通及通信费支出	娱乐和社交费支出	其他费用
大中城市	6254.1	726.6	1050.0	4928.2	685.1	566.6	607.7	618.9
县级城市	5571.4	757.1	1056.4	4208.2	560.2	486.8	414.6	297.8
集镇	5402.6	725.5	1014.0	3737.4	693.0	457.6	374.4	266.2
农村	5477.8	715.2	1044.1	3536.7	443.8	450.8	324.1	351.0
合计	5596.2	728.7	1045.2	3913.9	530.1	476.0	389.7	363.6

表4-44 **单因素方差分析的结果**

		Sum of Squares	df	Mean Square	F	Sig.
学费支出 * 家庭居住地	Between Groups	64111326	3	21370442.0	4.4	0.004
	Within Groups	4584266202	948	4835723.8		
	Total	4648377528	951			
书费支出 * 家庭居住地	Between Groups	292276.7127	3	97425.6	0.7	0.549
	Within Groups	130857043.8	948	138034.9		
	Total	131149320.6	951			
住宿费支出 * 家庭居住地	Between Groups	125432.5749	3	41810.9	0.5	0.710
	Within Groups	86192340.53	948	90920.2		
	Total	86317773.11	951			

续表

		Sum of Squares	df	Mean Square	F	Sig.
伙食费支出 * 家庭居住地	Between Groups	221127354. 2	3	73709118. 1	21. 4	0. 000
	Within Groups	3264685066	948	3443760. 6		
	Total	3485812420	951			
其他学习用品支出 * 家庭居住地	Between Groups	9289772. 782	3	3096590. 9	9. 0	0. 000
	Within Groups	325788012. 1	948	343658. 2		
	Total	335077784. 9	951			
交通、通信费支出 * 家庭居住地	Between Groups	1387002. 311	3	462334. 1	2. 1	0. 099
	Within Groups	208773692. 7	948	220225. 4		
	Total	210160695	951			
娱乐和社交费 * 家庭居住地	Between Groups	8155532. 222	3	2718510. 7	7. 6	0. 000
	Within Groups	337021101. 4	948	355507. 5		
	Total	345176633. 6	951			
其他费用 * 家庭居住地	Between Groups	10124343. 33	3	3374781. 1	6. 4	0. 000
	Within Groups	503395108. 7	948	531007. 5		
	Total	513519452	951			

3. 就读层次对学生在校支出的影响

表 4-45 和表 4-46 反映出，本科生和专科生在校期间的每项支出都有显著性的差异。本科生除了学费、住宿费支出平均比专科生要低以外，其余各项支出都高于专科生。由此可以认为，在江西各高校中，本科生占用的学习资源及学习成本都高于专科生。

表 4-45　**就读层次与学生在校期间的年支出状况**　（单位：元）

就读层次	学费支出	书费支出	住宿费支出	伙食费支出	其他学习用品支出	交通及通信费支出	娱乐和社交费支出	其他费用
本科生	5535. 1	747. 8	1038. 8	3971. 2	553. 2	487. 8	401. 6	368. 4
专科生	6058. 5	584. 0	1093. 7	3479. 3	355. 4	386. 4	299. 6	328. 0
合计	5596. 2	728. 7	1045. 2	3913. 9	530. 1	476. 0	389. 7	363. 6

表 4-46 单因素方差分析的结果

		Sum of Squares	df	Mean Square	F	Sig.
学费支出 * 就读层次	Between Groups	26855924.2	1	26855924.2	5.5	0.019
	Within Groups	4621521603.5	950	4864759.6		
	Total	4648377527.6	951			
书费支出 * 就读层次	Between Groups	2631525.5	1	2631525.5	19.5	0.000
	Within Groups	128517795.0	950	135281.9		
	Total	131149320.6	951			
住宿费支出 * 就读层次	Between Groups	295873.6	1	295873.6	3.3	0.071
	Within Groups	86021899.5	950	90549.4		
	Total	86317773.1	951			
伙食费支出 * 就读层次	Between Groups	23733288.3	1	23733288.3	6.5	0.011
	Within Groups	3462079131.4	950	3644293.8		
	Total	3485812419.7	951			
其他学习用品支出 * 就读层次	Between Groups	3835768.4	1	3835768.4	11.0	0.001
	Within Groups	331242016.4	950	348675.8		
	Total	335077784.9	951			
交通、通信费支出 * 就读层次	Between Groups	1009407.8	1	1009407.8	4.6	0.033
	Within Groups	209151287.2	950	220159.2		
	Total	210160695.0	951			
娱乐和社交费 * 就读层次	Between Groups	1018910.5	1	1018910.5	2.8	0.094
	Within Groups	344157723.0	950	362271.3		
	Total	345176633.6	951			
其他费用 * 就读层次	Between Groups	159889.0	1	159889.0	0.3	0.587
	Within Groups	513359563.0	950	540378.5		
	Total	513519452.0	951			

4. 学习成绩对学生在校支出的影响

从表 4-47 和表 4-48 中可以看出，平时学习成绩在 60 分以下的学生，其学费支出比例、住宿费、伙食费等支出均最高，而书费、信息用品费、交通及通信费、娱乐和社交费和其他费用等的支出均最低。这可以认为，这些平时学习成绩在 60 分以下的学生，与其他同学相比，他(她)们主动投入到学习中的资源或主动获取的学习资源，相对来说是最少的，这与他(她)们缺乏学习热情、学习信心、学习兴趣和学习动力是密切相关的，与我们在调查中所掌握的“我们来学校就是想拿钱买一张文凭”的说法十分一致。因此，这些学生宁愿把钱花在其他方面，也不愿主动花钱去获取更多学习资源(如购买相关书籍和学习用品，参加一些培训或参加一些职业资证考试等)。这些学生有相当一部分在校外租房居住，把相当一部分钱都用在了吃住上，是典型的享受一族。然而，他们在交通、通信、娱乐和社交等方面的支出却是最低的，这似乎与实际情况不符。但通过我们的调查发现，这些学生日常生活极度空虚，活动的范围也很少，绝大多数与恋人相处，所以他们在交通、通信、娱乐和社交等方面的支出相对较少是很正常的。

从“平时成绩好的学生”的支出情况看，他们的学费支出恒定，书费支出较多，其他学习用品支出也是最高的，伙食、娱乐、社交等费用也不低。这说明，这些学生大多数人的交际范围比较广、社交活动比较多，在学校属于较活跃的一个群体，这也说明他们的日常学习、生活是比较充实的。

表 4-47　　**平时成绩与学生在校期间的年支出状况**　（单位：元）

平时成绩	学费支出	书费支出	住宿费支出	伙食费支出	其他学习用品支出	交通及通信费支出	娱乐和社交费支出	其他费用
A(90~100 分)	4737.7	700.0	1046.2	4223.1	696.2	438.5	388.5	287.7
B(80~89 分)	5791.3	757.9	1041.5	3836.2	509.7	468.0	329.8	332.6
C(70~79 分)	5422.0	699.5	1047.7	3850.1	550.8	468.7	399.5	411.3
D(60~69 分)	5542.0	738.5	1050.7	4669.0	506.1	577.5	702.8	285.9
E(60 分以下)	8000.0	475.0	1100.0	5750.0	300.0	425.0	225.0	125.0
合计	5596.2	728.7	1045.2	3913.9	530.1	476.0	389.7	363.6

表 4-48 单因素方差分析的结果

		Sum of Squares	df	Mean Square	F	Sig.
学费支出 * 成绩	Between Groups	50983357.6	4	12745839.4	2.6	0.033
	Within Groups	4597394170.0	947	4854692.9		
	Total	4648377527.6	951			
书费支出 * 成绩	Between Groups	885483.0	4	221370.8	1.6	0.170
	Within Groups	130263837.5	947	137554.2		
	Total	131149320.6	951			
住宿费支出 * 成绩	Between Groups	16725.3	4	4181.3	0.0	0.996
	Within Groups	86301047.8	947	91131.0		
	Total	86317773.1	951			
伙食费支出 * 成绩	Between Groups	52852914.2	4	13213228.6	3.6	0.006
	Within Groups	3432959505.5	947	3625089.2		
	Total	3485812419.7	951			
其他学习用品支出 * 成绩	Between Groups	871315.8	4	217829.0	0.6	0.650
	Within Groups	334206469.0	947	352910.7		
	Total	335077784.9	951			
交通、通信费支出 * 成绩	Between Groups	806222.6	4	201555.6	0.9	0.456
	Within Groups	209354472.4	947	221071.2		
	Total	210160695.0	951			
娱乐和社交费 * 成绩	Between Groups	8621469.0	4	2155367.3	6.1	0.000
	Within Groups	336555164.5	947	355390.9		
	Total	345176633.6	951			
其他费用 * 成绩	Between Groups	2014644.6	4	503661.1	0.9	0.444
	Within Groups	511504807.4	947	540131.8		
	Total	513519452.0	951			

5. 课余时间主要安排对学生在校支出的影响

从表 4- 49 和表 4-50 可以看出，课余时间主要用来学习的学生，其书费和其他学习用品支出最多，而在交通、通信上的支出则是最少的；课余时间主要用在勤工助学上的学生，其消费支出较高，伙食费、其他学习用品以及娱乐和社交支出等都是最低的，而在交通、通信上的支出较多，这都与他们的家庭经济比较拮据有关，但为了参加勤工助学，交通和通信等费用就成了必须的支出。课余时间主要用在谈恋爱和上网的学生，其各项费用支出都比较高，特别是谈恋爱的学生，其各项费用支出都是最高的，只有伙食费仅次于上网的学生。单因素方差分析结果显示，学费、伙食费和娱乐社交等支出会因学生课余时间的不同安排而有显著性的差异。

表 4- 49　**课余时间安排与学生在校期间的年支出状况**（单位：元）

课余时间主要安排	学费支出	书费支出	住宿费支出	伙食费支出	其他学习用品支出	交通及通信支出	娱乐社支出	其他费用
学习	5580. 6	701. 0	1057. 2	3666. 0	524. 1	452. 2	305. 9	351. 3
勤工俭学	6214. 6	693. 4	1057. 9	3547. 4	441. 6	485. 8	281. 6	459. 5
自由休闲娱乐	5376. 7	738. 8	1027. 1	4125. 0	539. 5	470. 9	462. 9	337. 3
院系班级活动	5295. 7	776. 4	1045. 2	3807. 2	562. 1	473. 3	391. 0	454. 8
谈恋爱	6414. 0	940. 0	1080. 0	4333. 3	653. 3	588. 9	650. 0	356. 7
上网	6790. 6	695. 5	1041. 9	4638. 7	569. 8	574. 2	608. 9	400. 4
其他	5436. 6	771. 6	1040. 0	4051. 4	464. 9	514. 1	362. 1	318. 2
合计	5596. 2	728. 7	1045. 2	3913. 9	530. 1	476. 0	389. 7	363. 6

表 4-50　**单因素方差分析的结果**

		Sum of Squares	df	Mean Square	F	Sig.
学费支出 * 课余时间安排	Between Groups	137768726. 0	6	22961454. 3	4. 8	0. 000
	Within Groups	4510608801. 6	945	4773131. 0		
	Total	4648377527. 6	951			

续表

		Sum of Squares	df	Mean Square	F	Sig.
书费支出 * 课余时间安排	Between Groups	1473544. 7	6	245590. 8	1. 8	0. 098
	Within Groups	129675775. 9	945	137223. 0		
	Total	131149320. 6	951			
住宿费支出 * 课余时间安排	Between Groups	173108. 8	6	28851. 5	0. 3	0. 929
	Within Groups	86144664. 3	945	91158. 4		
	Total	86317773. 1	951			
伙食费支出 * 课余时间安排	Between Groups	78842096. 5	6	13140349. 4	3. 6	0. 001
	Within Groups	3406970323. 3	945	3605259. 6		
	Total	3485812419. 7	951			
其他学习用品支出 * 课余时间安排	Between Groups	1066499. 1	6	177749. 9	0. 5	0. 806
	Within Groups	334011285. 8	945	353451. 1		
	Total	335077784. 9	951			
交通、通信费支出 * 课余时间安排	Between Groups	1119223. 7	6	186537. 3	0. 8	0. 537
	Within Groups	209041471. 3	945	221207. 9		
	Total	210160695. 0	951			
娱乐和社交费 * 课余时间安排	Between Groups	8684829. 2	6	1447471. 5	4. 1	0. 000
	Within Groups	336491804. 3	945	356076. 0		
	Total	345176633. 6	951			
其他费用 * 课余时间安排	Between Groups	1695636. 6	6	282606. 1	0. 5	0. 792
	Within Groups	511823815. 4	945	541612. 5		
	Total	513519452. 0	951			

6. 学生父亲受教育程度对学生在校支出的影响

表 4-51 和表 4-52 中的数据显示，除了住宿费和其他费用支出外，由于学生父亲受教育程度的不同，其对学生在学校期间的支出的影响也有显著的差异。父亲受教育程度越低，学生的学费和书费

支出也越低，这可能是由于这些学生受就读院校和专业选择以及家庭长期形成的生活习惯的影响所造成的。父亲受教育程度高的学生，其选择院校和专业时一般不会过多考虑学费等经济因素，因而其子女就学的学费和书费支出应当会偏高。伙食费、其他学习用品、交通、通信、娱乐和社交支出也是随着学生父亲的受教育程度的提高而提高的，主要原因就是因为学生父亲受教育程度与其家庭经济状况密切相关。

表 4-51　**父亲受教育程度与学生在校期间的年支出状况**

（单位：元）

学生父亲受教育程度	学费支出	书费支出	住宿费支出	伙食费支出	其他学习用品支出	交通及通信费支出	娱乐和社交费	其他费用
小学及以下	5344.6	698.0	1092.5	3469.4	511.3	418.3	297.1	307.6
初中	5524.0	733.5	1032.0	3758.3	451.3	449.6	343.6	335.9
高中	5658.3	707.7	1033.6	3985.3	556.9	494.4	388.4	406.9
大学	5922.3	809.6	1044.4	4658.5	721.5	574.1	604.5	421.5
硕士	12000.0	1200.0	1000.0	2000.0	100.0	100.0	1000.0	100.0
博士	7750.0	250.0	1500.0	10000.0	750.0	1000.0	2000.0	500.0
单亲家庭	4547.0	440.0	1000.0	3460.0	280.0	460.0	260.0	220.0
合计	5596.2	728.7	1045.2	3913.9	530.1	476.0	389.7	363.6

表 4-52　**单因素方差分析的结果**

		Sum of Squares	df	Mean Square	F	Sig.
学费支出 * 父亲受教育程度	Between Groups	83280422.2	6	13880070.4	2.9	0.009
	Within Groups	4565097105.4	945	4830790.6		
	Total	4648377527.6	951			
书费支出 * 父亲受教育程度	Between Groups	2264528.3	6	377421.4	2.8	0.011
	Within Groups	128884792.3	945	136386.0		
	Total	131149320.6	951			

续表

		Sum of Squares	df	Mean Square	F	Sig.
住宿费支出 * 父亲受教育程度	Between Groups	886355.4	6	147725.9	1.6	0.134
	Within Groups	85431417.7	945	90403.6		
	Total	86317773.1	951			
伙食费支出 * 父亲受教育程度	Between Groups	195599315.9	6	32599886.0	9.4	0.000
	Within Groups	3290213103.9	945	3481707.0		
	Total	3485812419.7	951			
其他学习用品支出 * 父亲受教育程度	Between Groups	8086210.7	6	1347701.8	3.9	0.001
	Within Groups	326991574.2	945	346022.8		
	Total	335077784.9	951			
交通、通信费支出 * 父亲受教育程度	Between Groups	2874873.4	6	479145.6	2.2	0.042
	Within Groups	207285821.6	945	219350.1		
	Total	210160695.0	951			
娱乐和社交费 * 父亲受教育程度	Between Groups	14029233.3	6	2338205.5	6.7	0.000
	Within Groups	331147400.3	945	350420.5		
	Total	345176633.6	951			
其他费用 * 父亲受教育程度	Between Groups	1972991.3	6	328831.9	0.6	0.725
	Within Groups	511546460.7	945	541319.0		
	Total	513519452.0	951			

7. 学生父亲职业对学生在校支出的影响

从表4-53和表4-54可以看出，学生父亲职业不同，学生在校期间的学费、书费、伙食费、其他学习用品、交通及通信和娱乐社交等方面的支出都有显著性差异。特别值得指出的是，学生父亲职业为农(牧、渔)民的，学生在学校学习期间的多数项目费用支出都是相对最少的，这必定是因为家庭贫困所导致的，应当引起我们的关注。

表 4-53　**父亲职业与学生在校期间的年支出状况**　（单位：元）

学生父亲职业	学费支出	书费支出	住宿费支出	伙食费支出	其他学习用品支出	交通通讯支出	娱乐社交支出	其他支出
公务员	6359.3	733.0	1065.9	4706.8	656.8	587.5	622.7	520.5
企业一般员工	5520.6	713.0	1026.7	3905.0	622.1	513.5	471.6	413.5
农(牧、渔)民	5290.1	705.0	1035.5	3532.5	457.6	438.7	261.2	329.7
自由职业	5878.8	792.1	1034.7	3874.3	518.8	446.3	375.7	332.3
其他	5493.5	653.9	1060.7	3602.7	391.6	427.3	545.0	407.1
科研人员	6102.8	822.2	1133.3	6888.9	661.1	770.0	938.9	907.8
教师	5753.2	844.3	1034.0	4466.0	633.0	436.4	407.9	249.1
医生	5190.4	911.5	1092.3	5800.0	773.1	550.0	726.9	526.9
律师	9000.0	200.0	1500.0	5000.0	300.0	450.0	200.0	150.0
军人	6120.0	480.0	1240.0	7040.0	440.0	920.0	380.0	1080.0
新闻出版工作者	4500.0	1000.0	800.0	3600.0	100.0	300.0	400.0	500.0
个体工商户	6229.9	755.5	1083.9	4463.4	675.4	544.0	517.1	354.6
企业管理或技术人员	5699.6	738.9	1018.5	3729.6	559.3	561.7	565.6	401.5
单亲家庭	4704.4	475.0	1000.0	3037.5	300.0	350.0	181.3	150.0
合计	5596.2	728.7	1045.2	3913.9	530.1	476.0	389.7	363.6

表 4-54　**单因素方差分析的结果**

		Sum of Squares	df	Mean Square	F	Sig.
学费支出 * 父亲职业	Between Groups	145480225.6	13	11190786.6	2.3	0.005
	Within Groups	4502897302	938	4800530.2		
	Total	4648377528	951			
书费支出 * 父亲职业	Between Groups	3461869.853	13	266297.7	2.0	0.021
	Within Groups	127687450.7	938	136127.3		
	Total	131149320.6	951			

续表

		Sum of Squares	df	Mean Square	F	Sig.
住宿费支出 * 父亲职业	Between Groups	884656.756	13	68050.5	0.7	0.717
	Within Groups	85433116.35	938	91080.1		
	Total	86317773.11	951			
伙食费支出 * 父亲职业	Between Groups	327001403.2	13	25153954.1	7.5	0.000
	Within Groups	3158811017	938	3367602.4		
	Total	3485812420	951			
其他学习用品支出 * 父亲职业	Between Groups	9446883.201	13	726683.3	2.1	0.013
	Within Groups	325630901.7	938	347154.5		
	Total	335077784.9	951			
交通、通信费支出 * 父亲职业	Between Groups	4290144.941	13	330011.1	1.5	0.110
	Within Groups	205870550.1	938	219478.2		
	Total	210160695	951			
娱乐和社交费 * 父亲职业	Between Groups	18592141.64	13	1430164.7	4.1	0.000
	Within Groups	326584492	938	348171.1		
	Total	345176633.6	951			
其他费用 * 父亲职业	Between Groups	8778138.788	13	675241.4	1.3	0.235
	Within Groups	504741313.2	938	538103.7		
	Total	513519452	951			

8. 学生家庭人口数量对学生在校支出的影响

分析表 4-55 和表 4-56 可知，学生家庭成员的数量不同，学生在学校的伙食费、其他学习用品、娱乐和社交等费用支出都有显著性差异。从平均值看，家庭人口很少和很多的两类学生，上述项目的支出都是相对很少的，可能的原因是：家庭人口数量只有两个的，一般为单亲家庭，经济状况一般可能较差；而人口在 6 个以上的，要么家庭兄弟姐妹多，要么几代人同堂，家庭的经济状况一般也都不会太好。这两类家庭的学生在伙食费、其他学习用品、娱乐和社交等方面的费用支出肯定相对都较少。

表 4-55　　　家庭成员数与学生在校期间的年支出状况　（单位：元）

家庭成员数	学费支出	书费支出	住宿费支出	伙食费支出	其他学习用品支出	交通通信支出	娱乐社交支出	其他支出
2	4956.6	675.0	1012.5	2975.0	431.3	390.6	318.8	546.9
3	5948.2	753.8	1039.1	4371.8	642.2	544.0	525.9	496.7
4	5493.0	720.3	1037.9	3873.4	492.4	439.3	403.4	323.4
5	5516.6	721.9	1062.3	3750.8	528.5	468.2	309.0	319.7
6	5405.0	719.5	1037.8	3604.8	467.7	507.5	218.9	270.4
7	5762.0	763.3	1111.1	3735.2	425.9	494.4	311.1	400.0
8	5308.8	650.0	1000.0	2100.0	300.0	160.0	75.0	25.0
合计	5596.2	728.7	1045.2	3913.9	530.1	476.0	389.7	363.6

表 4-56　　　单因素方差分析的结果

		Sum of Squares	df	Mean Square	F	Sig.
学费支出 * 家庭成员数	Between Groups	43936640.2	6	7322773.4	1.5	0.174
	Within Groups	4604440887.4	945	4872424.2		
	Total	4648377527.6	951			
书费支出 * 家庭成员数	Between Groups	288498.8	6	48083.1	0.3	0.912
	Within Groups	130860821.7	945	138477.1		
	Total	131149320.6	951			
住宿费支出 * 家庭成员数	Between Groups	239097.7	6	39849.6	0.4	0.854
	Within Groups	86078675.4	945	91088.5		
	Total	86317773.1	951			
伙食费支出 * 家庭成员数	Between Groups	89482207.3	6	14913701.2	4.1	0.000
	Within Groups	3396330212.5	945	3594000.2		
	Total	3485812419.7	951			

续表

		Sum of Squares	df	Mean Square	F	Sig.
其他学习用品支出 * 家庭成员数	Between Groups	4353243.9	6	725540.6	2.1	0.054
	Within Groups	330724541.0	945	349973.1		
	Total	335077784.9	951			
交通、通信费支出 * 家庭成员数	Between Groups	2174982.3	6	362497.0	1.6	0.131
	Within Groups	207985712.7	945	220090.7		
	Total	210160695.0	951			
娱乐和社交费 * 家庭成员数	Between Groups	8680690.1	6	1446781.7	4.1	0.000
	Within Groups	336495943.5	945	356080.4		
	Total	345176633.6	951			
其他费用 * 家庭成员数	Between Groups	6759554.9	6	1126592.5	2.1	0.051
	Within Groups	506759897.1	945	536253.9		
	Total	513519452.0	951			

4.3 学生及家庭的付费意愿与承受力调查分析

4.3.1 学生及家庭的付费意愿

本节从给定的学费水平上，学生及其家庭的高等教育需求对学费的弹性这个角度，来研究学生及其家庭的付费意愿。本研究通过计算“假设学费提高不同水平时的高等教育需求弹性”作为判断家庭付费意愿的强弱。一般来说，学生及其家庭愿意支付的学费越高，学生高等教育需求的学费弹性越小，则在学费水平提高时，他们中止接受高等教育的可能性就越小，因而其付费意愿也越强。基于这个考虑，我们将问题设计为：“考虑你及家庭的支付能力，以本学年你的总支出为基础，如果支出上涨 10%、30%、50%，100%、200%等不同的幅度，你会继续上学吗?”以此来考查：第一，学生高等教育需求对学费的变化是否灵敏；第二，不同收入水平家庭的学生其高等教育需求的学费弹性存在怎样的差别。

1. 学费水平提高对不同家庭收入水平学生上学意愿的影响

不同收入水平家庭的学生对学费的变化的灵敏度如表 4-57 所示。

表 4-57　**学费上涨幅度与不同经济状况家庭学生愿意继续上学的比例**

家庭收入水平	学费上涨幅度(%)				
	10	30	50	100	200
低收入	84. 1	67. 7	44. 0	29. 7	25. 0
中等偏下	82. 9	66. 9	49. 8	34. 2	26. 0
中等收入	85. 1	69. 0	50. 8	34. 7	29. 3
中等偏上	86. 3	77. 4	69. 6	55. 4	49. 4
高收入	92. 7	87. 8	80. 5	63. 4	56. 1
平均	84. 8	70. 4	53. 5	38. 2	32. 0

从总体来说，随着学费幅度的提高，愿意继续上学学生的比例(即对高等教育的需求)呈现明显的递减趋势，在不同提高幅度水平下，家庭经济条件好的学生要比家庭经济条件差的学生对高等教育的需求更高一些。当学费提高幅度较低时，不同家庭经济条件的学生对高等教育的需求差异很小(如学费提高 10%时，最大差异低于 10%，差异比值低于 12%)；随着学费幅度的逐渐提高，不同家庭经济条件的学生对高等教育的需求差异有所增加(如提高幅度为 50%时)；在提高幅度达 50%以后，如果再继续提高学费幅度，大约提高至 100%左右时，不同家庭经济条件的学生对高等教育的需求差异又呈现缩减趋势；在此情况下，如果学费幅度继续提高，则不同家庭经济条件的学生对高等教育的需求差异又有明显提高(如提高幅度在 200% 时，最大差异高达 31. 1%，相对差异高于 124. 4%)。

2. 不同家庭收入水平学生的学费弹性

用逻辑回归方法计算结果如表 4-58 所示。

表 4-58　不同收入水平家庭学生高等教育需求对学费的弹性

家庭收入水平	学费提高幅度(%)				
	10	30	50	100	200
低收入	-0. 108	-0. 302	-0. 187	-0. 133	-0. 066
中等偏下	-0. 077	-0. 096	-0. 043	-0. 062	-0. 103
中等收入	-0. 152	-0. 217	-0. 355	-0. 289	-0. 382
中等偏上	-0. 106	-0. 179	-0. 320	-0. 354	-0. 241
高收入	-0. 114	-0. 231	-0. 383	-0. 207	-0. 311
样本全体	-0. 112	-0. 776	-0. 213	-0. 278	-0. 199

从上表可以看出，不同收入水平家庭学生高等教育需求对学费的弹性是不相同的。总体来说，收入水平属中等偏下家庭的学生，在学费提高的各个水平上，其学费弹性都比较小；在学费提高30%和 50%两个水平时，低收入家庭学生对学费的弹性最大，也就是说，当学费提高到这两个水平时，学费的增加最有可能导致低收入家庭学生放弃接受高等教育的机会；当学费提高幅度超过 100%水平时，家庭收入水平低的学生继续上学的比例则大为减少，这时，如果再提高学费，则对他们高等教育需求的影响已经不大，而对家庭收入水平中等及以上的学生的影响比较大。如果过高地提高学费，也将显著影响高收入家庭学生对高等教育的需求。

从学费弹性看，学费提高水平对学生继续上学的可能性具有显著的负(消极)影响。学费提高 10%后，学费每增加一个百分点，学生继续上学的可能性下降 0. 112 个百分点；学费提高 30%后，学费每增加一个百分点，学生继续上学的可能性则要下降 0. 776 个百分点，约为前者的 7 倍。在学费提高至 100%或 200%水平后，学费每增加一个百分点，学生继续上学的可能性却只下降 0. 278 或

0.199 个百分点。这是因为，学费在大幅度提高后，此时还选择继续上学的学生，其家庭经济状况一般都比较殷实，这些学生家庭对学费增长的反应并不十分灵敏。表 4-58 中的学费弹性均小于 1，这说明上学需求对学费仍然是缺乏弹性的，也就是说，学生继续上学的意愿不会随着学费水平的提高而大幅度地下降。这表明，学生及其家庭有较强的高等教育付费意愿。这一结果与前面对学生愿意支付的最高学费水平的分析是一致的。

4.3.2　学生及家庭的付费能力

付费能力即学生接受高等教育能够承担的最高学费水平。这里有两个问题要予以关注：第一，高等学校的学费水平要以城乡居民的支付能力为基础，不能超出居民的最大经济承受能力；第二，在学费不超过教育直接成本的前提下，学费水平可以体现出差异性。

1. 不同组别学生对目前学费的承受能力

为了考察学生及其家庭对目前高校学费承受能力的情况，我们的调查问卷中设计的问题是：“就目前高校的收费标准，你的情况是：①无力承受；②父母需压缩生活开支才能勉强承受；③可以承受；④再提高一些也能承受。”

本研究首先考查高校学生对目前学校收费标准的承受能力的分布情况，并应用 Pearson 卡方检验方法，对“学生在目前收费标准上的承受能力”的影响因素进行检验。从而得到学生对目前学费水平看法。下面分析表 4-59 和图 4.1。

表 4-59　**不同家庭状况学生对目前学费水平承受能力的分布表**

			无力承受	父母需压缩开支才能勉强承受	可以承受	再提高一些也能承受	Pearson 卡方检验结果
总体情况		数量(个)	247	456	232	17	
		比重(%)	25.9	47.9	24.4	1.8	

续表

			无力承受	父母需压缩开支才能勉强承受	可以承受	再提高一些也能承受	Pearson 卡方检验结果
家庭总收入	低收入	数量(个)	109	111	10	2	$\chi^2=348.2$ $p=0.000$
		比重(%)	47.0	47.8	4.3	0.9	
	中等以下	数量(个)	89	147	31	2	
		比重(%)	33.1	54.6	11.5	0.7	
	中等收入	数量(个)	35	148	57	2	
		比重(%)	14.5	61.2	23.6	0.8	
	中等以上	数量(个)	11	41	110	6	
		比重(%)	6.5	24.4	65.5	3.6	
	高收入	数量(个)	3	9	24	5	
		比重(%)	7.3	22.0	58.5	12.2	
家庭居住地	大中城市	数量(个)	12	55	53	4	$\chi^2=138.5$ $p=0.000$
		比重(%)	9.7	44.4	42.7	3.2	
	县级城市	数量(个)	41	96	108	5	
		比重(%)	16.4	38.4	43.2	2.0	
	集镇	数量(个)	24	48	19	2	
		比重(%)	25.8	51.6	20.4	2.2	
	农村	数量(个)	170	257	52	6	
		比重(%)	35.1	53.0	10.7	1.2	
就读层次	本科生	数量(个)	204	404	216	17	$\chi^2=15.3$ $p=0.002$
		比重(%)	24.3	48.0	25.7	2.0	
	专科生	数量(个)	43	52	16	0	
		比重(%)	38.7	46.8	14.4	0.0	

续表

			无力承受	父母需压缩开支才能勉强承受	可以承受	再提高一些也能承受	Pearson 卡方检验结果
课余时间安排	学习	数量(个)	111	161	105	6	$\chi^2=46.7$ $p=0.000$
		比重(%)	29.0	42.0	27.4	1.6	
	勤工俭学	数量(个)	21	15	1	1	
		比重(%)	55.3	39.5	2.6	2.6	
	自由休闲娱乐获得	数量(个)	62	137	75	6	
		比重(%)	22.1	48.9	26.8	2.1	
	院系班级活动	数量(个)	24	59	19	2	
		比重(%)	23.1	56.7	18.3	1.9	
	谈恋爱	数量(个)	5	4	5	1	
		比重(%)	33.3	26.7	33.3	6.7	
	上网	数量(个)	10	39	12	1	
		比重(%)	16.1	62.9	19.4	1.6	
	其他	数量(个)	14	41	15	0	
		比重(%)	20.0	58.6	21.4	0.0	
父亲受教育程度	小学及以下	数量(个)	59	82	19	0	$\chi^2=155.9$ $p=0.000$
		比重(%)	36.9	51.3	11.9	0.0	
	初中	数量(个)	113	196	56	4	
		比重(%)	30.6	53.1	15.2	1.1	
	高中	数量(个)	60	139	76	5	
		比重(%)	21.4	49.6	27.1	1.8	
	大学以上	数量(个)	13	36	81	8	
		比重(%)	0.1	0.3	0.6	0.1	
	大学以上	数量(个)	6	23	60	3	
		比重(%)	6.6	25.3	64.8	3.3	

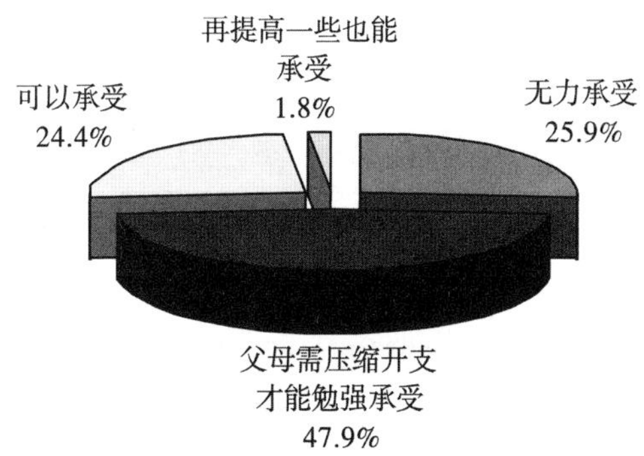

图 4.1 学生对目前学费承受能力的分布状况

由表 4-59 和图 4.1 可知，Pearson Chi-Square 均小于 0.01，表明有极其显著的差异，即学生家庭背景、个体特征对目前学费的承受能力存在显著差异。总体上，25.9%的学生认为无力承受，47.9%的学生认为父母需压缩生活开支才能勉强承受，24.4%的学生认为可以承受，只有 1.8%的学生认为再提高一些也能承受。

2. 学生实际支付学费与最高学费支付能力比较

如前分析，学费在学生接受高等教育的各项直接支出中所占比例最高，约占总支出的 42.9%，学费、住宿费和教材费支出占总支出的 56.5%。在调查问卷中曾要求学生回答："你每年愿意支付的最高学费是多少?"并将学生的回答统计汇集在表 4-60 中，此表比较了学生家庭的不同社会经济地位、学生个体特征和学生接受高等教育的情况，以及他们愿意支付学费的最高水平与其目前实际交纳的学费水平的差异情况，并使用配对样本 T 检验方法(Paired Sample T Test)，检验学生"目前交纳的学费水平"与"愿意支付的最高学费水平"两者的差异显著性。

表 4-60　　学生实际学费与最高学费支付能力比较

		目前学费支出	家庭能支付的最高学费	差距	T 检验值	P 值
总体		5596.15	6912.07	-1315.9	-6.734	0.000
家庭收入	低收入	5303.6	4844.8	458.8	2.7	0.008
	中等以下收入	5422.2	5791.7	-369.4	-1.4	0.151
	中等收入	5987.0	7153.1	-1166.1	-2.4	0.020
	中等偏上收入	5561.5	9534.5	-3973.0	-8.6	0.000
	高收入	6227.8	13792.7	-7564.9	-4.7	0.000
对学校收费的体会	无力承受	6099.6	5124.2	975.5	3.7	0.000
	父母需压缩开支才能勉强承受	5556.7	6647.5	-1090.9	-3.6	0.000
	可以承受	5171.1	8928.2	-3757.1	-10.1	0.000
	再提高一些也能承受	5140.6	12470.6	-7330.0	-3.7	0.002
家庭居住地	大中城市	6254.1	9110.0	-2855.8	-3.0	0.004
	县级城市	5571.4	7590.8	-2019.4	-5.9	0.000
	集镇	5402.6	6698.9	-1296.3	-2.5	0.015
	农村	5477.8	6041.1	-563.3	-2.7	0.007
年级	一年级	5613.5	6897.6	-1284.0	-5.1	0.000
	二年级	5983.1	7170.4	-1187.4	-2.7	0.007
	三年级	4999.5	6556.9	-1557.3	-3.5	0.001
	四年级	5346.7	10000.0	-4653.3	-2.5	0.129
就读层次	本科生	5535.1	7035.4	-1500.3	-6.9	0.000
	专科生	6058.5	5977.5	81.0	0.3	0.764

续表

		目前学费支出	家庭能支付的最高学费	差距	T检验值	P值
课余时间安排	学习	5580.6	6625.1	-1044.5	-4.0	0.000
	勤工助学	6214.6	5960.5	254.1	0.4	0.717
	休闲娱乐活动	5376.7	7784.1	-2407.4	-4.8	0.000
	院系班级活动	5295.7	6211.5	-915.9	-2.9	0.005
	谈恋爱	6414.0	5766.7	647.3	0.9	0.375
	上网	6790.6	7241.9	-451.4	-0.7	0.517
所学专业	理工类	6128.7	7196.5	-1067.8	-2.4	0.018
	农学类	3666.7	6727.8	-3061.1	-7.6	0.000
	文史类	5391.1	6509.4	-1118.4	-6.4	0.000
	艺术类	9321.1	8842.3	478.8	0.4	0.705

分析表4-60可知，从总体来说，学生能承受的最高学费水平显著地高于他们目前实际交纳的平均学费水平5596.15元，他们能承受的最高学费水平平均为6912.07元，这比他们目前实际交纳的学费要高出1316元左右，即高出23.5%。这表明，从总体上说，江西省高校学生对目前高校学费的承受水平还有一定的上升空间，也就是说，目前高校的学费水平从总体上在可承受的范围之内。

从学生家庭社会经济地位看，低收入水平和无力承受现有学费的家庭的学生，他们能承受的最高学费水平显著低于他们目前实际交纳的学费水平，除此之外，其余收入水平的家庭的学生所能承受的最高学费水平均显著地高于他们目前实际交纳的学费水平；无论学生家庭居住地的城市化程度如何，学生能承受的最高学费水平都显著高于他们目前实际交纳的学费水平；无论学生父母受教育程度如何，这些家庭的学生能承受的最高学费水平也都显著地高于他们目前实际交纳的学费水平。

从学生接受高等教育的情况看，一至三年级学生能承受的最高学费水平显著高于他们目前实际交纳的学费水平，四年级学生能承受的最高学费水平与他们目前实际交纳的学费水平则没有显著差异；除艺术类专业外的其他专业学生愿意支付的最高学费水平显著地高于他们目前实际交纳的学费水平；除专科学校外的本科学生愿意支付的最高学费水平显著地高于他们目前实际交纳的学费水平。

分析表 4-61，就整体而言，学生及其家庭能承受的学费之外的支出水平，显著地低于他们目前实际交纳的平均学费水平(7447.20 元)，而他们能承受的学费之外的最高支出水平平均为 6050.37，比他们目前实际承担的学费之外的支出水平低 1396.83 元，低 18.8%。这表明，学生对学费之外的支出超过其家庭的支付能力，这可能与江西省高校学生有相当一部分来自经济落后的农村地区有关。

表 4-61　**学生学费以外的支出与最高支出能力比较**（单位：元）

		目前学费之外支出	每年学费之外最大支出	差距	T 检验值	P 值
总体		7447.20	6050.37	1396.83	9.025	0.000
家庭收入	低收入	6188.5	4349.6	1839.0	10.3	0.000
	中等以下收入	6876.3	5110.0	1766.3	6.9	0.000
	中等收入	7937.7	6195.9	1741.8	7.2	0.000
	中等偏上收入	8463.5	8618.2	−154.6	−0.3	0.792
	高收入	11255.4	10463.4	792.0	0.8	0.442
对学校收费的体会	无力承受	6753.6	4286.4	2467.1	13.2	0.000
	父母需压缩开支才能勉强承受	7295.6	5591.7	1703.9	10.9	0.000
	可以承受	8303.7	8480.2	−176.5	−0.4	0.720
	再提高一些也能承受	9902.9	10823.5	−920.6	−0.7	0.520

续表

		目前学费之外支出	每年学费之外最大支出	差距	T检验值	P值
家庭居住地	大中城市	9183.1	8188.3	994.8	2.0	0.048
	县级城市	7781.1	7376.0	405.1	0.9	0.370
	集镇	7268.1	5575.3	1692.8	6.0	0.000
	农村	6865.6	4911.5	1954.1	14.7	0.000
年级	一年级	7634.4	5947.9	1686.5	8.1	0.000
	二年级	7080.3	6230.3	850.0	3.0	0.003
	三年级	7162.3	6230.1	932.2	2.6	0.009
	四年级	6750.0	6666.7	83.3	0.0	0.969
就读层次	本科生	7568.7	6204.8	1363.9	7.9	0.000
	专科生	6526.3	4880.2	1646.1	6.4	0.000
课余时间安排	学习	7057.7	5842.7	1215.0	4.1	0.000
	勤工助学	6967.1	4750.0	2217.1	5.4	0.000
	休闲娱乐活动	7701.5	6457.5	1244.0	4.9	0.000
	院系班级活动	7510.0	5913.5	1596.6	5.3	0.000
	谈恋爱	8602.3	5066.7	3535.6	5.5	0.000
	上网	8529.4	6911.3	1618.1	2.6	0.012
所学专业	理工类	7332.1	5558.5	1773.6	9.1	0.000
	农学类	7470.2	6214.9	1255.3	4.0	0.000
	文史类	7289.3	6049.8	1239.5	4.9	0.000
	艺术类	8426.1	6613.4	1812.7	4.8	0.000

从学生家庭的社会经济地位看，中低收入家庭的学生所能承受的最高学费以外的支出水平，显著地低于他们目前实际支出的水平；中等以上收入家庭的学生所能承受的学费之外的支出与他们目前实际交纳的学费水平差异不显著；家庭居住地为集镇和农村的学

生，其所能承受的学费之外的支出水平都显著地高于他们目前实际的支出水平。

从学生本人接受高等教育的情况看，一至三年级学生能承受的学费以外的支出水平，显著地高于他们目前的实际支出水平；四年级学生能承受的学费以外的支出水平，与他们目前的实际支出水平则没有显著差异；所有专业的学生支付的最高学费之外支出水平，显著地高于他们目前实际支出的学费水平。

可见，对于江西省高校的学生及其家庭来说，其支付能力相对薄弱不是体现在对学费的承受上，而是体现在对除学费之外的支出上，这些家庭普遍对除学费以外的支出的承受能力比较弱。

4.4 本章主要结论

综上所述，我们可以在几个方面得出以下结论：

1. 关于家庭的付费能力与学杂费负担

(1)从学生接受高等教育总的负担来看，目前大学生家庭的付费能力总体偏低。

调查表明，大多数学生对目前学费标准和在校支出感到了压力。“学生家庭背景”、“学生个体特征”和“学生就读高校特征”等变量在目前学生家庭对学费的承受能力方面存在显著的差异。25.9%的学生认为无力承受，47.9%的学生认为父母需压缩日常生活开支才能勉强承受，24.4%认为基本可以承受，只有1.8%的学生认为适当再提高一些也能够承受。

(2)就目前高校学杂费收取情况来看，家庭对于学费额度尚可接受，但对于学费之外的支付(如杂费等)则感到有压力。

从调查看，学生家庭能承受的最高学费水平显著地高于他们目前实际交纳的平均学费水平(5596.15元)。通过对调查数据的分析显示，他们能承受的最高学费水平平均为6912.07元，比他们目前实际交纳的学费水平要高出23.5%左右(即高出1316元左右)。这表明，从总体上讲，江西高校学生对目前学费的水平有一定的承受空间，这也说明，目前江西省制定的学费标准应当在大多数学生及其家庭的承受范围之内。当然，对于“低收入水平”和“无力承受现有学费”的家庭学生来说，他们能承受的最高学费水平则显著地低于他们目前实际交纳的学费水平。另外，无论学生家庭居住地的城市化程度如何，无论学生父母受教育的程度如何，学生家庭所能承受的最高学费水平都显著地高于他们目前实际交纳的学费水平。

学生家庭目前实际承担的学费之外的平均费用为 7447.20 元。然而，就整体而言，学生家庭所能承受的学费之外的最高支出平均为 6050.37 元，前者显著地高于后者，高出 1396.83 元，即 18.8%。这表明，学生对学费之外的支出超过其家庭的支付能力，这可能与江西省高校学生有相当一部分来自经济落后的农村地区有关。

2. 关于学生在校期间的经济来源构成及其变化情况

(1)学生在校期间的经济来源按重要性程度分别是家庭资助、助学贷款、助学金、亲友帮助、奖学金和勤工俭学资助等。

(2)家庭资助是学生在校学习期间最主要的经济来源，但这一来源受到了家庭收入水平的制约，家庭收入水平对学生在校期间获得的经济资助总额有极其显著的影响。

(3)学生家庭的经济社会背景，对学生获得的家庭资助有显著的影响。就总的趋势而言，家庭经济社会背景越好的学生，其获得家庭资助的数额就越高。高收入家庭的学生从家庭获得经济资助则占其全部费用的 97.30%，而低收入家庭的学生，从家庭获得经济资助仅占其总费用的 61.72%，总体上平均为 82.07%(10372.2 元)，在所有来源中占第一位。另外，城镇学生获得的家庭资助高于农村的学生是；家庭就业人数越多，学生获得的家庭资助也越多。

(4)助学贷款在大学生的经济来源中起到了重要作用，特别是对于低收入家庭的学生尤其重要，助学贷款是他们的第二大经济来源，这些学生获得的贷款平均额度为 1451.72 元，占其全部来源的 13.68%。

(5)不同收入水平家庭的学生所获得的助学金是不同的，收入水平越低的家庭的学生，其平均获得的助学金越高，平均达

947.63 元，占其全部费用的 8.93%，是他们的第三大经济来源，这一额度也是平均学费 5303.59 元的 1/6。但是对于家庭收入较高的学生来说，平均获得的助学金只有 107.74 元，只占其全部费用的 0.71%。

(6)收入水平越高的家庭的学生，平均获得的奖学金越少，而且，不同收入水平家庭的学生，获得的奖学金在其总的经济来源中所占比例也有所不同，低收入家庭学生组占 2.84%，高收入家庭学生组占 1.16%。

3. 关于学生在校期间的消费支出

(1)学生家庭经济社会地位不同程度地影响着学生在校期间的消费状况，随着学生家庭经济社会地位的变化，其消费支出情况也有所差异。

在学生每年的平均开支总额 13043.35 元中，学校刚性收取的学费、书费和住宿费共占 56.5%(其中学费为 5596.15 元，占 42.90%)，学生自己支配的伙食费、交通及通信费和娱乐社交费等弹性开支占总支出的 36.65%。这就是说，仅学校的收费就占去学生总支出的一半还要多。

家庭经济状况对学生在校期间的支出总额是有显著影响的，就总的趋势而言，随着家庭收入水平的提高，学生开支也趋于上升。不同收入水平家庭的学生，其各项支出的比例也有显著性差异。

若其他条件不变，学生家庭的收入水平越高，学生缴纳学费的比例相对也越高；家庭居住地为城市的学生，其学费缴纳比例也明显地高于乡村学生。

在与学生家庭经济背景相关的因素中，除父亲职业、父亲受教育程度和家庭收入外，其他因素均对学生除学费之外的其他消费支出有显著影响。就总的趋势而言，家庭经济背景越好的学生，其消费支出越大。

(2)学生个体特征对除学费之外的其他消费开支也有显著影响。

男生每年的伙食费支出平均比女生多出 600 多元，男生的娱乐和社交的费用也显著高于女生，平均高出 130 元。

平时学习成绩较差的学生，其学费、住宿费、伙食费等支出是最高的，而书费、信息用品费、交通及通信费、娱乐和社交费等其他方面的费用支出都是最低的。这说明，与其他同学相比，平时成绩较差的学生，主动投入于学习中的资源或主动获取的学习资源相对来说是最少的。这与他(她)们普遍缺乏学习热情、学习信心、学习兴趣和学习动力是密切相关的，这些学生宁愿把钱花在其他方面，也不愿主动花钱去获取更多学习资源(如购买相关书籍和学习用品，参加一些培训或参加一些职业资证考试等)，是典型的享受一族，多数人存在"花钱买文凭"的思想。

学生所学专业对其日常的其他开支也有显著影响，不同专业开支有差异；学生就读的层次越低，学费之外的支出也越少；本科生和专科生在校的每项支出都有显著性的差异。本科生除了学费、住宿费支出平均比专科生低外，其余各项支出都高于专科生。

学生课余时间安排对学生在校的开支也有影响。课余时间主要用来学习的学生，其书费和其他学习用品支出最多，而在交通、通信上的支出则是最少的；课余时间主要用在勤工助学上的学生，其消费支出较高，伙食费、其他学习用品以及娱乐和社交支出等都是最低的，而在交通、通信上的支出较多，这都与他们的家庭经济比较拮据有关，但为了参加勤工助学，交通和通信等费用就成了必须的支出。课余时间主要用在谈恋爱和上网的学生，其各项费用支出都比较高，特别是谈恋爱的学生，其各项费用支出都是最高的，只有伙食费仅次于上网的学生。单因素方差分析结果显示，学费、伙食费和娱乐社交等支出会因学生课余时间的不同安排而有显著性的差异。

(3)学生父亲职业对学生在校的各项消费开支有影响。

学生父亲职业不同，学生在校期间的学费、书费、伙食费、其他学习用品、交通及通信和娱乐社交等方面的支出都有显著性差异。特别值得指出的是，学生父亲职业为农(牧、渔)民的，学生在学校学习期间的多数项目费用支出都是相对最少的，这必定是因为家庭贫困所导致的，应当引起我们的关注。

4. 关于学费变化与学生的求学意愿

(1)学费水平的提高对学生是否继续上学的可能性具有显著影响。

从学费弹性看，学费提高水平对学生是否继续上学的可能性具有显著的负(消极)影响。学费提高 10%后，学费每增加一个百分点，学生继续上学的可能性下降 0.112 个百分点；学费提高 30%后，学费每增加一个百分点，学生继续上学的可能性则要下降 0.776 个百分点，约为前者的 7 倍。在学费提高至 100%或 200%水平后，学费每增加一个百分点，学生继续上学的可能性却只下降 0.278 或 0.199 个百分点。

学费弹性始终小于 1，即上学需求对学费来说是缺乏弹性的。这也就是说，学生能否继续上学的意愿，不会随着学费水平的提高而大幅度地下降，这表明学生有较强的高等教育付费意愿(也即是接受高等教育的意愿)。

(2)经济社会地位不同家庭的学生和个人特征不同的学生，其求学愿意和支付水平都有显著差异。

对于家庭社会经济地位高的学生来说，学费提高时，其求学意愿不会随之降低(相对较高)。总的情况是，大中城市的学生高于集镇和农村的学生；父亲具有中学以上文化程度的学生显著高于父亲只有小学及以下教育程度的学生。

对于不同年级、不同层次的学生来说，学费提高时，高年级学生的继续求学的意愿显著低于一年级学生；本科学生愿意支付的最高学费水平明显高于专科的学生。在目前“无力承受”和“父母需要压缩生活开支才能支付学费”的学生中，愿意支付的最高学费水平显著低于可以承受当前学费水平的学生。

对于性别不同的学生，学费提高时，男生继续上学的可能性显著地低于女生，这一结果与男生愿意支付的最高学费水平显著低于女学生一致。

第 5 章　普通高校学生资助状况研究

高校贫困生是指因家庭经济贫困无力支付学杂费、生活费，本人又无正常稳定的经济来源的学生。随着我国高等教育在招生、收费和就业制度等方面的改革，教育费用实现了由政府完全承担到政府和受教育者共同分担的转变。期间，高校贫困生问题凸现，特别是在高校招生规模的不断扩大的几年，贫困生成为每所高校普遍存在的特殊群体，并且成为了目前高校发展中较为突出的焦点问题之一和社会广泛关注的热点问题之一。为了了解江西省普通高校贫困生资助的现状与问题，我们对江西省普通高校的贫困生资助问题进行了专项调查。

5.1　国家及江西省关于普通高校学生的资助政策

为了使贫困生都能顺利入学并完成学业，我国高校逐步建立了以国家助学贷款为主体，奖、贷、助、补、减有机结合的家庭经济困难学生资助政策体系。

1. 奖学金和助学金制度

2007 年 6 月，在国务院的部署下，财政部、教育部联合下发了包括《普通本科高校、高等职业学校国家奖学金管理暂行办法》等八个配套文件，明确规定了包括国家奖学金、国家励志奖学金、国家助学金在内的新的资助政策。

2. 助学贷款制度

我国的助学贷款可分为国家助学贷款、一般商业性助学贷款和高校利用国家财政资金对学生办理的无息借款、生源地信用助学贷款四种类型。

3. 勤工助学制度

勤工助学是指高校组织学生参加校内的助教、助研、助管、实验室、校办产业和后勤服务等劳动，学生从中取得相应报酬，并可从中锻炼各方面的能力。

4. 特殊困难补助

特殊困难补助是各级政府和高校对贫困生在遇到一些特殊性、突发性困难时给予的临时性、一次性的无偿资助。如 2008 年初我国南方部分省份遭遇严重冰冻灾害，全国大部分高校于春季开学时对其中受灾家庭学生给予特殊困难补助。

5. 学费减、免制度

国家对部分确因经济条件所限，缴纳学费有困难的学生，特别是其中的孤残学生、少数民族学生及烈士子女、优抚家庭子女等，实行减免学费政策。

6. “绿色通道”制度

为切实保证贫困家庭学生顺利入学，教育部规定各公办普通高等学校都必须建立“绿色通道”制度，即对被录取入学、经济困难的新生，一律先办理入学手续，然后再根据核实后的情况，分别采取不同办法予以资助。

为切实解决家庭经济困难学生的就学问题，江西省根据《国务院关于建立健全普通本科高校高等职业学校和中等职业学校家庭经济困难学生资助政策体系的意见》，结合江西省实际于 2007 年 9 月下发了《江西省人民政府关于建立健全普通本科高校高等职业学校和中等职业学校家庭经济困难学生资助政策体系的意见》，强调建立健全家庭经济困难学生资助政策体系的主要目标是：按照《中共中央关于构建社会主义和谐社会若干重大问题的决定》的有关要求，加大财政投入，落实各项助学政策，扩大受助学生比例，提高资助水平，从制度上基本解决家庭经济困难学生的就学问题。同时，进一步优化教育结构，维护教育公平，促进教育持续健康发展，建立健全家庭经济困难学生资助政策体系，坚持“加大财政投入、经费合理分担、政策导向明确、多元混合资助、各方责任清晰”的基本原则。

5.2 高校学生的资助状况

5.2.1 高校学生资助概况

本次调查涉及的江西省普通高校在校生人数为952人，其中有贫困生273人，占被调查人数的28.7%，高于全国平均水平8.7个百分点。其中，特困生103人，占被调查人数的10.8%，高于全国平均水平2.8个百分点。在上述学生中，江西籍学生约占在校生人数的42.8%，占贫困生人数的65.2%。江西省普通高校贫困生和特困生比例均高于全国平均水平，江西省贫困生比例偏高，农林水院校和部分地方新建本科院校贫困生比例较高，经济落后的赣西南地区高校贫困生比例远远高于省城地区。在上述贫困生中农村贫困生占76.5%，城市贫困生7.6%，其他贫困生占5.9%。农村贫困生主要是来自革命老区及经济落后的贫困县，城市贫困生大多是因为父母下岗而陷入贫困，另外，自然灾害和社会原因引发的家庭变故是其他学生贫困的原因。可以看出，江西高校贫困生的成因是区域性的经济贫困，由于历史和自然的因素，难以在短期内得到彻底解决。为帮助贫困学生完成学业，江西省普通高校初步建立起了以高校为主体的奖、贷、助、补、减、免贫困生资助体系，并开展了积极的资助工作。具体参见表5-1。

表5-1 **普通高校大学生资助概况** （单位：万元）

资助项目	2007—2008学年度		2008—2009学年度		2011—2012学年度	
	资助人数	资助金额	资助人数	资助金额	资助人数	资助金额
高校国家奖学金	1364	1091.2	1271	1016.8	11137	909.6
高校国家励志奖学金	23116	11558.0	23451	11725.5	24858	12429
高校国家助学金	167495	33499.0	169955	33991.0	180118	27017.7
助学贷款	30917	1534.9	18772	11398.6	79638	47617.794
合计	222892	47683.1	213449	58131.9	295751	87974.09

资料来源：江西省学生资助管理中心2008、2009、2012年工作总结。

5.2.2　高校学生资助状况调查分析

表 5-2　　　　　学生在校期间的经济来源状况

	样本数（个）	最小值（元）	最大值（元）	平均值	比重（%）	标准差
家庭资助	947	0	40000.00	10372.20	82.07	5859.66
奖学金	950	0	8000.00	193.32	1.53	709.97
助学金	951	0	6000.00	496.18	3.93	937.49
助学贷款	951	0	6000.00	726.68	5.75	1911.94
亲友资助	950	0	12000.00	523.32	4.14	1597.98
勤工俭学收入，其中：	952	0	5000.00	263.12	2.08	648.73
校内勤工俭学收入	952	0	3500.00	132.12	1.05	381.61
校外勤工俭学收入	952	0	5000.00	131.00	1.04	484.31
其他	951	0	6000.00	64.16	0.51	481.88

资料来源：课题组 2011 年调查数据。

如前文所述，制约家庭付费能力的因素包括家庭收入、家庭中具有稳定经济收入的人数、兄妹数、家庭居住地及父亲职业、父亲的受教育程度等。如果家庭对高等教育的付费能力不足的话，便会促使学生寻求其他的经济支持，如奖学金、助学金、贷款、勤工俭学和亲戚资助等来进行弥补。从表 5-2 中可以看出，家庭供给是学生最主要的经济来源，平均数为 10372.2 元，约占全部来源的 82.07%。除了家庭供给之外，国家助学贷款、助学金、亲友资助、奖学金和勤工俭学收入分别排在第 2、3、4、5、6 位。而高校提供的生活困难补助、特种专业补贴、临时困难补助等其他方面的资助在学生的经济来源中排在最后。由此可知，学校的资助体系给学生的帮助是十分有限的。尽管如此，学生获得国家助学贷款最大值为 6000 元，平均值为 726.68 元；获得国家助学金的最大值为 6000 元，平均值为 496.18 元；获得奖学金的最大值为 8000 元，平均值为 193. 32 元；获得校内勤工俭学收入的最大值也有 3500 元，平均值为 132. 12 元。相对于平均学费支出 5596. 15 元，这对一般家庭来说，也是很可观的。所以，在问卷调查中，只有 36. 55%的学生回答“家庭能够完全支付我上学所需的各项费用”，仍然有 23. 74%的学生申请过贷款，49. 37%的学生申请过国家助学金，40. 97%的学生申请过勤工助学(表 5-3)。

表 5-3　　**学生寻求资助的方式和途径情况**

项　目		是	否
家庭完全能够支付各项上学费用	数量(人)	348	604
	比重(%)	36. 55	63. 45
申请过贷款资助	数量(人)	226	726
	比重(%)	23. 74	76. 26
申请过助学金资助	数量(人)	470	482
	比重(%)	49. 37	50. 63
申请过勤工助学资助	数量(人)	390	562
	比重(%)	40. 97	59. 03

资料来源：课题组 2011 年调查数据。

虽然学校的资助体系给学生的帮助是有限的，但是，如果家庭提供资助的能力较低，学生就会比较强烈地寻求家庭之外的经济资助。那么，在现有的资助体系下，奖学金、助学金、贷款或勤工助学资助就是学生在校期间的重要经济来源。所以，有必要探讨高等学校这些资助项目的实施情况和实施效果，以了解这些资助项目有没有发挥应有的作用、学生的评价如何等，因为这涉及教育的“公平”与“效率”问题。

下面我们先看一看表 5-4 和表 5-5，然后再作相关分析。

表 5-4　不同收入家庭学生在校期间的受资助总体情况　（单位：元）

	低收入	中等偏下收入	中等收入	中等偏上收入	高收入
家庭资助	6547.89	8394.03	11999.46	14578.45	18102.44
奖学金	300.86	146.99	170.04	176.19	96.34
助学金	947.63	609.78	274.31	107.74	97.56
贷款	1451.72	882.90	424.38	88.10	0.00
亲友资助	791.81	567.29	580.17	80.36	195.12
勤工俭学收入，其中：	388.34	377.84	155.25	111.10	61.46
校内勤工俭学收入	83.53	108.55	26.86	0.00	146.34
校外勤工俭学收入	207.54	205.91	67.64	32.41	10.24
其他	180.80	171.93	87.60	78.69	51.22

资料来源：课题组 2011 年调查数据。

表 5-5　不同收入家庭学生在校期间受资助的总体构成

	低收入（%）	中等偏下收入（%）	中等收入（%）	中等偏上收入（%）	高收入（%）
家庭资助	61.72	75.28	87.64	95.78	97.30
奖学金	2.84	1.32	1.24	1.16	0.52
助学金	8.93	5.47	2.00	0.71	0.52
贷款	13.68	7.92	3.10	0.58	0.00
亲友资助	7.46	5.09	4.24	0.53	1.05
勤工俭学收入，其中：	3.66	3.39	1.13	0.73	0.33
校内勤工俭学收入	0.79	0.97	0.20	0.00	0.79
校外勤工俭学收入	1.96	1.85	0.49	0.21	0.06
其他	1.70	1.54	0.64	0.52	0.28

资料来源：课题组 2011 年调查数据。

1. 学生获得的家庭资助与家庭总收入的关系

从表5-4、表5-5中可以看出，不同收入家庭的学生从家庭获得的资助总额是不同的，收入越高的家庭的学生，其获得家庭资助的总额也越高，低收入家庭的学生从家庭获得的资助仅占其总收入的61.72%，而高收入家庭的学生从家庭获得的资助占收入总额的97.30%，这与现实情况的总体趋势是一致的。

单因素方差分析的结果如表5-6所示。

表5-6　**单因素方差分析的结果**

	Sum of Squares	df	Mean Square	F	Sig.
Between Groups	10504992810.1	4	2626248202.5	112.348	0.00
Within Groups	22113793096.7	946	23376102.6		
Total	32618785906.8	950			

从表5-6中可以看出，显著性水平小于0.01，因此，家庭收入水平对学生从家庭获得的资助总额有极其显著的影响，而且具有很高的关联度($\eta=0.57$，见表5-7)。就总的趋势而言，家庭收入水平越低，学生从家庭获得的资助越少，学生对于其他资助需求也更加趋于上升。

表5-7　**家庭资助与家庭总收入之间的关联度测度**

	R	R Squared	Eta	Eta Squared
家庭资助 * 家庭总收入	0.56	0.32	0.57	0.32

分析上述数据可以看出，由于低收入家庭的支付能力弱，所以学生不能从家庭获得更多的资助，学生如果要继续完成学业，那么他希望从政府或学校资助体系中获得更多资助的愿望应当是非常强烈的。但是，由于需要资助的大学生数量众多，现有的资助经费和资助方式却很难满足家庭贫困大学生的需求。这就是说，贫困生资助的“供给”与“需求”之间存在较大的缺口。所以，此时如何体现

出资助的“有效性”和“公平性”就显得尤为重要。

如果江西省普通高校的资助工作是有效的和公平的，那么，低收入家庭学生所获得的各项资助的额度应当显著地高于其他学生群体。因此，这里我们可以假设，家庭收入越低的学生其从国家资助体系中获得的资助也越多。下面我们通过调查所获得的数据来检验这一假设，也就是验证江西省普通高校贫困生资助工作的有效性和公平性。

2. 学生获得奖学金资助与家庭总收入的关系

从表 5-4、表 5-5 中可以看出，不同收入家庭的学生获得的奖学金的金额是不同的，家庭收入越高的学生，平均来说其获得的奖学金数额也越少，而且，不同收入家庭的学生获得的奖学金在其总的收入来源中所占比例也有所不同，低收入家庭学生组占 2. 84%，高收入家庭学生组占 1. 16%。单就奖学金资助的条件来看，似乎家庭收入较低的学生在学习上要相对刻苦一些，现实果真如此吗?这就需要通过进一步的统计检验才能得出正确的结论。

学生获得奖学金资助与家庭总收入单因素方差分析的结果见表 5-8。

表 5-8　**学生获得奖学金资助与家庭总收入单因素方差分析的结果**

	Sum of Squares	df	Mean Square	F	Sig.
Between Groups	3826609. 7	4	956652. 4	1. 905	0. 11
Within Groups	475526501. 3	947	502139. 9		
Total	479353110. 9	951			

从表 5-8 中可以看出，显著性水平没有通过检验，因此，学生获得的奖学金情况与家庭收入水平没有显著的关系，即没有充分证据显示家庭收入较低的学生其在学习上相对家庭收入较高的学生来说会更刻苦。也就是说，在江西省高校的资助体系中，国家奖学金所资助的学生比较严格地符合了“在校期间学习成绩优异，社会实践、创新能力、综合素质等方面特别突出的学生”这一基本条件，

学生家庭的经济条件不是获得这一奖学金的决定性因素，这也符合财政部、教育部制定的《普通本科高校、高等职业学校国家奖学金管理暂行办法》的要求。从学生获得奖学金资助与家庭总收入之间的关联度测度结果(表5-9)也表明，学生获得奖学金资助与家庭总收入之间的关联度很小。

表5-9　**学生获得奖学金资助与家庭总收入之间的关联度测度**

	R	R Squared	Eta	Eta Squared
国家奖学金 * 家庭总收入	-0.06	0.00	0.09	0.01

3. 学生获得助学金资助与家庭总收入的关系

表5-4、表5-5显示，不同收入家庭的学生，其获得的助学金的资助金额是不同的，家庭收入越低的学生，平均来说，其获得的助学金金额也越高。低收入家庭学生平均获得了947.63元的助学金，占其收入来源的8.93%，是该类学生在读期间的第三大经济来源(第一为家庭资助，占61.27%，第二为贷款，占13.68%)，占到低收入家庭学生平均支付的5303.59元学费的1/6。而对于较高家庭收入的学生来说，平均只获得了107.74元，只占其经济来源的0.71%。

总体的趋势是，随着家庭收入的提高，学生获得的助学金资助有明显的减少，正如《普通本科高校、高等职业学校国家助学金管理暂行办法》中所规定的“国家助学金用于资助高校全日制本专科(含高职、第二学士学位)在校生中的家庭经济困难学生”，这就是说，家庭经济困难，生活俭朴是国家助学金申请的基本条件之一。可见，江西省高校资助体系中的国家助学金的资助工作是有效的和公平的。当然这一结论是否绝对正确，还要通过进一步的统计检验才能进行判断。

学生获得助学金资助与家庭总收入单因素方差分析的结果见表5-10。

表5-10 学生获得助学金资助与家庭总收入单因素方差分析的结果

	Sum of Squares	df	Mean Square	F	Sig.
Between Groups	94530497.5	4	23632624.4	30.191	0.00
Within Groups	741284071.4	947	782770.9		
Total	835814568.9	951			

从表5-10中可以看出，显著水平小于0.01。因此，不同收入水平家庭的学生其获得的助学金资助金额有极其显著性的差异。就总的趋势而言，随着家庭收入水平的提高，学生获得的国家助学金的资助也显著地趋于下降。学生获得的助学金资助金额与学生家庭收入水平关联度为0.34(表5-11)，有显著的相关关系。

表5-11 学生获得助学金资助与家庭总收入之间的关联度测度

	R	R Squared	Eta	Eta Squared
助学金 * 家庭总收入	-0.33	0.11	0.34	0.11

4. 学生对贷款资助的需求与家庭总收入的关系

从调查结果看，在表5-4、表5-5中，与奖学金、助学金等资助情况不同的是，中低收入家庭的学生对贷款的需求金额较大，特别是低收入家庭的学生，需要贷款资助的平均额度达到1451.72元，占其总的经济来源的13.68%，这是低收入家庭学生在读期间的第二大经济来源。而高收入家庭的学生则无需贷款，这与我们访谈中所了解到的现实情况是一致的。总体的趋势是，随着家庭收入的提高，学生对贷款的需求明显减少。

单因素方差分析的结果见表5-12。

表5-12 学生对贷款资助的需求与家庭总收入单因素方差分析的结果

	Sum of Squares	df	Mean Square	F	Sig.
Between Groups	240799314.8	4	60199828.7	17.619	0.00
Within Groups	3235577996.1	947	3416661.0		
Total	3476377310.9	951			

从表 5-12 中可以看出，显著水平远远小于 0.01。因此，不同收入水平家庭的学生对贷款资助的需求是有极其显著的差异的。就总的趋势而言，随着家庭收入水平的提高，学生对贷款资助的需求也显著地趋于下降。学生对贷款资助的需求与学生家庭收入水平的关联度为 0.26(表 5-13)，有显著的相关关系。

表 5-13　**学生需要贷款资助与家庭总收入之间的关联度测度**

	R	R Squared	Eta	Eta Squared
贷款 * 家庭总收入	−0.26	0.07	0.26	0.07

5. 学生获得勤工助学收入与家庭总收入的关系

从表 5-4、表 5-5 中还可以看出，家庭收入不同的学生其获得的勤工助学收入是不同的，家庭收入越低的学生，其勤工助学的收入总额也越高，这与现实情况也是一致的。

单因素方差分析的结果见表 5-14。

表 5-14　**学生获得勤工助学收入资助与家庭总收入单因素方差分析的结果**

	Sum of Squares	df	Mean Square	F	Sig.
Between Groups	15543980.2	4	3885995.1	9.566	0.00
Within Groups	384688504.1	947	406218.1		
Total	400232484.3	951			

从表 5-14 中可以看出，显著水平远远小于 0.01，因此，不同收入的家庭的学生获得勤工助学收入有极其显著的差异。就总的趋势而言，随着家庭收入水平的提高，学生获得的勤工助学收入也显著地趋于下降，两者关联度为 0.2，表明有显著的相关关系(表 5-15)。

表 5-15　**学生获得勤工助学收入资助与家庭总收入之间的关联度测度**

	R	R Squared	Eta	Eta Squared
勤工助学收入 * 家庭总收入	−0.18	0.03	0.20	0.04

6. 大学生对现有资助方式的评价

从上述分析可以看出，尽管贫困生资助的“供给”与“需求”间存在较大的缺口，但在政府和各高校的努力下，江西省普通高校贫困生资助工作是值得肯定的。由此验证了前文的相关假设：在现有的资助体系下，奖学金、助学金、助学贷款与勤工助学资助等资助项目的实施，使得低收入家庭学生所获得的资助额度显著地高于其他群体的学生，因而说明，江西省普通高校奖学金、助学金、助学贷款与勤工助学资助等资助项目的实施是相对公平的。

但是，由于江西普通高校来自经济落后的农村地区的贫困生数量众多，很难满足所有贫困生对资助的需求。因此，课题组非常想了解学生对这项工作的评价究竟如何。为了了解大学生对现有的资助方式和资助工作的评价，在课题组设计的问卷中，要求学生回答“你认为你所在的学校的贫困生资助工作做得如何？”统计结果如表 5-16 所示。

表 5-16　**大学生对现有资助方式的评价**

	很好，能使大多数贫困生都得到资助	较好，很多人受益，但仍有不足	一般，只有少数人能得到资助	问题和缺点较多	不清楚，不了解	合计
频数	70	325	343	171	43	952
比重(%)	7.4	34.1	36.0	18.0	4.5	100.0

调查结果显示，选项最多的是“一般，只有少数人能得到资助”，占被调查学生的 36.0%；其次是“较好，很多人受益，但仍有不足”，占 34.1%；选择“问题和缺点较多”的占 18.0%。从总体来看，大学生对现有的资助方式和资助工作还是比较认可的。当然，仍有 4.5%的被调查者对这一工作不了解或不清楚，这从一个侧面也说明，高校如何让所有的学生了解国家或学校的资助政策，如何进一步加大宣传力度，还要作进一步的努力。

5.2.3 高校学生生存状态

1. 现有资助方式对大学生经济状况的影响

我国现行助学金的资助功能，主要是用以帮助贫困家庭学生解决部分学习和生活费用问题，因此，按理说，国家资助政策的推行应该在相当程度上能够解决贫困生上学难的问题。然而，实际情况如何呢？课题组对此进行了调查，我们设计的问题是：若你最近一年已经获得学校的资助(包括奖学金、助学金、贷款资助和勤工俭学资助)，那么现有资助对你在校期间的经济状况的影响是：①根本不能解决问题；②可以解决小部分问题；③可以解决大部分问题；④能解决问题。统计结果如表 5-17 所示。

表 5-17　**现有资助方式对大学生经济状况的影响**

	根本不能解决问题	可以解决小部分问题	可以解决大部分问题	能解决问题	合计
频数	214	580	108	50	952
比重(%)	22.5	60.9	11.3	5.3	100.0

由表 5-17 可知，调查样本中只有 5.3%的学生认为现有的资助方式能解决他们的问题，11.3%的学生认为可以解决他们大部分经济问题，60.9%的学生认为现有的资助方式可以解决他们小部分经济问题，也有 22.5%的被调查者认为根本不能解决经济问题。可见，现有的资助方式在资助的力度上还是比较小的，不能比较明显地改善贫困大学生在校期间的经济状况。这也从侧面说明，中央政府、各级地方政府和高校仍需进一步加大对贫困学生的资助力度。

2. 贫困生在学习、生活、心理和情感等方面压力重重，心理疾病严重

表 5-18 显示了贫困生压力的来源，其中 41.2%来自学习上的压力，26.5%来自生活上的压力，25.0%来自心理的压力，4.4%

来自情感的压力，其余 2.9%来自其他方面的压力。这说明，2/3 以上的贫困生在校期间的压力来自于学习和生活，他们中为了个人情感而纠结的非常少，这也从侧面反映出他们虽然经济上贫困，但多数人仍然把应付当前的学习和生活的困难作为头等大事。调查结果还显示，有 26.4%的大学生需要贷款和其他资助，然而却并没有提出申请(表 5-19)。经济上的贫困，给贫困生的学习带来很大的压力，也带来了很大的动力。家庭的困境和过去的生活经历促使贫困生努力刻苦地学习，几乎所有的贫困生都非常珍惜这一来之不易的学习机会，而且基本上都能把全部精力集中在学习上，这可以说是贫困生的一大共性。通过调查我们还发现，各专业、各班在学习上冒尖的学生中，贫困生占有较大的比例。

表 5-18　　**贫困大学生主要压力来源状况**

主要压力来源	学习	生活	心理	情感	其他
百分比(%)	41.2	26.5	25.0	4.4	2.9

表 5-19　　**大学生的经济与资助需求状况**

	不需要贷款和其他资助	需要贷款和其他资助	需要贷款和其他资助但未申请	合计
频数	301	400	251	952
比重(%)	31.6	42.0	26.4	100.0

表 5-20　　**贫困大学生心理障碍程度**

自卑障碍程度	很自卑	自卑	偶尔自卑	没有感觉
百分比(%)	11.65%	43.69%	25%	19.66%

表 5-20 表明了当代贫困大学生自卑心理的表现程度。在自卑障碍程度上，感觉“很自卑”的贫困生占 11.65%，有感到“自卑”的竟达 43.69%，这表明，在贫困生中有超过半数的同学有比较严重

的自卑心理。因长期的自卑和自我封闭使得许多贫困生变得内向，不愿过多地表现自己。通过调查发现，贫困生中愿意在公共场合表现自己的，所占比例不足15%，不愿意表现自己的有53.92%，根本不在乎是否表现自己的达31.08%。

这些数据背后隐藏的深层次问题是：贫困生自卑、不自信的心理比较严重，有脱离群体、与世隔绝的心态。因此，怎样消除或降低贫困生来自学习、生活和心理上的压力，如何指导贫困生克服自卑心理并抵抗来自各方面的压力，帮助贫困生建立自信、积极地面对学习和生活，这是比金钱和物质上的资助显得更重要的一项工作。

3. 贫困生的消费水平参差不齐

贫困生是一个比较大的群体，在这个群体中理应有层次之分。为了了解贫困生群体中的各层次的具体情况，我们从贫困生的月生活费方面进行了调查。

表5-21中显示结果表明，大部分贫困生的生活是有基本保障的，但仍有18.16%的贫困生每月生活费在200元以下，可见这部分生的生活十分拮据，也就是说每5个贫困生中将近有一个贫困生仍然生活艰难，因此，做好这部分贫困生的资助工作应当成为全部资助工作的当务之急和重中之重。当然，经我们走访调查也发现一个非常严重的问题，即贫困生群体中可能存在部分与事实不符的“贫困生”，部分有能力解决基本生活的非贫困生也享受着贫困生待遇。因此，在我们日常的资助工作中，如何完善工作机制，防止弄虚作假，正确界定或认定真实的贫困生，过滤掉假贫困生，以最大限度地发挥有限的资助资金的效益，是每个高校都必须认真对待的一个问题。

表5-21 **贫困生月生活费调查情况**

生活水平	200元以下	200~300元	300~400元	400元以上
百分比(%)	18.16%	54.37%	20.39%	6.8%

4. 贫困生具有较为高尚的人格和顽强的意志

调查发现，贫困生面临的问题和压力是多方面的，其压力的大小程度也高于普通学生群体。那么，这些贫困生是如何应对这些问题和压力的呢？据我们对贫困生群体的调查，在应对问题和压力时，71.84%的贫困生表示“要靠自己”，25.24%的贫困生“希望求得学校帮助”，只有1.94%的贫困生认为“要靠父母”。可见，绝大多数贫困生敢于自己直面问题和压力，这是他们具有顽强毅力的表现。

在我们的走访调查中，大部分贫困生表示从进校第一天起就在寻找兼职工作的机会，希望以此来缓解家庭和自己的经济压力。然而事实却是，真正找到工作的同学却寥寥无几，即便有的同学找到了工作，但繁重的学习任务使得他们最终不得不放弃已获得的临时性工作，因为，在绝大多数贫困生看来，学习在他们心目中永远者都是排第一位的，当他们被问及“你们那么努力学习是想要考研究生吗？”绝大多数贫困生给我们的回答是：“有这个想法，但家里条件不允许。”

我们的调查还发现，有85.44%贫困生在困难面前表现出非凡的决心和惊人的勇气，他们认为凭自己“完全可以战胜眼前的困难和压力”，完全可以“自食其力”，而且不愿意看到整个家庭为其受累，尤其是不愿意看到父母因为自己而过度劳累，他们表现出了与克服困难的信心和决心，而且丝毫没有悲观的情绪。高校贫困生在困难面前表现出的这种百折不挠的毅力和斗志，值得我们敬佩和学习。当然，虽然我们看到了绝大多数贫困生的坚强意志和自立精神，但与此同时，这些贫困生也非常期待社会各界的关注和支持，有81.55%的贫困生“呼吁社会的关注和支持”，他们渴望社会对他们的认可和接纳。

5. 贫困生对高校目前的贫困生政策和资助工作有较高的认同度

一直以来，江西省高校都非常重视贫困生资助工作，目前，各高校已经基本建立起了一套比较完善的贫困生资助制度和体系，构建了“奖、贷、助、减、免、缓”的资助渠道，采取了全方位、多渠道的资助计划和措施，以帮助贫困生顺利完成学业。那么，面对江西省高校有关贫困生的资助工作，其实效性究竟如何，还有待贫困生来作出评价。表5-22是贫困生对贫困生政策和资助工作的满意程度。

表5-22 **贫困生对贫困生政策和资助工作的满意程度**

满意程度	十分满意	满意	不太满意	不满意
百分比(%)	13%	55%	24%	8%

表5-22显示，满意率比例为68%。“不太满意”的占24%，只有8%的贫困生说“不满意”。不满意的根源可能在于这部分同学困难的程度太大，仅靠学校给予的这部分补贴和帮助无法彻底解决其困难，另外少数贫困生的依赖心理非常重，他们希望学校能帮他们解决所有的困难，除此之外，还有部分“假贫困生”的存在，这些人的扭曲心理也多多少少提升了“不满意”的比例。

5.3 高校学生资助工作存在的主要问题

根据调查(表5-22)，仍有32%的学生对现有的资助方式表示“不太满意”或“不满意”，从我们的走访调查和学生的评价可以看出，高校贫困生资助工作仍存在许多问题，主要表现在以下几个方面：

5.3.1 高校贫困生资助经费存在较大缺口

据统计，2005年，全国公办全日制普通高等学校在校生(包括全日制本、专科学生、研究生和第二学士学位学生)总数为1450万人，其中，家庭经济困难学生约294万人，占在校生总数的20%，特别困难学生约123万人，占在校生总数的8%。

从表5-23可以得知，2008—2009年，江西省普通高校资助家庭经济困难学生的总金额约为5.8亿元，比2007—2008年的4.8亿元增加了20.8%。其中，增长较为明显的是：国家助学贷款合同金额增长 6.4 倍，奖学金资助金额增长 38%。2008—2009 年，江西省高校共资助经济困难学生约 21.3449 万人次，比 2007—2008 年度的 22.2892 万人次减少了 4.5%，即在资助额度加大的同时，减少了资助的总的人数，加大了对获得资助的大学生的资助金额。在现有资助方式中，各种资助方式加总后，学生人均获得的资助约为 1300 元，约占高校学生年支出的 6%，资助力度非常有限，其根本原因在于资助经费极为匮乏。现有资助经费来源于高校学费收入的 10%，由于扩招后省属普通高校的教育经费并没有随在校生人数的增加而同步增加，而相反，学校办学对学费的依赖程度却在增加，因此，学校要从学费中挤出资金来资助贫困生，无论尽多大努力都是非常有限的，资助资金很难及时足额到位，也就是说，以高校为主的资助体系难以解决日益增多的贫困生的经济困难问题。调查中发现，江西省普通高校累计欠费学生达 6%左右，学生欠交学费情况非常严重，这也在一定程度上影响了资助经费的足额划拨。由于供求缺口很大，现有资助经费只能救急，解决一部分贫困生的基本生活困难，很难彻底解决贫困生存在的各种问题。2007—2008 年和 2008—2009 年江西省普通高校大学生资助情况见表 5-23。

表 5-23　　**江西省普通高校大学生资助概况**　（单位：万元）

资助项目	2007—2008 年		2008—2009 年		2011—2012 年	
	资助人数	资助金额	资助人数	资助金额	资助人数	资助金额
高校国家奖学金	1364	1091.2	1271	1016.8	11137	909.6
高校国家励志奖学金	23116	11558.0	23451	11725.5	24858	12429
高校国家助学金	167495	33499.0	169955	33991.0	180118	27017.7
助学贷款	30917	1534.9	18772	11398.6	79638	47617.794
合计	222892	47683.1	213449	58131.9	295751	87974.09

资料来源：江西省学生资助管理中心 2008 年、2009 年、2012 年工作总结。

5.3.2 缺乏统一的贫困生认定标准，“奖优”和“助贫”界限不清

目前，就江西省普通高校的情况来说，对于贫困生的认定基本上只是定性的判断，缺乏科学合理的定量标准。虽然有一些参考指标，但各高校一般只是参照学生“家庭人均年纯收入”和学生“月生活费支出”两项指标来认定贫困生，但校际间却存在较大的差异，高校间贫困生数量及构成也缺乏可比性。如果对贫困生缺乏客观的认定标准，将会引发诸多问题。例如，贫困生认定工作中的人为因素增加了，很大程度上只是依赖辅导员与班干部的判断，则那些善于弄虚作假、拉关系的非贫困生往往申请到了资助，而一些真正的贫困生却被排斥在外。再如，因缺乏科学的判断标准和严格的工作程序，一些高校采取简单地按学生人数分配贫困生指标的办法，学校分解到系，系分解到班，并没有按照贫困生的实际人数进行资助。

虽然目前国家和学校设有各种奖、助学金，但由于“奖优”和“助贫”的界限不是十分清楚，导致这项工作未能切实起到“奖优”和“助贫”的作用，导致奖助资金的有效性大打折扣。我们知道，各种奖学金主要是针对学习优秀的学生，而贫困生却常常因经济、心理多重负担而影响学业，较难获得奖学金。据统计，贫困生占获得奖学金的人数比例不超过 10%。即使一部分贫困生能够获得当年的奖学金，其奖学金数额也只有 150~1000 元。江西省各高校尽管尽了最大的努力，拿出了 5%~10%的学费来作为勤工俭学的资助基金，但也仅能为 20%的学生提供助学的机会，且每人每月仅仅只有 50~100 元。新实施的国家奖学金制度，虽然额度较其他奖学金要大得多，每人每年有 8000 元，但因其级别高、数量大，因而竞争也十分激烈，这对多数贫困生来说难度更大。据统计，特困生占获得此项奖学金者比例不超过 5%。

5.3.3 国家助学贷款制度有待完善

调查中，大多数高校认为贫困生资助应以助学贷款为主。无论

从资助来源、资助力度还是从培养贫困生的自立意识出发，国家助学贷款都应成为贫困生资助的主渠道。但据统计，江西省普通高校获国家助学贷款的人数仅占贫困生人数的 5%，占在校生总人数的 1.8%。助学贷款难以顺利实施的原因在于：①助学贷款的风险分担机制不健全，政策的操作性不强；②还款条件和还贷形式不够灵活，制约了借款人的还贷积极性；③缺乏对违约学生的制约机制，迫使银行产生了“慎贷”行为；④新助学贷款办法实施后，由于贷款主办银行发生了变更，引发了新旧办法之间的历史遗留问题。由此，我们知道，国家助学贷款的相关制度的确还有待进一步完善，以真正发挥主渠道作用。

5.4　个案研究——A 校贫困生资助状况调查与分析①

“高校贫困生”这一概念出现的标志性时间是 1998 年。截至 2008 年年底，我国普通本专科在校生达到 2021 万人，而其中贫困生比例为 20%左右，特别贫困的比例为 8%。高校贫困生问题已经成为高校、国家和社会一个重要的社会问题和民生问题②。

这些年来，公办高校已初步形成了“奖、贷、勤、补、减、免、助”并存的、较完善的贫困生资助体系。从 2008 年开始，国家大幅增加了对贫困生的资助力度，并且较大幅度地扩大了受益面，这就对高校现行的贫困生资助体系带来了新的影响。在国家加大资助力度后，及时发现和分析高校贫困生资助体系表现出的一些新问题，并提出具有创新性和针对性的对策和建议，这对高校贫困生资助体系的不断完善具有重要的现实指导意义。

---

①　本节内容所依据的原文已经在《南昌工程学院学报》2009 年 10 月第 5 期上发表(17~22 页)，原文题目是“某高校贫困生资助体系基本状况的调查与分析”，作者为课题组成员陈求旺、陈方红等。

②　李少荣．高校济困助学工作的困境及政策思考[J]．西南交通大学学报：社会科学版，2007(2)：72-75。

本书所调查的A校地处南昌，是一所面向全国31个省、市、自治区招生就业，以工为主，管、经、文、理、农、艺等多学科综合发展的公办普通本科高等院校，开设了60多个本、专科专业，现有普通全日制本专科在校生16000余人，其中本科生5000余人、专科生10000余人。该校贫困生约占全校学生人数的20%，特困生约占6%。为了使贫困生资助工作顺利开展，该校建立了一系列贫困生资助工作的管理制度，并且完善了贫困生档案，搭建了一个资助工作的良好基础平台。制度化和规范化的操作，使该校的贫困生资助管理工作一直走在全省的前列。因此，课题组确定以A校为典型案例进行研究。

笔者主要采用访谈法和问卷法，并结合国内外相关理论和当前我国高校贫困生资助现状进行数据和资料收集。访谈达到100多人次，并采取不记名方式按照该校各院(系)的学生人数按比例随机发放了2000份调查问卷，实际回收1862份，回收率为93.1%，实际有效问卷为1790份，有效率为88.5%，然后运用SPSS14.0统计软件对数据进行分析，并得出结果。

5.4.1 贫困生资助体系的基本现状

A校2007年本专科在校生为16126人，其中贫困生为2617人，约占在校学生总数的16.3%，特困生人数为967人，占在校学生总数的6%。2008年贫困生情况与2007年基本相同，这反映出该校贫困生在绝对数量上已具规模。问卷调查结果和访谈记录显示，该校贫困生产生的原因比较复杂，主要原因有生源地多为欠发达地区的农村现行资助制度的不足和其他社会经济变化因素等。

1. 问卷调查的主要结果

将回收的1790份有效调查问卷运用SPSS 14.0软件对各问卷题目选项的频次统计和一些相关属性的交叉频次统计结果进行分析，得到许多有益的信息，达到了预期目的。得出的主要统计结果是：①学生的月生活费集中在200~600元之间；②奖学金对学生吸引力远大于助学金；③对助学金发放的标准分歧较大；④奖学金和助学金效用有待提高；⑤学生对贫困生的认定方面表现出民主和公平的诉求；⑥学生对现行贫困生资助体系的满意度有待进一步引导。限于篇幅，具体统计数据未列出。

2. 贫困生资助体系的结构分析

1) 数量结构分析

通过对该校 4 个学年的数据进行分析和比较，具体情况如表 5-24所示。

表 5-24　**近 4 年该校贫困资助项目对比表**　（单位：万元）

年份	奖学金	国家助学贷款	校内助学贷款	勤工助学	助学金	临时困难补助	减免学杂费	总计
2005	222. 97	131. 08	38. 56	60. 13	112. 75	17. 80	8. 77	592. 06
2006	275. 44	31. 25	26. 60	75. 80	115. 55	28. 03	16. 90	569. 57
2007	422. 76	-212. 43	14. 51	92. 90	371. 40	12. 85	8. 95	1135. 80
2008	544. 48	47. 87	26. 27	87. 00	716. 70	159. 58	8. 91	1590. 82

资料来源：由 A 校学生工作处提供的数据整理得出。

由表 5-24 可以看出，2005 年和 2006 年的资助金额远远低于后两年的数目，这说明该校在实际行动中加大了对贫困生的资助力度，确保了更多的学生能够得到国家、社会和学校的资助，从而表明贫困资助体系正在不断地调整和完善。按照国家资助体系的总体设计，国家助学贷款应是主体，而从表 5-24 所反映的情况却显示，近 3 年国家助学贷款金额呈逐年递减趋势，并且下降幅度非常大。这说明：一方面，国家的资助制度是一个整体的政策设计，并非要求各个地区严格按照其中的规定执行，可针对不同的情况具体安排；另一方面，该校的资助制度虽然在国家助学贷款方面减少了对学生的资助，但从表中可以看出，在奖学金和助学金这两个方面，学校加强了资助力度，平衡了国家助学贷款的递减数量造成的缺额。

从表 5-24 中还可以发现，该校资助体系中的校内助学贷款、勤工助学和减免学杂费项目等在数量上变化幅度不大，而在临时困难补助项目上，2008 年相比 2006 年增长了 3 倍，比 2007 年更是增长了近 16 倍。究其原因，一方面是为了满足该校不断扩大的贫困生群体的需求；另一方面是由于 2008 年发生了重大雨雪灾害、汶川大地震、金融危机等，为此，学校加大了临时困难补助力度，确保了学生学习生活健康、有序，充分体现了学校对学生的关爱。

2) 比例结构分析

对近 4 年该校的资助体系各项目所占比例进行比较分析的具体结果如图 5.1 所示。可以看出，奖学金的比重逐年上升，表明学校在奖学金发放比例方面处于一个加强的状态，奖优力度不断加大。由于奖学金并非针对贫困生，所以对奖学金的发放不仅要考虑到是否能够帮助贫困生减轻生活压力，而且要考虑到非贫困生在对待奖学金的看法。从图中还可以发现，该校在其他方面的资助情况的变动，比如助学金和勤工助学的比重变化比较大，等等。

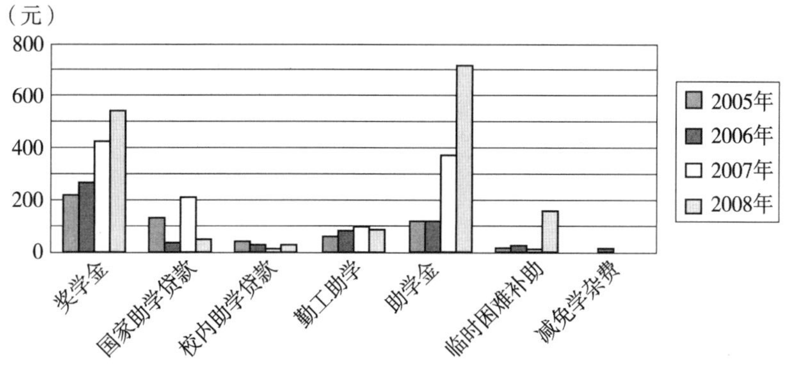

图 5.1 A 校近 4 年的资助项目比例对比

5.4.2 现行贫困生资助体系功能利弊分析

通过典型调查，可以看出，A 校贫困生资助工作成绩是显著的，资助体系比较完善，运行机制也是科学规范的。但从上述对学生的问卷调查的分析和对该校近 4 年的贫困生资助体系结构分析，还是可以看到其中存在的不足，这也透视出当前高校贫困生资助体系运行状况。

(1)国家助学贷款助学生圆梦，但主体性作用不强，随着我国贫困生资助体系的不断完善和国家助学贷款政策的不断调整，从总体来看，国家助学贷款已经成为贫困生资助体系中的主体①。但是从该校近 2 年的情况(见表 5-25)来看，成功申请国家助学贷款的贫困生比例仅在 22%左右，成功率比较低，说明国家助学贷款在贫困生资助工作中的主体地位还有待进一步加强。

表 5-25　　**2007 年和 2008 年该校助学贷款情况一览表**

年份	申请人数	申请金额(万元)	核准金额(万元)	百分比
2007	342	969. 04	212. 43	21. 92
2008	142	212. 35	47. 87	22. 54

资料来源：由 A 校学生工作处提供的数据整理得出。

通过对有关文献调查和访谈记录分析，出现上述与国家总体设计不一致情况的原因主要有三方面：首先是国家助学贷款的政策性目标与商业化运营之间的矛盾；其次是国家助学贷款政策性目标与制度要素设计上的矛盾；再次是国家助学贷款的运行机制不健全，尤其是贷款风险过大，导致银行惜贷如金②。

2009 年 4 月 15 日下午，江西省教育厅与国家开发银行江西省分行正式签订生源地助学贷款合作协议，这也标志着江西省生源地信用助学贷款工作全面启动。希望此举能有效解决贫困生助学贷款现有不足，真正做到有求必贷。

(2)国家助学金能励志济贫，但激励作用有待提高。

表 5-26 为该校 2007 年、2008 年国家助学金发放情况的统计结

① 刘东，陆秋平，梁勇．国家助学贷款新旧政策之比较及其思考[J]．西南民族大学学报：人文社科版，2005，26(4)，167-170.

② 马陆亭．教育投入政策的国际比较与我国改革重点[J]．国家教育行政学院学报，2006(12)，44-55.

果。可以看出，国家助学金的资助具有两个显著的特点：一是受助面广，该校获得国家助学金的人数约占到在校学生总数的22%；二是受助的金额比较大，高金额的国家助学金在相当大的程度上缓解了贫困生的经济压力。按照国家设立助学金的目的，使其具有补助和救济性的特性。因此，它的资助面广，绝大部分贫困生都能享受，却没有相对健全的激励引导机制，贫困生甚至不需要相应的努力就可以享受，这在一定程度上助长了贫困生"等、要、靠"的思想，加上资助面大导致一部分一般贫困甚至不贫困的学生也可能享受到资助，这导致很多同学对贫困生资助制度的不满。

表5-26　**2007年和2008年该校国家助学金发放一览表**

年份	国家助学金(万元)	资助人数
2007	710.50	7167
2008	716.70	7198

资料来源：由A校学生工作处提供的数据整理得出。

(3)奖学金可助学奖优，但贡献力量不足。

奖学金相对助学金而言，不仅是解决经济困难的主要途径，而且有着较好的激励导向作用，有助于贫困生树立自强自立、奋发图强的作风。在国外，很多知名高校都采取奖学金的方式来补助贫困生①。

而从表5-27的调查结果得知，月生活费越高者越想拿奖学金，持"无所谓"的态度比例也越高，持"同等"态度的比例持续减弱。这说明从心理层面上讲，大部分的贫困生还是希望能依靠奖学金暂时补助他们的费用，但奖学金的设计一般是针对所有优秀大学生，贫困生要通过自身的努力学习和激烈的竞争才能获得，加上贫困生心理压力较大，影响了其学习成绩，还有奖学金的额度比较小，目

① 贾志兰，邵守先，张静莉．大学生奖学金、贷学金与助学金制度的调查分析[J]．有色金属高教研，2000(1)：89-93.

前该校一等奖学金每学期为 750 元，二等奖学金为 500 元，三等奖学金为 250 元，因此，尽管 2007 年该校表彰各类奖学金获得者并发放奖励金共计 425.75 万元，有 6702 人次获奖，其中贫困生获奖 246.9 万元，有 3686 人次获奖，分别占奖励金额的 58%和获奖人数的 55%，贫困生获奖学金的比例较高，但单从贫困生资助角度来看，由于奖学金“奖优”和“助贫”的界限不清，面额小，对解决贫困生问题的贡献还有待进一步增强。从近几年的数据表明，该校的奖学金制度正在不断地完善，加上国家励志奖学金的全面展开，奖学金的贡献力量将逐渐增大。

表 5-27　**月生活费不同者对奖学金、助学金的态度比较(%)**

月生活费	倾向于奖学金	倾向于助学金	同等	无所谓
200 元以下	38.0	10.7	37.3	14.0
201~400 元	49.7	13.1	32.0	5.2
401~600 元	50.0	11.4	26.2	12.4
601 以上	57.0	7.0	12.3	23.7

资料来源：由 A 校学生工作处提供的数据整理得出。

(4)勤工助学锤炼意志，但岗位数量有限。

勤工助学是学生通过一定的劳动来获得一定的报酬，以缓解在校期间经济压力的活动。该校对勤工助学工作一直较为重视，但从该校的资助体系中(表 5-28)可知，勤工助学支付金额所占百分比较低，平均月工资大概为 100 元左右，勤工助学的作用有限。同时，勤工助学的岗位虽然比较全面，据统计，近 3 年来，该校每年提供的勤工助学岗位都在 1600 个左右，但与大规模的贫困生相比，难以满足贫困生群体的需求。同时，通过访谈，笔者了解到，该校的校外勤工助学工作还有待拓宽和加强。

表 5-28　**2005—2008 年该校勤工助学情况一览表**

年份	勤工助学专项经费(万元)	所占资助体系百分比(%)
2005	60.13	10.16
2006	75.80	8.60
2007	92.90	5.81
2008	87.00	5.47

资料来源：由 A 校学生工作处提供的数据整理得出。

(5)减免学费和困难补助雪中送炭，但机制需完善。

减免学费是高校对贫困生资助的一项长期政策，但随着高校缴费体制下的贫困生资助体系不断完善，减免学费的作用也在不断发生变化。

就其福利性和救助性而言，减免学费和国家助学金相重复，因此大部分高校对减免学费政策都在不断调整，并进行压缩，从表 5-29 所列数据可以看出，该校减免学费的力度也呈逐年下降趋势。从困难补助项目来看，前两年的补助比例很小，受自然灾害的影响，2008 年比例上升到了 10.03%，说明高校贫困生困难补助能够应时而动，根据实际情况控制困难补助额度。但从学生的角度而言，现阶段困难补助覆盖面还是不高，作用微小。

表 5-29　**2005—2008 年该校减免学费和困难补助发放一览表**

年份	减免学费		困难补助	
	金额(万元)	百分比(%)	金额(万元)	百分比(%)
2005	8.77	1.48	17.80	3.01
2006	16.90	1.93	42.90	4.90
2007	8.95	0.56	10.53	0.66
2008	8.91	0.56	159.58	10.03

资料来源：由 A 校学生工作处提供的数据整理得出。

5.4.3　贫困生资助工作存在的困难

1. 贫困生认定标准难以明确

在国家和江西省资助中心的有关文件中，对贫困生和特困生的认定标准主要体现在两个方面：(1)定量标准，即特困生不超过在校生总数的 8%，贫困生不超过 20%；(2)定性标准，而定性的标准有些过于宽泛，如“有县级以上民政部门贫困证明”等条目，一方面不能确保其真实性，另一方面，A 校根据南昌居民最低生活保障线 190 元/人的标准来判定贫困生，在认定本市贫困生方面较为准确，但对于外省的贫困生就可能出现问题，有可能出现按照当地标准其在本地很穷，但根据我省标准判定可能不贫困的现象，这样将给贫困生的认定带来一定偏差。因此，建立一套科学完善的定量认定贫困生的标准十分重要。

2. 贫困生认定程序有待完善

该校贫困生认定工作每年进行两次，其主要认定程序流程如图 5.2 所示，从调查的情况看，几乎所有的高校也是如此操作。

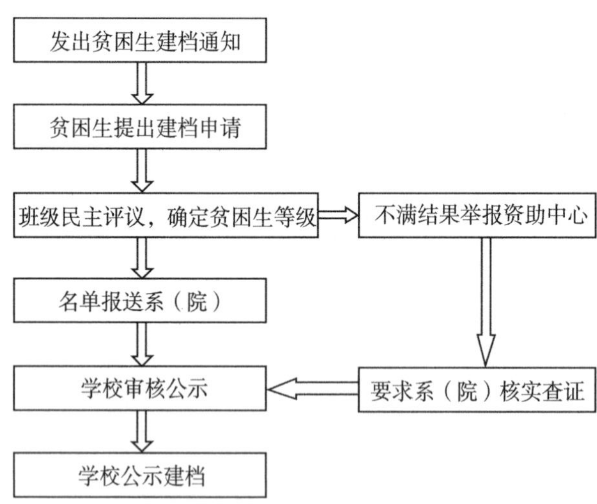

图 5.2　该校贫困生认定的工作流程

这一程序从逻辑上比较合理，但在初次认定、班级民主评议、宣传工作等方面还有待完善。首先，初次认定随意性大。主要体现在：新生贫困生的认定一般在开学后不久就进行，由于相互接触时间短，缺少深入的了解，此时即使民主评议能够顺利实施，也会带来许多不公平现象。不同年级对贫困生认定办法的看法的调查交叉频次统计结果如表 5-30 所列。

表 5-30　**该校不同年级对贫困生认定办法的看法(%)**

年级	赞成	不赞成	无所谓
大一	54.1	28.2	17.7
大二	35.1	41.5	23.4
大三	29.1	46.3	24.6
大四	25.4	46.5	28.2

从表 5-30 看出，首先，大一新生刚刚接触贫困生资助制度，但对它的绝对满意度也只有 54.1%，说明初次认定随意性大，导致很大一部分新生从开始就对现行贫困生认定办法持反对态度。其次，班级民主评议难以起到实效，而且有利有弊。根据该校的贫困生认定办法，应组成不少于班级人数 10% 的评议小组进行评议，根据访谈调查发现，评议小组大部分为班干部，少数班级的民主评议在实际操作中流于形式；在全班集体投票评定时，贫困生个人人际关系也在很大程度上影响评定结果。再次，学校资助宣传工作不到位，也是导致学生对现行贫困生认定办法持反对态度的重要原因之一。

3. 监督和惩罚制度不易施行

在贫困生资助体系中，由于缺乏有效的监督体制，致使受资助的对象、资助资金的流向、资助的有效性、资助的变更调整等缺乏有效的监督，从而造成与资助目标设计上的矛盾①。如由于缺乏必

① 楼继伟 . 效率、公平与公正的关系[J]. 新华文摘，2006(6)：2-3.

要的对假报、虚报惩罚制度，导致一部分家庭并不贫困的学生也申请贫困生。但在具体工作中，由于信息的核实工作难度大，就采取以公示代替调查，而学生更是不可能了解细节，所以监督也就缺失。问卷调查的一项答题结果（表 5-31）显示，大多数同学对贫困生奢侈消费是表示反对的，但由于缺乏有效的资助资金的流向监督制度，导致很多同学对贫困生制度不满。

表 5-31　　**学生对贫困生奢侈消费的看法（%）**

获奖助情况	反对	无所谓	其他
获奖、助学金者	49.2	39.6	11.2
未获奖、助学金者	48.3	39.4	12.3

4. 贫困生资助名额和金额分配不易平衡

这主要表现在历年和当年的资助名额和数量的分配不均衡两方面。由于信息的不对称和学校对贫困生的界定缺乏明确和统一的标准，主管部门大多情况下只能根据院（系）人数分配资助名额和资助金额，导致部分资助额度未能得到有效利用。例如，根据调查的结果（表 5-32），每年的生源结构都不尽相同，而且分院（系）逐年变化较大，如果按一个固定的模式，肯定会有失公平，但要动态均衡又非易事。

表 5-32　　**不同年级学生生源地分布一览表**

区域	大一（%）	大二（%）	大三（%）	大四（%）
大中城市	8.6	5.8	13.9	11.3
小县城	23.0	25.7	34.5	23.9
农村	68.4	68.5	51.6	54.8

5.4.4　完善高校贫困生资助体系的探索

高校现行资助体系的七种主要资助项目和形式各有优点，但也都相应存在着不足。基于 A 校贫困生现状、现行资助体系调查研究，借鉴国内外有关高校资助的理论和实践经验，我们探索性地提出下列对策。

1. 建立贫困生认定的评价指标体系

贫困生的认定是资助工作的难点和敏感点。由于各地经济发展不平衡，贫困生实际情况难以掌握，从教育部到各高校对贫困生的认定都没有统一的标准。目前，我国高校普遍采用的方法主要为直接界定法、消费水平界定法和居民最低生活保障线比照界定法三种。但是，消费水平不仅是一个人消费能力的反映，同时也是一个人消费观念和习惯的反映，在很多情况下，仅凭消费情况很难正确认定贫困生的经济困难程度。贫困生的认定工作应该在上述三种传统方法的基础上，同时考虑生源地情况、学生实际情况(家庭人均收入和人员结构等)、资助额度、资助项目类型等因素，为减少主观差异，在确定贫困生认定指标的权重时，可采用 Delphi 专家咨询法，采集多位专家、学生代表和家长代表的建议，得到更加合理的数据，并用 AHP 法来计算各级指标的权重，最终构建出贫困生认定的评价指标体系，并建立有效的监督机制和动态反馈机制，营造便捷、畅通的信息反馈平台，以解决认定过程不够公开透明、认定标准不统一、认定结果不准确等一系列问题。

2. 构建立体型贫困生资助模式

根据资助主体投入的资助要素和资助客体的受益领域来划分，高校贫困生资助模式可以分为济困型、扶志型和强能型三种类型。济困型资助模式是指资助主体运用一定物质资料帮助贫困生摆脱经济困境而得以维持学业的资助方式和行为。扶志型资助模式是指资助主体通过投入一定的资助要素，为贫困生提供一个科学的精神支持系统，进而提高他们的心理素质和精神品质的资助方式和行为。强能型资助模式是指资助主体通过投入一定的资助要素，为贫困生免费提供开发潜在智力资源的平台，进而提高他们的综合素质和自我发展能力的资助方式和行为。

目前，高校的济困型资助模式一般由“奖、贷、勤、补、减、免、助”构成。笔者认为，应同时从物质、精神和能力三个维度对贫困生进行立体式和个性化资助，构建“济困、扶志、强能”三维立体资助模式，这样就可以综合上述三种模式的优势，全方位、多角度地开展资助工作，使有限的资源发挥更大的效力。

3. 健全贫困生突发事件应急资助制度

作为贫困生资助体系的补充，对遭遇家庭变故、身体疾病等家庭变故和诸如地震、水灾等突发性自然灾害等造成的经济困难的学生进行专项资助，显得十分人性化，且效果明显。同时，学校要根据各院（系）学生生源地结构、贫困生实际情况，预留部分机动名额，照顾那些家庭确实贫困但未申请贫困生资格的学生，使资助体系的公平性得到充分体现。

4. 发挥社会资助的积极作用

物质资源始终是制约高校贫困生资助工作的瓶颈。随着和谐社会建设的深入，社会捐助应成为贫困生资助体系的重要组成部分。常见的社会捐助有两类：一是企业捐助，即企业无偿投入资金，以奖学金、助学金等形式支持贫困生完成学业；二是公众募捐，即普通公众以组织化或非组织化的方式，无偿提供财物支持贫困生完成学业①。高校可以主动与企业等社会经济实体合作，争取社会资源，还可以通过校友会、同乡会的捐赠，通过官方、半官方的组织（如工会、基金会等）统筹。事实上，只要高校能严格按照捐助人意愿和既定程序开展资助工作，让资金使用达到宣扬爱心、扶贫助困的目的，就可以争取更多的社会资金参与高校贫困生资助工作。

① 罗小林．新形势下高校贫困生资助体系的研究[D]．武汉：华中科技大学，2006.

第 6 章　学生辍学：家庭高等教育投资中止现象实证分析

学生辍学，从经济学角度看，实际上就是家庭高等教育投资中止。本章主要运用多元 Logistic 模型，对普通高校学生的辍学选择及其影响因素进行实证分析，深入探讨“学生辍学”与“高校收费和资助”之间关系的密切程度，以揭示学生辍学行为——家庭高等教育投资中止现象的根源。

江西省高等学校教育经费收入来源由原来几乎全部由国家单方面投入逐步向多元化投入过渡，来源结构得到不断优化。在这个过程中，政府用规模扩张政策满足了人们的高等教育需求。但事实上，这种扩张是依靠学生学费来支撑的。江西省普通高校教育经费主要来自财政性教育经费和学校事业收入，这两种主要来源渠道呈现此消彼长的趋势，整个高等教育财政结构呈现出财政投入占教育总投入的比重已经下降，财政性教育经费的下降只能导致生均教育经费的下降，最终导致教育成本负担向学生及其家庭转移，学杂费越来越高，生均学费已经超过家庭的承受能力。而学校的资助体系给学生的帮助又是有限的，一部分学生迫于经济压力而辍学；另一部分学生因家庭经济困难而不得不勤工助学，在勤工助学中，因缺课太多而影响学业；还有的困难学生思想不稳定，无心学习，又迫于家长的压力勉强就读，最后成绩不合格直至自动放弃学业而退学。

6.1　普通高校学生辍学总体情况与分类

学生因退学、休学、死亡而停止或中断学习（以下简称辍学）

的问题，已越来越多地引起社会的关注。为了了解江西省大学生的辍学情况及原因，掌握影响大学生完成学业的相关因素，以采取相应措施，减少由于各类因素所导致的辍学率的增长，我们对江西省普通高等学校近年来的大学生辍学情况进行了调查。

6.1.1　调查对象和方法

以江西省全日制普通本专科高校为调查对象，深入这些学校的领导层、学生工作管理部门、教务工作管理部门、学生资助工作管理部门、档案管理单位等，采用访谈、问卷、座谈、索取文献、档案查阅等方法收集资料和数据。对学生的辍学情况的调查，主要查阅江西省相关高校学籍管理文件、档案资料、省教育厅公布的有关数据和江西省高校出版社出版的《江西省教育事业统计年鉴》等为依据。学生总人数按每年新生入学人数之和进行计算，辍学发生率(以下简称辍学率)按某届辍学人数与同届学生总人数之比进行计算，辍学者仅包含休学、退学(先休学后退学按 1 人次统计)，违法、违纪被开除及被逮捕者一律以违法、违纪退学统计，辍学日期按学年计算。

6.1.2　高校在校生人数和辍学人数

2001—2010 年 10 年中，江西省高校大学生数量保持相对较快的速度稳定增长，2005 年以前，每年比上一年的增长率都在 30% 以上，2006 年的增长趋势有所减弱。2007 年以后保持相对稳定的低速增长。10 年间，大学生的辍学人数也保持较稳定的增长(2007 年该数据缺失)，其中，2006 年的辍学人数增长幅度较大，达到 220.91%。辍学率(当年辍学人数/当年在校生总数)最低的年份是 2002 年，为 3.26‰；从 2002 年开始，以后逐年增加；辍学率最高的年份是 2006 年，竟达到 11.25‰，这是波动比较大的一年，具体原因可能是由于民办高校本年度辍学人数的大幅增加而导致的。

江西省在校生人数和辍学人数的增长率情况见表 6-1。

表 6-1 **2001—2011 年高校在校生人数和辍学情况表**

年份	辍学人数	增长率(%)	年在校生总数	增长率(%)	辍学率(‰)
2001	656		196455		3.34
2002	862	31.40	264621	34.70	3.26
2003	1324	53.60	358622	35.52	3.69
2004	1963	48.26	489854	36.59	4.01
2005	2702	37.65	646086	31.89	4.18
2006	8671	220.91	770525	19.26	11.25
2007	—	—	781686	1.45	—
2008	4390	—	764182	-2.24	5.74
2009	5036	14.72	793488	3.83	6.35
2010	5569	10.58	816484	2.90	6.82

数据来源：《江西省教育事业统计年鉴》(2002—2011)，江西高校出版社。其中 2007 年缺失数据。

6.1.3 高校学生辍学情况分类

1. 按辍学形式分

按照学生辍学的形式，辍学包含休学和退学。休学是指具有学籍的学生，因某种原因，按照学籍管理规定，经学校批准停学一段时间。休学一般以一年为期。学生休学期间，享受规定的待遇。休学只是暂时停止上学，学籍还保存在该学校，休学学生随时可以返校继续学习。学生休学主要是因病或因事，还有一些其他原因。从表现形式看，退学则包括学生本人申请退学和学籍管理中的退学处理，还包括学生处分中的勒令退学和开除学籍。本研究中所指的退学，仅指学生本人申请退学的情况和学籍管理中的退学处理情况，之所以与学生处分中的勒令退学和开除学籍区分开来，是因为二者在起因和后果上有所不同。前者是由于学生本人或学业或身体的原因，自己申请退学或学校对退学学生发给退学证明，并根据学习年限发给肄业证书；后者是由于品德或操行的原因，对勒令退学的学生发给学历证明，对开除学籍的学生不发给学历证明。

2001—2010 年江西省高校大学生按辍学形式分类状况如表 6-2 所示。

表 6-2　**2001—2011 年高校学生辍学情况分类统计(按形式)**

		2001 年	2002 年	2003 年	2004 年	2005 年
休学	数量	184	424	673	854	1223
	比重(%)	28. 05	49. 19	50. 83	43. 50	45. 26
退学	数量	472	438	651	1109	1479
	比重(%)	71. 95	50. 81	49. 17	56. 50	54. 74
合计	数量	656	862	1324	1963	2702
	比重(%)	100. 00	100. 00	100. 00	100. 00	100. 00
		2006 年	2007 年	2008 年	2009 年	2010 年
休学	数量	1590		1801	2122	1874
	比重(%)	18. 34		41. 03	41. 14	33. 65
退学	数量	7081		2589	2914	3695
	比重(%)	81. 66		58. 97	57. 86	66. 35
合计	数量	8671		4390	5036	5569
	比重(%)	100. 00		100. 00	100. 00	100. 00

数据来源：《江西省教育事业统计年鉴》(2002—2011 年)，江西高校出版社。其中 2007 年缺失数据。

从表 6-2 可以看出，2001—2010 年 10 年间，休学和退学人数一直在增加，休学的人数由 2001 年的 184 人增加到 2010 年的 1874 人，增加了 10 倍多，退学的人数则增加了 8 倍。2002 年到 2005 年各年份，休学和退学的人数分别占辍学总人数的比例基本相当，而 2006 年的退学人数相对于休学人数来说，则是突然增加，是休学人数的 4. 45 倍(查阅 2006 年部分高校的详细退学学生情况发现，部分民办高校和公办职业院校退学人数相当多，总人数超过 5000

人)。2008 年，休学人数与退学人数逐步接近，此后的休学人数占比则有逐步下降的趋势，而退学人数的比例则在逐步增加。

2. 按辍学的原因分

从江西省高校学生辍学的情况看，辍学的原因可分为健康原因、经济原因、学习原因及其他原因四类。详见表 6-3。

表 6-3 **2001—2011 年高校学生辍学情况分类统计(按原因)**

年度	数量 百分比	总计	健康原因	经济原因		学习原因	其他原因	
				停学务工	贫困		出国	其他
2001	数量	656	151		39	210	9	247
	比重(%)	100.00	23.02	0.00	5.95	32.01	1.37	37.65
2002	数量	862	248	79	167	160	25	183
	比重(%)	100.00	28.77	9.16	19.37	18.56	2.90	21.23
2003	数量	1324	338	92	202	270	42	380
	比重(%)	100.00	25.53	6.95	15.26	20.39	3.17	28.70
2004	数量	1963	373	194	264	421	81	630
	比重(%)	100.00	19.00	9.88	13.45	21.45	4.13	32.09
2005	数量	2702	424	316	271	715	56	920
	比重(%)	100.00	15.69	11.70	10.03	26.46	2.07	34.05
2006	数量	8671	1038	805	1548	2477	100	2703
	比重(%)	100.00	11.97	9.28	17.85	28.57	1.15	31.17
2007	数量	—	—	—	—	—	—	—
	比重(%)	—	—	—	—	—	—	—
2008	数量	4390	688	504	642	917	181	1458
	比重(%)	100.00	15.67	11.48	14.62	20.89	4.10	33.21
2009	数量	5036	691	734	562	1005	150	1894
	比重(%)	100.00	13.72	14.58	11.16	19.96	2.98	37.61

续表

年度	数量 百分比	总计	健康原因	经济原因		学习原因	其他原因	
				停学务工	贫困		出国	其他
2010	数量	5569	924	797	419	948	183	2298
	比重(%)	100.00	16.59	14.31	7.52	17.02	3.29	41.26
总计	数量	31173	4875	3521	4114	7123	827	10713
	比重(%)	100.00	15.64	11.30	13.20	22.85	2.60	34.37

数据来源：《江西省教育事业统计年鉴》(2002—2011 年)，江西高校出版社。其中 2007 年缺失数据。

从上表数据分析可知，导致学生辍学的原因依次是：经济原因占 24.50%，学习原因占 22.85%，健康原因占 15.64%。

(1)经济原因主要是指因贫困或停学务工而被迫中止或暂时中止学业。因贫困而辍学的学生占 13.20%，因停学务工而辍学的学生占 11.30%。其实，学生停学务工而辍学的根本原因还是由于学生在校期间的经济问题，所以我们把学生因停学务工而导致的辍学也归结为经济方面的原因，这两项占总辍学人数的 24.50%，处于第一位，这表明随着高等教育成本分担的改革，学杂费越来越高，一部分学生迫于经济压力而辍学；另一部分学生因家庭经济困难而不得不参加学校组织的勤工助学，期望通过自己的努力继续完成学业。但在勤工助学的事务性工作中，学生往往因缺课太多而影响学业，或因事务性工作任务繁重造成继续学习的思想发生动摇，但迫于家庭压力，仍勉强维持学业，但最终也因成绩不合格而被迫放弃学业。另有一些困难学生也是迫于经济压力，先办理休学，走入社会求职，期望在休学期间积累一些资金，然后有机会再回到学校继续完成学业，然而，这些学生走向社会以后，多数失去了再返校继续完成学业的信心。

(2)学习原因是指学生因学业成绩不理想、厌学或对学习失去信心等原因而中止学业。这也是学生辍学的主要原因，在各个年份中都占有相当高的比例，而且随着高校规模的扩大，由这一原因引起的学生辍学现象有逐年增加的趋势。从表 6-3 可看出，大学生因成绩不良而辍学的占 22. 85%，处于第二位。

(3)健康原因主要是指学生患有疾病而休学造成的辍学。调查结果显示：从纵向看，虽然患病学生的总数每年有很大的增加，但是相对于在校生增加的比例来说，增加的速度还是相对缓慢的，说明随着经济的发展、人们的生活水平的提高、医疗条件的改善，国民的身体素质得到了普遍的提高，大学生的身体素质状况也在逐渐好转。从横向看，我们可以把辍学学生分为健康原因和非健康原因两组(见表 6-4)，从中我们可以发现，因健康原因辍学的学生占辍学人数的 15. 64%，其中以休学方式辍学的占辍学人数的 80. 6%。心理疾病已成为学生因健康原因辍学和休学的主要原因，特别是因神经官能症而辍学的比例更大，这可能与近年来中小学生心理问题的增加有明显的相关性。

如果我们只从健康原因和非健康原因两个方面加以考察，我们发现，因非健康原因辍学的学生人数占辍学学生的绝大多数，为 84. 36%；如果从休学与退学两个角度加以考察，则发现，以退学方式辍学的学生人数占绝大多数，占 74. 08%(见表 6-4)。

表 6-4　**2001—2010 年高校大学生辍学原因分类统计**(单位：人)

辍学类型	健康原因	非健康原因	合计
休学	3929(80. 60%)	6816(25. 92%)	10745(34. 47%)
退学	946(19. 40%)	19446(74. 08%)	20392(65. 53%)
合计	4875(15. 66%)	26262(84. 34%)	31137(100. 00%)

数据来源：《江西省教育事业统计年鉴》(2002—2011 年)，江西高校出版社。其中 2007 年缺失数据。

6. 1. 4　讨论

从调查的情况反映，大学生的辍学现象日趋严重，而且有进一步加剧的趋势，这的确值得有关部门的高度重视。

导致学生辍学的原因，按重要性程度依次为：经济原因占 24.50%，学习原因占 22.85%，健康原因占 15.64%；从健康原因和非健康原因两个方面加以考察可以发现，因非健康原因辍学的学生人数占辍学学生的绝大多数，为 84.36%；从休学与退学两个角度加以考察，则发现，以退学方式辍学的学生人数占绝大多数，占 74.08%

在非健康原因造成的辍学中，学习成绩不良是主要原因，自动退学是第二原因。从趋势看，自动退学的比例还会不断上升，我们对其进行分析可以发现深层次的原因：一是因高等教育规模扩大使得学生的入学机会来得太容易，一部分学生对进入在大学学习并不珍惜，往往随意行事，放弃学业；二是学生理想与现实的差距，他们虽然上了大学，但是接受到的教育和自己起初希望得到的往往产生较大偏差，加上对社会竞争的恐惧心理，认为自己的未来茫然，于是产生了“读大学没有意义”的念头；三是学生也意识到学历不等于能力，上大学不一定能得到社会的认可，不一定能找到好的工作，大学生照样“就业难”。受身边一些无学历创业成功者的感染，一些学生认为，现代社会关系是第一位的，知识、技术和能力是第二位的，这也使得一些学生和家长产生了“读大学还不如直接去找个工作”的想法，起码可以为将来积累更多的社会资本。

我们在随机采访一些在校的大学生中时，其中有人感言：物以稀为贵，现在的大学生已不像以前那样值钱了，现在的大学生比以前增长了 20 倍，也就是说找工作的难度大概也要增加 20 倍，再说现在的大学生在学校“混文凭”的也不在少数，有的上了四年也就混了四年，现在这个社会可不是像吃“大锅饭”的啊，老板看的是你的真才实学和你的技能，而不是你的学历。现在需要的是技术型人才，学历不再是敲门砖，时代变了，我们要学一点对自己以后找工作有用的技术，而不是一味地追求高学历。他们甚至认为，大学里学的很多课程到实际工作岗位上都没什么用处，还不如直接去参加一些技术培训班。由此可见，无论是一些学生，还是一些学生家长，他们对大学的认识十分的肤浅，求学的功利性思想非常严重。

此外，有相当一部分学生在校期间只是想混一个文凭，成绩及格能毕业即可，根本不会把时间花在学习上，因而常常在考试时作弊，结果受处分被迫退学。

因经济困难原因而辍学的占24.50%，处于第一位。这表明随着高等教育成本分担的改革，学杂费越来越成为学生辍学的不可忽视的原因。

从此次调查可以看出，非健康原因引起的辍学为主要原因，健康原因导致的辍学为次要原因；以休学方式辍学者多为健康原因所致，而以退学方式辍学者却以非健康原因所致。由于非健康原因辍学的比例在不断上升，并呈多元化发展，如何更好地解决这一问题，值得我们高校教育工作者深思，是我们教育工作者所面临的重要课题。

6.2 高校学生辍学的可能性影响因素分析

在经济学中，有各种各样的理论对学生的辍学行为进行解释，所有的这些经济理论主要集中在讨论学习成本、预期的收入水平及就业前景对家庭或个人的影响等方面①。与此不同的是，心理学家则认为学生的偏好和学生自身的学习能力才是学生辍学的真正原因所在。其实，二者并不矛盾，面对众多可能的选择，学生当然会选择获益最大的选项。

另外，社会学认为家庭或个人的社会背景是决定学生是否选择辍学的关键因素，在他们的理论中，父母的受教育程度、从事的职业和家庭的经济状况影响了子女的教育需求，进而影响其职业发展方向和社会经济地位。

我们通过实地调查发现，有些大学生进入大学后，对学校的奖助学金资助寄予了很大的期望；另一些学生因家庭经济拮据而感觉到学习、生活压力很大；还有一些学生因学习缺乏信心和兴趣或跟不上进度而感到负担重、心力交瘁，以至于无法继续完成学业。另

① 钟宇平，陆根书．高等教育成本回收对公平的影响[J]．北京大学教育评论，2003，2：31-42.

外，还有一些大学生则感觉自己选错了专业。有学者认为，学生是否能顺利完成学业，取决于学生个人特征、学业考试成绩和家庭经济支付能力，家庭的支付能力受家庭的社会经济地位影响，家庭社会经济地位是由家长的受教育程度、职业和经济收入等因素决定的，所以家庭户主的特征直接决定了学生的选择①。

6.2.1　学生个人特征

基于人力资本理论的教育投资实证模型中一般包括很多个人特征变量，其中最突出的是性别和能力及学习表现。

1. 性别

在社会历史中，男人都有享受特权的传统，妇女很大程度上被排除在平等的受教育的行列之外，因此，她们也被排除在那些较高收入的职业人群之外。而且，女孩只是被传授主要是为了完成家庭事务所必要的社会礼仪性的技术，男孩则主要学习在家庭之外谋生的技术和手段。当家庭面临选择时，一般会选择男孩接受更多的教育，而女孩总被认为要嫁给另外会养活她们的男人，而没有必要对其进行教育(Lisette M. Garcia and Alan E. Bayer，2005)。

2. 能力及学习表现

大学生都具有一定的人力资本存量(接受教育后形成与先天能力)，这种人力资本存量越高，其后天获得人力资本的能力越强，人力资本存量增加得也越快。学生能完成学业获得的人力资本增加的速度较快，而且，人力资本的增加速度，除了与学生自身能力有关外，还与学生所上的大学有关，大学的教育质量越高、受教育的年限越长，其人力资本增加越快(Hung-Lin Tao，2006)。学生是否

① Thomas, S L, & Perna, L W (2004). The opportunity agenda: A reexamination of postsecondary reward and opportunity. In J. C. Smart (Ed.), *Higher education: Handbook of theory and research* (Vol. 19, pp. 43-84). Dordrecht, The Netherlands: Kluwer Academic Publishers. 沈祖超、阎凤桥．社会分层对于教育分层的影响——西安民办高校学生家庭背景的实证分析．北京大学教育评论，2006(2)：72-84。

要完成学业，要考虑到自身的在学术上能成功的几率，自身的能力越高，学习态度越好，其完成学业所承担的风险越小；反之，承担的风险越大，这就给学生以成功或失败的可能性来决定是否完成学业起到了导向作用(Latiesa，1989)。所以，学生自身学习情况是决定是否需要继续完成学业的最重要因素(李旻等，2006)。

但由于研究的侧重不同，研究的前提条件不同，研究的假设和结论也会有所差异，甚至也可能得出截然相反的结论。

6.2.2 学生家庭特征

1. 父母受教育程度和职业

由于做出高等教育投资决策的主要是家庭的户主，所以，是否对子女进行高等教育投资，与父母的受教育程度和从事的职业具有非常强的相关性(Hearn，1984，1988；Behrooz Sedaie，1998)。父母所受的教育、特别是父母对子女的受教育期望对子女上大学的愿望产生很大的影响(Stage and Hossler，1989)。父母较高的受教育程度和收入能为子女提供更多的受教育资源的能力(Teachman，1987)，为子女在校的学习成绩的提高提供支持，而且受较高教育程度的父母为子女提供一个学习的榜样，并营造一个良好的家庭氛围，使子女能更好地完成学业(Vartanian and Gleason，1999)。Donato(1995)研究发现“几乎所有完成了高中教育的受访者其父母都接受过高等教育的……而接近三分之二的高中辍学者的父母只有高中学历”。父母受教育程度还通过对子女的教育期望、子女的学校成绩、子女在高中的表现直接或间接地影响子女的接受高等教育的愿望，在 Stage and Hossler(1992)的模型中，父母的教育程度被认为是学生能否完成学业的第二大影响因素。父母受教育程度较高的子女更倾向于完成较长时间的高等教育学习，这样，人力资本在代际之间的良好的传递性影响了学生的学业选择(Cea and Mora，1992)。

同样，户主(家长)的另一个特征，即户主所从事职业和对子女从事的职业的期望，也是影响学生能否完成学业的重要因素，因为户主的职业决定了家庭在社会中的群体等级或类属。人们的收入与声望水平在现代社会中都受职业的影响。国外有学者分析显示：在人们的工作声望变异中，大约有 1/3 是可以用他们的教育总量加以预测和解释的，由于他们所获得的教育又与其父亲的职业和教育程度有很大的相关性，所以模型的最终结果是：儿子的职业地位 17%的变异可以从他们父亲的职业地位中得到解释，子女受教育时间长短 19%的变异可以由其父亲的地位加以解释①。值得注意的是，户主的这一特征可能会与家庭经济状况的相关变量和家庭环境特征的相关变量存在较大的相关性，在回归变量选取时，要特别注意共线性的问题。家长的职业和所属的社会阶层，在学生能否顺利完成学业中也占有十分重要的角色。父母的受教育程度对学生能否完成大学学业有正的显著影响，而且母亲的受教育程度的影响超过父亲受教育程度对子女的影响(Duncan，1994；Kodde and Ritzen，1994；Cecilia Albert，2000)。

2. 家庭支付能力

家庭经济条件是对学生能否坚持完成学业具有影响的重要因素，一般都将家庭收入水平作为家庭经济条件因素，考察其对家庭高等教育选择的影响。家庭收入实际增长是学生坚持完成学业的最直接影响因素，因为，只有稳定的经济来源和殷实的经济状况，家庭的支付能力才比较强，才能对学生完成学业产生强有力的影响。也就是说，居民家庭的实际支付能力是学生完成学业的最直接影响因素。王远伟和高巍(2007)在 11 所高校对在校大学生进行问卷调查所获得的数据进行了实证研究，得到的结论是：家庭经济条件对个人学业完成具有显著影响。也有学者持不同观点，认为我国高等教育已经步入大众化阶段，经济问题已不再是影响农村孩子上学的第一位的原因了，但是，贫困地区农村家庭的子女仍然有很多因为经济困难的原因而不能完成大学学习，所以，高等教育成本的高低会对农村家庭学生会产生直接影响。另外，孙昂和姚洋(2006)研

① [美]丹尼斯·吉尔伯特，约瑟夫·A. 卡尔. 美国阶级结构[M]. 北京：中国社会科学出版社，1992：205-212.

究讨论了在中国农村不发达地区的背景下，农户遭受到的不利冲击——家庭的劳动力患重病或其他突发灾难对农户子女教育水平产生的影响。一旦农户出现上述情况，将减少对子女的教育投资，从而导致整个家庭平均收入水平的长期下降。

3. 家庭所在地经济发展状况

家庭所处地区的社会经济发展状况直接影响家庭的思想观念和精神风貌，对学生能否继续完成大学学业也会产生相当大的影响，在经济社会比较发达的地区，学生能直接感受到知识的力量，激烈的工作岗位竞争使很多家庭面临着就业的压力，特别是对高技术专门人才的需求有持续紧迫的趋势，使家庭认为子女完成学业是压倒一切的头等大事。由于经济社会发达的地区平均收入都较高，经济支付能力较强，学生已基本没有经济上的后顾之忧。而那些地处经济社会较落后地区的家庭，一方面，为了使自己将来有一个美好的前途和过上富足的生活，摆脱经济落后的困扰，对完成学业的意愿会很强；另一方面，由于经济上比较落后，很难承担起投资高等教育的昂贵费用，随着大学生就业压力的逐渐增大，他们自己也觉得没有太多的就业门路，而不得不选择放弃学业。

6.2.3 学生在读学校特征

1. 学校属性与学校层次

学校属性是指一所学校属于公办或民办的性质，学校层次即指一所学校归属于本科院校或专科院校的类型。从学生家庭这个角度上说，由于受传统观念的影响，一般人们对公办高校情有独钟，在高考分数一定的情况下，宁可选择条件和质量一般的公办高校，也不愿意选择条件相对较好的民办高校。而在就读层次的高与低的选择上，学生家长有时宁可放弃考虑子女的特长、专业偏好或未来的发展，而一味地选择办学层次较好的院校。当然，随着时代的发展，这一观念和行为也正在悄无声息地发生着变化，尤其是新生代父母，思想相对比较开放，一般也比较尊重子女自己的选择。但是，从我们调查之中得知，学校属性与办学层次仍然是影响学生是否辍学的一个可能性因素。

学校属性之所以对学生的辍学行为产生影响，据我们初步分析，可能的原因是：民办高校的高额学费及其在学费之外收取的大量杂费让学生及其家庭不堪重负，与此同时，资助制度又相对不完善、不规范甚至完全缺失，在资助工作中的人为因素干扰导致了许多不公平现象，此外，招生时的夸大宣传与学生入校后的实际感受产生了强烈的反差，加上师资力量薄弱、教学水平相对低下，引发学生和家庭的诸多不满，等等。

至于就读层次是否影响学生辍学，我们在调查中也了解到，不少学生进入专科层次的学校或职业技术学院后，的确受到来自各方面一些陈旧观念的影响，认为学历越高越好，学历越高，用人单位越欢迎，加上在校期间耳濡目染以及切身的体验，于是对自己进入专科院校或高职院校就读产生强烈的自卑感，加上未来就业的压力，不少学生对将来充满恐惧，担心浪费父母钱财又得不到相应的回报，于是很容易就产生了辍学务工的念头。

2. 学习期间的受资助情况

随着我国高等教育在招生、收费和就业制度等方面的改革，教育费用实现了由政府完全承担到政府和受教育者共同分担的转变，此期间高校贫困生问题得以凸显，特别是近几年，高校招生规模不断扩大，使贫困生是高校普遍存在的特殊群体成为事实，并且成为了目前高校发展中较为突出的焦点问题和社会广泛关注的热点问题之一。据统计，2005 年，全国公办全日制普通高等学校在校生(包括全日制本、专科学生、研究生和第二学士学位学生)总数为 1450 万人，其中，家庭经济困难学生约 294 万人，占在校生总数的 20%，特别困难学生约 123 万人，占在校生总数的 8%。所以，这些学生在校学习期间能否得到足够的资助，是其能否完成学业的重要因素。

虽然，上述变量是影响学生做出是否继续完成学业决策时的最直接的因素，但学生作为决策的主体之一，会考虑教育成本的补偿问题，并进行教育成本与收益之间的比较。理论上，对于假设为理性经济人的学生，通过对是否完成学业进行收益与成本的比较，只有在收益超出成本，预计有可能最终实现的基础上，才会做出完成学业的决策，否则，将会选择辍学。如果完成学业的收益减去成本即净收益大于没完成学业的净收益，则将选择继续完成学业，否则，就会选择辍学。

对于我们来说，并不能观察到学生在做选择时所做出的计算比较过程，我们只能观察到学生是否完成大学学业的结果。但是，我们可以由此推断出，对于一个特定的学生来说，如果其选择了完成学业，我们可以得出其这一决策是经过净收益的比较而作出的，且完成学业的净收益大于其未完成学业时的净收益，否则，观察的结果是学生选择辍学。同时，我们还观察到了特定学生的具体特征包括：家庭内在因素，如家长特征、家庭经济状况和学生自身的特征等；家庭外在因素，如家庭所在地的环境特征、所读学校的收费、软硬件环境及教学水平等。经过推断，我们可以找出特定学生辍学的基本规律，得出影响学生辍学的因素和影响方向。

3. 学生对在读学校的总体评价

笔者认为，一所学校的育人环境、综合实力及其办学特色，应当是吸引生源的重要因素。学生进入高校学习以后，对学校学习环境、生活环境、社会影响以及整体办学实力的评价，也可能是学生选择是否坚持完成学业的重要前提。

在走访中我们发现，一些学生进校以后因为理想与现实的反差，对学校的总体评价不高，造成了学业的中止。具体有以下几种情况：一是学生对教师教学的不满意，或是家长对学校的学风和办学条件不满意，认为学不到东西，不如趁早就业；二是对生活条件不满意或不习惯新环境的生活，常常产生焦虑情绪，以至于放弃学业，或重新参加高考，或干脆直接进入社会务工；三是一些学校的管理不规范，甚至混乱，安全事件频发，让学生家长对学校的安全问题常常感到担忧，以至于让子女中止学业，回家待业或在身边参加工作；四是一些学校毕业生就业难、就业率低，为了提高就业率引导学生弄虚作假，实际情况却是“学生毕业即失业”，由此导致学生对学校失望，产生悲观情绪，以致辍学。

为了方便调查与统计，我们把这一类情况均归为“学生对在读学校的总体评价”这一因素，并以此作为一个可能的变量引入模型进行分析。

6.2.4　学生在学期间的费用支出

目前一些学者，如李宏(2006)、任湲(2006)等研究认为，学生完成学业的成本一般可分为两部分：

1. 个人的直接成本

个人的直接成本即由高等教育投资直接发生的费用，包括学费、书本费、住宿费、交通费、生活差距费等。这部分成本可以基本上反映学生的教育负担情况，因为这些都是完成学业所必须承担的基本的教育成本。而另一些成本则是学生为能够受到更好的教育服务所付出的额外成本，如参加各种培训班和办理各种资格证书及购买课外兴趣书籍等自愿产生的教育投资成本。后者属于学生进行高等教育而增加的额外投资，可以反映出学生对完成学业的意愿或努力程度。在大学阶段，费用的高低，对学生是否能完成学业有比较大的影响。在直接成本中，所占份额最大的是学杂费成本，学杂费是完成学业的费用中的主要部分，是学生支付的主要而又最直接的高等教育成本。

2. 个人的间接成本(亦称机会成本)

个人的间接成本(或机会成本)是指受教育者因接受高等教育而放弃的工资收入。如果一个人选择不接受高等教育或辍学，则他可以选择进入劳动力市场并通过劳动而取得其应得的经济收入。由于每个人的具体情况不同，其间接教育成本也有所区别，这主要取决于学生的个人特征和这些个人特征在劳动力市场上的价值，包括个人的能力、学习态度、在校学业成就、健康状况、性别、民族、生源地及生源地的劳动力市场就业机会的大小等(George Catsiapis，1987)。可以用如下公式计算得出：

$$\sum_{i=1}^{n}\sum_{j=1}^{m}(P_{ij}\times Y_{ij}\times A_{ij})$$

式中，P_{ij}为个人第 i 年第 j 个具体行业就业的概率；Y_{ij}为第 i 年个人放弃第 j 个具体行业就业的一年收入的百分比；A_{ij}为第 i 年第 j 个具体行业年人均收入；n 为年限，m 为概率项数。总体来说，预期成本应该对学生能否完成大学学业产生负的影响，即预期成本越高，学生完成学业意愿越低，反之则相反。其实，在很多情况下，间接成本往往是高于直接成本的，但它又经常容易被学生所忽视。舒尔茨发现，美国在1900—1910年，被放弃的所得约占教育实际成本的一半，至1920年，这一比例竟然上升到63%。可见，间接成本是完成学业成本的重要组成部分。

6.3 高校学生辍学影响因素的统计、选择与变量设定

6.3.1 数据来源与特征

2011年6月，课题组对全省部分高校大学生付费能力和意愿进行了问卷调查。本次调查选取了南昌大学、江西师范大学、江西财经大学、江西农业大学、南昌工程学院、宜春学院、九江学院、江西蓝天学院、南昌理工学院、渝州职业技术学院、江西现代学院等不同类型、不同层次的公办、民办高校在校大学生作为调查对象，涉及综合性、理、工、农、财经、师范等类型的本科院校，以及部分地市级专科院校和职业技术学院。课题组共发放问卷1100份，剔除无效样本后，本次高校学生抽样调查回收的有效样本数为952份，有效回收率达到86.5%。样本中，从性别看：男生占43.3%，女生占56.7%；从学生所在年级分布看：一年级学生占64.2%，二年级占20.5%，三年级占15%；从学生就读的层次看，样本中88.3%为本科层次学生，11.7%为专科层次学生；从学生的生源地看，江西籍生源占63.8 %，外省籍占36.2 %；被调查的大学生平均成绩在合格以上的占99.8%。江西省普通高校87.0 %的学生来自县级以下乡镇及农村，其中来自农村的占50.9%。家庭中父亲受教育程度多在初中以下，占56.1 %；学生家庭中，父亲职业为农(牧、渔)民、企业一般员工和个体工商户等较低收入水平职业的，占66.4%。

6.3.2 描述性统计分析

调查结果显示(见表 6-5)，从性别看，女生的辍学率为 4.1%，略高于男生(3.4%)，但是单因素方差检验不显著，即不考虑其他因素，单就性别来说，没有证据显示女生的辍学率高于男生。同样，成绩和健康状况较差的学生辍学率较高，但显著性不能通过方差检验。统计结果显示，学生所读的专业与其当初(高考填报志愿时)选择的专业不一致的学生辍学率为 5.8%，所就读的专业与当初第一志愿选择的专业不相符的学生辍学率为 2.5%，前者是后者的两倍多，也就是说，所就读的专业与当初第一志愿选择的专业不相符的学生更容易辍学。而且，单因素卡方检验结果显著，可见，学生所读的专业是否是其当初选择的专业，可能是影响学生是否辍学的重要因素，但还有待于通过建立模型进行检验。虽然家住在农村的学生的辍学率高于其他学生，但单因素方差检验结果不显著，家庭居住地对学生是否会辍学不具有很显著的影响。低收入组家庭的学生辍学率为 8.9%，高于中等收入组家庭的学生辍学率(2.4%)，也高于高收入组家庭的学生辍学率(1.6%)，且单因素卡方检验结果显著，说明不考虑其他因素，单就家庭年总收入来说，随着家庭年总收入的提高，学生的辍学率有下降的趋势，这与我们实际的认知是相符的。家庭父亲受教育程度较低和较高的学生辍学的比率较低，父亲受教育程度为小学及以下的学生辍学的比例为 0.6%，可能是学生在这样的家庭感受到父辈饱受没有文化之苦，排除一切困难也会让孩子把学业完成，而那些父亲受教育程度为大学及以上的学生受父亲的影响，也会尽力完成学业。单因素卡方检验结果也显示，父亲的受教育程度不同，学生会不会选择辍学有显著的差异。父亲的职业为公务员和企业工作人员的学生的辍学比例，比父亲职业为事业单位人员、农民和其他职业的学生稍低，但是单因素卡方检验结果不能通过检验。调查结果显示，民办高校的学生辍学率高达 16.3%，而公办高校的学生辍学率仅有 2.1%，且单因素卡方检验结果显著，说明不考虑其他因素，单就高校属性来说，民办院校学生和公办院校学生的辍学率是有显著性差别的。从学生的就读学校层次看，高职高专的学生的辍学比例为 13.6%，远远高于本科院校学生的辍学率，且单因素卡方检验结果显著，说明不考虑其他因素，单就高校层次来说，本科院校学生和专科院校学生的辍学率是有显著性差别的，但是在考虑其他因素的情况下，学生就读院校的属性、层次是否是显著影响因素，以及影响程度如何，还有待于通过模型检验。学校奖助学金资助情况是从学生所受的经济压力情况反映出学生辍学原因，结果显示，学校奖助学金资助根本不能解决经济问题的学生，辍学的比例最高，为 11.1%，明显高于其他的学生，单因素方差检验结果显著，可见，对学校奖助学金资助解决学生解决问题程度的不同，学生辍学的比例有显著性的差异。对在读学校的总体评价不高的学生，辍学的比例似乎也较高，但显著性却不能通过方差检验，也就是说，就对在读学校的总体评价这一单个因素来说，不能说明对在读学校的总体评价与学生辍学有关。但是，以上的分析只是从单个变量的角度分析不同情况的学生的辍学情况，并没有把影响学生辍学的其他因素同时考虑进去，是否是由于其他因素的影响而承受的结果，还有待于通过建立模型进行检验。

表 6-5　　**学生辍学影响因素的描述性统计**

变量	类别	数量/比重	继续完成学业	辍学	Pearson 卡方检验结果
性别	男生	数量	398	14	$\chi^2=0.294$ $p=0.612$
		比重(%)	96.6	3.4	
	女生	数量	518	22	
		比重(%)	95.9	4.1	

续表

变量	类别	数量/比重	继续完成学业	辍学	Pearson 卡方检验结果
成绩	A(90~100 分)	数量	12	1	$\chi^2=6.056$ $p=0.195$
		比重(%)	92.3	7.7	
	B(80~89 分)	数量	419	17	
		比重(%)	96.1	3.9	
	C(70~79 分)	数量	418	12	
		比重(%)	97.2	2.8	
	D(60~69 分)	数量	65	6	
		比重(%)	91.5	8.5	
	E(60 分以下)	数量	2	0	
		比重(%)	100.0	0.0	
专业偏好	与第一志愿专业相符	数量	544	14	$\chi^2=6.850$ $p=0.010$
		比重(%)	97.5	2.5	
	与第一志愿专业不相符	数量	371	23	
		比重(%)	94.2	5.8	
健康状况	良好	数量	865	35	$\chi^2=2.808$ $p=0.246$
		比重(%)	96.1	3.9	
	较好	数量	20	2	
		比重(%)	90.9	9.1	
	较差	数量	30	0	
		比重(%)	100.0	0.0	
家庭居住地	大中城市	数量	120	4	$\chi^2=1.776$ $p=0.620$
		比重(%)	96.8	3.2	
	县级城市	数量	242	8	
		比重(%)	96.8	3.2	
	集镇	数量	91	2	
		比重(%)	97.8	2.2	
	农村	数量	463	22	
		比重(%)	95.5	4.5	

续表

变量	类别	数量/比重	继续完成学业	辍学	Pearson 卡方检验结果
家庭年总收入	低收入组	数量	225	22	χ^2 = 22.784 p = 0.000
		比重(%)	91.1	8.9	
	中等收入组	数量	445	11	
		比重(%)	97.6	2.4	
	高收入组	数量	245	4	
		比重(%)	98.4	1.6	
父亲受教育程度	小学及以下	数量	159	1	χ^2 = 8.366 p = 0.039
		比重(%)	99.4	0.6	
	初中	数量	348	21	
		比重(%)	94.3	5.7	
	高中	数量	270	10	
		比重(%)	96.4	3.6	
	大学及以上	数量	134	4	
		比重(%)	97.1	2.9	
父亲职业	党政机关公务员	数量	46	2	χ^2 = 3.253 p = 0.776
		比重(%)	95.8	4.2	
	事业单位人员	数量	73	4	
		比重(%)	94.8	5.2	
	个体工商户	数量	111	6	
		比重(%)	94.9	5.1	
	企业管理人员或技术人员	数量	34	1	
		比重(%)	97.1	2.9	
	企业一般员工	数量	181	4	
		比重(%)	97.8	2.2	
	农民	数量	453	20	
		比重(%)	95.8	4.2	
	其他人员	数量	17	0	
		比重(%)	100.0	0.0	
学校属性	公办高校	数量	812	17	χ^2 = 57.894 p = 0.000
		比重(%)	97.9	2.1	
	民办高校	数量	103	20	
		比重(%)	83.7	16.3	

续表

变量	类别	数量/比重	继续完成学业	辍学	Pearson 卡方检验结果
高校层次	省属重点本科高校	数量	331	13	$\chi^2=23.230$ $p=0.000$
		比重(%)	96.2	3.8	
	省属一般本科高校	数量	514	13	
		比重(%)	97.5	2.5	
	高职高专院校	数量	70	11	
		比重(%)	86.4	13.6	
学校奖助学金资助情况	根本不能解决经济问题	数量	32	4	$\chi^2=10.231$ $p=0.006$
		比重(%)	88.9	11.1	
	可以解决部分经济问题	数量	135	10	
		比重(%)	93.1	6.9	
	基本可以解决经济之忧	数量	748	23	
		比重(%)	97.0	3.0	
对在读学校的总体评价	很好	数量	67	3	$\chi^2=3.760$ $p=0.153$
		比重(%)	95.7	4.3	
	一般	数量	647	21	
		比重(%)	96.9	3.1	
	问题很多	数量	201	13	
		比重(%)	93.9	6.1	

6.3.3　影响因素的选取与变量设定

综上所述，本研究中，我们可以在“学生个人特征”、“学生家庭特征”和“在读学校特征”三个方面对影响学生辍学的因素进行假设。其中，“学生个人特征”选取“性别”、“课程平均成绩”、“专业偏好”和“健康状况”；“学生家庭特征”选取“家庭年总收入”、“父亲受就业程度”和“父亲职业”；“在读学校特征”选取“学校属性”、“高校层次”、“学校奖助学金等资助情况”和“对在读学校的总体评价”等方面的因素，作为影响学生辍学的因素，并对这些因素进行变量设定。我们选取学生“能否完成学业的行为”作为因变量 Y，选取影响学生辍学行为的因素作为自变量 X。$Y=1$，表示完成学业；$Y=0$，则表示辍学。根据这一假设和对调查数据的处理，我们得出了影响学生辍学的自变量及其均值数据，见表6-6。

表 6-6　**影响学生辍学的自变量及其均值**

自变量	均值	自变量	均值	自变量	均值
一、学生个人特征		二、学生家庭特征		三、在读学校特征	
1. 性别：(女生=0)		1. 家庭年收入：高收入组=0		1. 学校属性：公办高校=0	
男生	43.3	低收入组	25.9	民办高校	12.9
2. 课程平均成绩：		中等收入组	47.9	2. 学校层次：	
A(90~100分)=0		2. 父亲受教育程度：大学及以上=0		省属重点本科高校=0	
B(80~89分)	45.8	小学及以下	16.0	省属一般本科高校	55.4
C(70~79分)	45.2	初中	39.8	高职高专院校	8.5
D(60~69分)	7.5	高中	29.7	3. 学校奖助学金资助情况：	
E(60分以下)	0.2	3. 父亲职业：农民=0		根本不能解决经济问题=0	
3. 专业偏好：		党政机关	5.0	可以解决部分经济问题	15.2
与第一志愿专业相符=0		事业单位	8.1	基本可以解决经济之忧	81.0
与第一志愿专业不相符	41.3	个体工商户	12.3	4. 对在读学校的总体评价：	
4. 健康状况：良好=0		企业管理或技术人员	3.7	很好=0	
较好	2.3	企业一般员工	19.4	一般	70.2
较差	3.2	其他	1.8	问题很多	22.5

6.4　高校学生辍学影响因素的二元 Logistic 模型分析

6.4.1　关于效用成本与效用收益理论的回顾 ①

下文所涉及的“效用成本”，是指用效用(即主观满足的评价)的方式，表示某项投资和消费所付出的代价。效用收益则是指用效用的方式表示某项投资和消费给主体带来的价值。这区别于传统经济理论用货币的方式表示某项消费的支付②，以及某项投资的支付和收益。实际上，货币对行为主体而言，与其他产品一样，在市场经济里人们持有它，是因为它能给人们带来满足，也就是说货币具有效用。因而，货币数量的多少就表示效用水平的多少，支付(即成本)和收益的货币表示，也即是支付和收益的效用水平反映。因此，用货币表示的成本和收益，同样可以用效用去表示，并且效用能够反映的范围更宽。另外，在某种程度上，用效用成本和效用收益表示成本和代价分析某些行为，比起用货币表示，更为符合实际和更为恰当，尤其是在不能用货币量化的成本和收益时。比如，某些资源，如劳动力的时间，不但具有通过参加工作获得货币收入的价值，也同时具有享受工作带来的愉悦和不参加工作获得闲暇的满足，而后者是很难通过货币来衡量的；通常使用的货币表示的国民收入，忽略了在创造收入同时，造成的无法用货币衡量的环境的恶化和人民的满意程度的变化；某项消费的同等数量的货币支付掩盖了不同人群从中期望获得的满足和支付的意愿；等等。这些例子表明，货币表示经济行为的缺陷。用效用的角度去表示人们经济行为的成本和收益，这样可以把人们包括投资和消费在内的所有的经济行为放在同一的分析框架中去研究。所以，在一定程度上，效用成

① 许祥云．中国家庭高等教育投资行为研究[M]．北京：清华大学出版社．2010：77-78.

② 消费的收益就是用效用来表示的。

本和效用收益表示经济行为的成本和收益，比起货币表示，更为宽泛，且更能反映实际情况，是分析经济行为的方法趋势。

6.4.2 影响因素实证模型设定

从经济学角度看，对于学生来说，如果选择继续完成学业，那么其选择继续完成学业所能获得的效用收益，一定大于或至少等于选择辍学时所获得的效用收益。学生在遇到学业上的问题时，将面临两种选择或决策，即继续完成学业($Y=1$)和辍学($Y=0$)。如果潜在的学生(i)选择继续完成学业，那么其选择完成学业的净效用收益要大于选择辍学的净效用收益，即 $U_{R_1} > U_{R_0}$，这里，U_{R_1} 和 U_{R_0} 分别表示继续完成学业的净效用收益和辍学的净效用收益。如果潜在的学生(i)选择辍学，那么其选择完成学业的净效用收益要小于选择辍学的净效用收益，即 $U_{R_1} < U_{R_0}$。给定的学生 i 选择 j ($j=1$ 表示继续完成学业；$j=0$ 表示辍学)所获得的净效用收益 U_{R_j} 受两部分因素共同影响：一个是系统变量，包括在做出这些选择时，学生要充分考虑的因素，主要有与完成学业有关的求学预期的直接成本、预期的间接成本、毕业后的预期收入等；另一个是其他随机因素(ε_j)。

$$U_{R_j} = \overline{U}_{R_j} + \varepsilon_j$$

但是学生 i 的 U_{R_j} 信息是不能直接观测的，我们所能观察到的只是学生的决定 Y_i。如果学生选择的是继续完成学业，那么，$Y_i = 1$；如果学生选择的是辍学，则 $Y_i = 0$。对于任一理性学生的选择来说，我们可以得到：

$$\text{Prob}[Y_i = 1] = \text{Prob}[U_{R_1} \geqslant U_{R_0}]$$

$$\text{Prob}[Y_i = 0] = \text{Prob}[U_{R_0} > U_{R_1}]$$

设 P_i 表示在信息集合 X_i 条件下的概率，也就是存在一系列影响因素的条件下，学生继续完成学业的期望：

$$P_i = \text{Prob}(Y_i = 1 \mid X) = E(Y_i \mid X_i)$$

因此，学生是否选择辍学的二元选择模型也可以看做一个条件期望模型，则线性回归模型 $E(Y_i \mid X_i)$ 可设定为 $\alpha + X_i\beta$。但是，这

样的模型不满足条件 $0 \leqslant E(Y_i|X_i) \leqslant 1$，而这个条件必须得到满足，因为 $E(Y_i|X_i)$ 是一个概率。即使对某些样本条件碰巧满足，X_i 的值很容易使估计的概率值小于 0 或者大于 1，所以，仅仅简单地将 Y_i 对 X_i 进行回归是不恰当的。但是，我们可以从包含不可观测变量或隐变量的效用收益函数的模型中导出。本研究建立了计算预期效用净收益函数的差值 U_{R_i} 的线性回归方程：

$$U_{R_1} - U_{R_0} = U_R = X_i\beta + \varepsilon_i$$

式中，X_i（包含常数项）表示影响潜在学生（i）是否继续完成学业的因素向量；β 为系数向量；ε_i 表示为随机项。学生（i）选择继续完成学业的净效用收益与其解释变量的关系可以表示为：

$$U_{R_1} = X_{i_1}\beta_1 + \varepsilon_{i_1}$$

学生（i）选择辍学的投资收益与其解释变量的关系可以表示为：

$$U_{R_0} = X_{i_0}\beta_0 + \varepsilon_{i_0}$$

式中，X_{i_1} 和 X_{i_0} 表示影响潜在学生（i）是否继续完成学业的因素向量；β_1 和 β_0 为系数向量。我们只能观测到预期净的效用收益的差值 U_R 的符号，这个符号决定了可观测二值变量 Y_i 的值，其关系为：

$$U_R \geqslant 0 \quad 时，Y_i = 1；$$
$$U_R < 0 \quad 时，Y_i = 0。$$

其表示的意义为：如果其选择继续完成学业的净效用收益要大于选择辍学的净效用收益，即 $U_{R_1} - U_{R_0} \geqslant 0$，那么潜在的学生（$i$）选择继续完成学业，即 $Y_i = 1$；如果其选择继续完成学业的收益要小于选择辍学的收益，即 $U_{R_1} - U_{R_0} < 0$，那么潜在的学生（i）选择辍学，即 $Y_i = 0$。学生（i）选择继续完成项学业的可能性为：

$$\begin{aligned}\mathrm{Prob}[Y_i = 1] &= \mathrm{Prob}[U_{Ri_1} - U_{Ri_0} \geqslant 0] = \mathrm{Prob}[U_R \geqslant 0] \\ &= \mathrm{Prob}[X\beta + \varepsilon \geqslant 0 \\ &= \mathrm{Prob}[\varepsilon \geqslant -(X\beta)] \\ &= 1 - \mathrm{Prob}[\varepsilon < -(X\beta)] = 1 - F[-(X\beta)]\end{aligned}$$

式中，F 是 ε 的累积分布函数。如果 ε 的分布是对称的，则 $1 - F[-(X_i\beta)] = F[X_i\beta]$，那么学生（$i$）继续完成学业的可能性为：

$$P_i = E[Y_i = 1 | X] = F[X_i\beta]$$

此时问题的关键是为上式右边的函数 F 设计一个适当的计量模型。最常用的函数 F 的形式有两种，它们被使用于绝大多数的应用之中。在 Logit 模型中，F 是对数函数：

$$F[U_R] = \frac{\exp(U_R)}{[1 + \exp(U_R)]}$$

所有的实数 U_R，都介于 0 和 1 之间，它是一个标准的逻辑斯蒂随机变量的累积分布函数。在 Probit 模型中，F 是标准的正态的累积分布函数，可以表示为积分：

$$F[U_R] = \varphi(U_R) = \int \varphi(v)\mathrm{d}v$$

式中，$\varphi(v)$ 为标准正态密度函数。

F 的这个选择也确保了对所有参数和 X 的值都严格介于 0 和 1 之间。

由以上的推导可以看出，$\mathrm{Prob}(Y_i = 1)$ 和 $\mathrm{Prob}(Y_i = 0)$ 是随机变量 ε_{i_1} 和 ε_{i_0} 的函数。如果假设 ε_{i_1} 和 ε_{i_0} 符合逻辑分布，分析采用 Logit 模型；如果假设 ε_{i_1} 和 ε_{i_0} 符合标准正态分布，则分析采用 Probit 模型(威廉·H. 格林，2007)。

本研究假设学生继续完成学业的净效用收益最大化函数中的随机项 ε 符合(0，1)逻辑分布函数，学生选择继续完成学业的函数为：

$$\mathrm{Prob}(Y = 1) = \frac{e^{X'\beta}}{1 + e^{X'\beta}}$$

即：

$$\begin{aligned}\mathrm{Logit}[\mathrm{Prob}(Y = 1)] &= \ln\left[\frac{\mathrm{Prob}(Y = 1)}{1 - \mathrm{Prob}(Y = 1)}\right] \\ &= \beta_0 + \beta_1 X_1 + \beta_2 X_2 + \cdots + \beta_n X_n\end{aligned}$$

其中，$\mathrm{Prob}(Y = 1)$ 表示学生继续完成学业的可能性；X 表示影响学生选择的可能性的因素向量。

为了解释回归参数的意义，我们还使用了优势(Odds)与优势比(Odds Ratios)(宇传华，2007)的概念。优势也是代表事件出现可能性大小的“自然”方式，其与概率之间的关系可以采用简单的公式来表达，如果事件概率用 $\hat{P}$（二项分类变量的非事件的概率为 $1-\hat{P}$）表示，优势用 $\hat{O}$ 表示，则有：

$$\hat{O} = \frac{\hat{P}}{1-\hat{P}} = \frac{\text{事件概率}}{\text{非事件概率}}$$

$$\hat{O} = \exp(\beta_0 + \beta_1 X_1 + \beta_2 X_2 + \cdots + \beta_n X_n)$$

在 Logistic 回归模型中，不是解释回归系数 β，而是解释优势比。优势比是用来作为效应大小的指标，度量某自变量对应变量优势影响程度的大小。某一自变量 X_j 的对应优势比为 $\hat{OR} = \exp(\beta_j)$，其表示的含义为：在其他自变量固定不变的情况下，某一自变量 X_j 改变一个单位，应变量对应的优势比(可能性)平均改变 $\exp(\beta_j)$ 个单位。如令 X_1 从任意实数 α 改变为 $\alpha+1$ 时，则有：

$$\hat{OR}_1 = \frac{\hat{O}_2}{\hat{O}_1} = \frac{\exp(\beta_0 + \beta_1 \times (\alpha+1) + \beta_2 X_2 + \cdots + \beta_m X_m)}{\exp(\beta_0 + \beta_1 \times \alpha + \beta_2 X_2 + \cdots + \beta_m X_m)} = \exp(\beta_1)$$

6.4.3　影响因素的二元 Logistic 模型检验

应用 SPSS 13.0 计量软件，对问卷调查所获取的 952 个样本截面数据“学生是否选择辍学”进行二元 Logistic 回归处理，利用最大似然估计的参数结果见表 6-7。

表 6-7　**学生辍学行为影响因素 Logistic 模型回归结果**

解释变量	系数 B	Wald 值	显著性水平 Sig.	优势比 Exp (B)	OR 95% 下限	置信区间上限
常数项(Constant)	-1.80	0.97	0.325	6.04		
(1)性别(以“女生”为参照)	-0.08	0.04	0.849	0.92	0.39	2.19
(2)课程平均成绩(以“A(90～100分)”为参照)		4.21	0.379			

续表

解释变量	系数B	Wald值	显著性水平Sig.	优势比Exp(B)	OR 95%下限	置信区间上限
B(80~89分)	-1.73	1.78	0.183	0.18	0.01	2.25
C(70~79分)	-2.25	2.86	0.091	0.11	0.01	1.43
D(60~69分)	-1.32	0.90	0.344	0.27	0.02	4.12
E(60分以下)	-16.10	0.00	0.999	0.00	0.00	0.00
(3)专业偏好(以"与第一志愿专业相符"为参照)	1.15	7.11	0.008	3.17	1.36	7.40
(4)学生健康状况(以"良好"为参照)		2.22	0.330			
较好	1.55	2.22	0.137	4.71	0.61	36.17
较差	-17.83	0.00	0.998	0.00	0.00	—
(5)家庭年收入(以"高收入组"为参照)		15.39	0.000			
低收入组	2.55	11.60	0.001	12.86	2.96	55.92
中等收入组	1.14	2.51	0.113	3.12	0.76	12.71
(6)父亲受教育程度(以"大学及以上"为参照)		8.00	0.046			
小学及以下	-1.26	0.78	0.378	0.28	0.02	4.68
初中	1.39	2.00	0.158	4.01	0.58	27.53
高中	0.85	0.79	0.373	2.34	0.36	15.11
(7)父亲职业(以"农民"为参照)		9.66	0.140			
党政机关	2.42	6.39	0.011	11.25	1.72	73.49
事业单位	2.04	5.19	0.023	7.72	1.33	44.83
个体工商户	0.68	1.17	0.279	1.97	0.58	6.69
企业管理或技术人员	0.51	0.18	0.670	1.66	0.16	17.24
企业一般员工	-0.15	0.06	0.814	0.86	0.24	3.04

续表

解释变量	系数 B	Wald 值	显著性水平 Sig.	优势比 Exp（B）	OR 95% 下限	置信区间上限
其他	-18.41	0.00	0.998	0.00	0.00	—
（8）学校属性（以“公办高校”为参照）	2.42	25.12	0.000	11.27	4.37	29.07
（9）学校层次（以“省属重点本科高校”为参照）		4.30	0.117			
省属一般本科高校	-1.19	4.16	0.041	0.30	0.10	0.95
高职高专院校	-0.64	1.26	0.262	0.53	0.17	1.61
（10）学校奖助学金等资助情况（以“根本不能解决经济问题”为参照）		14.41	0.001			
可以解决部分经济问题	-2.39	8.42	0.004	0.09	0.02	0.46
基本可以解决经济之忧	-2.78	14.38	0.000	0.06	0.01	0.26
（11）对在读学校的总体评价（以“很好”为参照）		1.33	0.514			
一般	-0.62	0.57	0.449	0.54	0.11	2.67
问题很多	-0.50	1.18	0.277	0.61	0.25	1.49
模型整体检验结果：						
-2Logliklihood***			200.013			
Hosmer and Lemeshow Test			10.714			
Number of observations			952			

从表 6-7 的估计结果看，回归模型的-2LL 值为 200.013。模型的 Hosmer-Lemeshow 拟合优度检验得到的 p 值为 0.218，表明预测概率获得的期望频数与实际频数之间没有显著性差异，模型拟合较好，整体检验显著。

根据表 6-7 的模型回归结果，从总体情况看，在引入模型的 11 个变量中，显著影响学生是否会辍学的变量有 5 个，分别为：专业偏好、家庭年总收入、父亲受教育程度、在读学校的属性和学校奖助学金资助情况，其余变量的显著性整体上均未能通过检验。具体情况如下：

(1)在“学生个人特征”的 4 个变量中，仅有学生的“专业偏好”这 1 个变量整体通过检验，且极其显著。而“性别”、“学习成绩”和“健康状况”3 个变量整体均未通过显著性检验。这就说明，学生的“专业偏好”直接影响其“学习兴趣”，对专业不感兴趣直接导致“学习无兴趣”，同时又影响“学习成绩”。这与前文的调查结论是一致的。

(2)在“学生家庭特征”的 3 个变量中，“家庭年收入”和“父亲受教育程度”2 个变量整体通过检验，且“家庭年收入”表现为极其显著，“父亲受教育程度”表现为显著。“父亲职业”这一变量则未能通过显著性检验，这说明家庭经济支付能力和家长的教育程度对子女的学业完成有显著影响。

(3)在“在读学校特征”的 4 个变量中，“学校属性”和“学校奖助学金资助情况”2 个变量通过检验，且均表现为极其显著。“学校层次”和“对在读学校的总体评价”2 个变量则未能通过显著性检验。这说明，“学校属性”和“学校奖助学金资助情况”是影响学生辍学的重要因素。而无论是省内重点本科高校、省内一般本科高校还是高职高专院校，他们的学生是否辍学，学校之间并没有显著差别，学生“对在读学校的总体评价”这一因素对学生是否辍学也没有显著影响。

6.4.4 Logistic 模型检验结果分析

综合前文的分析获知，影响学生辍学的主要因素为：“学校属性(即公办与民办的性质)”、“学生专业偏好”、“学生家庭年收入”、“学校奖助学金资助情况”和学生“父亲受教育程度”5 个变量。其中，“学校属性”和“学生专业偏好”可归为学生的“学习原因”(因为高校的“公办与民办性质”和“学生高考志愿是否得到满足”两者都将直接影响学生入学后的“学习信心”、“学习兴趣”和“学习动力”）；“学生家庭年收入”和“学校奖助学金资助情况”可归为学生辍学的“经济原因”；“学生父亲受教育程度”这一变量虽然整体通过显著性检验，但在其他条件相同的情况下，“小学及以下”、“初中”和“高中”的受教育程度与“大学及以上”的程度相比，学生辍学与否并无十分明显的差异，因此对这一问题，下文不作讨论。除此之外，就其他4个变量，具体分析如下：

(1)学生“专业偏好”是影响学生辍学的首要因素，政府有关部门和高校如何满足学生的专业选择或如何培养学生正确的“专业观”至关重要。

从前文的分析我们知道，学生“专业偏好”这一变量整体检验极其显著，这说明在其他影响因素条件均相同的情况下，学生所读的专业是否是其当初(高考填报志愿时)选择的专业，是影响学生是否辍学的重要的“个人特征因素”，也就是说，所就读的专业与当初第一志愿选择的专业不相符的学生更容易辍学。从回归结果看，在其他条件相同的情况下，所读的专业与当初第一志愿选择的专业不相符的学生辍学的可能性，是那些与第一志愿专业相符的学生的3.2倍。访谈中我们发现，这些学生认为自己在高中阶段之所以坚持不懈地学习，就是一心要上他们想象中的理想大学和想学的专业，但是上大学之后却出现了理想与现实的反差，希望变成失望，导致他们不得不放弃学业。

这提示政府有关部门和高校，在高招录取工作中，如何做到录取专业与学生的志愿专业相符，是非常重要的，是减少学生辍学的第一道关，做好这项工作是“以人为本”管理理念和服务理念的充分体现。与此同时，在招生专业计划限定的情况下，高校在学生入学以后，如何在整个大学期间连续不断地对其进行专业方面的教育和引导，如何让学生树立正确的“专业观”，显得非常关键。然而，在调查中我们却发现，这项工作在不少高校仍然是薄弱环节，很多高校虽然有新生入学专业教育活动，但多数高校只不过是一个短暂的过场，走形式或是缺乏针对性。这个问题不解决好，学生辍学的现象只会越来越严重。

(2)学生“家庭年收入”和“学校奖助学金资助情况”是影响学生辍学的两个重要因素，政府有关部门和高校应当在调整奖助学金资助结构和对学生的资助方式的基础上，进一步加大对贫困家庭学生的资助力度。

①关于学生“家庭年收入”。检验结果显示，这一变量对学生是否辍学的影响极其显著。总体来看，在其他情况相同的条件下，随着学生家庭年总收入提高，学生的辍学率会下降，这与我们实际的认知是相符的。从表 6-5 的回归结果看，在其他变量条件相同的情况下，“家庭年收入”位于“低收入组”的家庭，其子女辍学的可能性大约是“高收入组”家庭的 13 倍，“中等收入组”家庭子女辍学的可能性也大约是“高收入组”家庭的 3 倍，这说明家庭经济支付能力对子女的学业完成是何等的重要。调查走访中我们发现，有些学生多是因为家庭经济拮据或家中突发变故，难以承受沉重的学费负担而导致中断学业。

对于中国老百姓的许多家庭来说，教育支出已经成为许多家庭的第一支出，超过了医疗等其他支出。根据中国青少年研究中心发布的《“十五”期间中国青少年发展状况与“十一五”期间中国青年发展趋势研究报告》，大学学费在近 20 年上涨了约 25 倍，而同期城镇居民人均年收入只上升了 4 倍，如果扣除价格因素，实际只增长了 2.3 倍，而此时大学学费的涨幅几乎是 10 倍于居民的收入①。所以，政府和高校如何确定合理的学费标准？如何让老百姓的子女“能上学，上得起学”，同时又不因沉重的学费负担而不辍学？都值得关注和深入研究。

②“学校奖助学金等资助情况”这一变量对学生是否辍学的影响也极其显著。从表 6-7 的回归结果看，在其他条件相同的情况下，学校的奖助学金等资助手段，对“可以解决部分经济问题”的这部分学生来说，其辍学的可能性只是“根本不能解决经济问题”

① 中国青少年研究中心课题组．“十五”期间中国青少年发展状况与“十一五”期间中国青年发展趋势研究报告[R]，2008-8-3，http：//www. cycs. org/Article. asp？ID=7895.

这部分学生的 9%(反过来说，即后者是前者的 100/9≈11 倍)，而对“基本可以解决经济之忧”的这部分学生，其辍学的可能性只是“根本不能解决经济问题”这部分学生的 6%(反过来说，即后者是前者的 100/6≈17 倍)。可见，加大对这些家庭贫困大学生的经济资助力度，对降低大学生的辍学率是非常重要的。

我们的调查研究发现，在现行的学生资助体系中，奖学金所占的资源较多，而以支持低收入水平家庭学生为主要目的助学金、勤工俭学资助等方式的投入却相应不足。低收入家庭的学生获得的助学金的比例虽然高于中、高收入家庭的学生，但占资助经费总额比例偏小和资助额度偏低的助学金，并不能有效提高低收入水平家庭学生获得公共资助水平。另外，从总的趋势看，对学生资助的总体幅度也并没有与学费上涨的幅度保持同步增长，所以现行的奖学金、助学金体系对家庭贫困学生的作用是十分有限的。由此可见，高等教育的收费制度与对贫困生的资助制度不相配套，资助结构不合理，资助额度偏低等，仍然是当前面临的问题。因此，政府有关部门和高校应当在提高了学费收缴额度的同时，进一步提高奖、助学金的总额度，并调整好奖、助学金的结构比例，完善针对家庭贫困学生的“奖、助、贷、免”等资助体系，进一步加大资助力度，尽可能减少学生因贫困而辍学。

(3)民办高校学生辍学的可能性显著高于公办高校，这不仅折射出民办高校办学的一个事实，而且也警示政府及其有关部门在鼓励发展民办高等教育的同时，加强对民办高校的引导和监管的必要性。

“学校属性”即学校属于公办或民办的性质，这一变量对学生是否选择辍学也有十分显著的影响。从表 6-7 的回归结果看，在其他条件相同的情况下，民办高校学生辍学的可能性显著高于公办高校，前者是后者的 11. 3 倍。根据对历年《江西省教育事业统计年鉴》相关资料的统计分析，1999 年扩招以来，江西高校大学生保持相对较快的速度稳定增长，2005 年以前，每年比上一年的增长率都在 30%以上，2006 年以后的增长趋势有所减弱。但是，从 2002 年开始，辍学人数也在逐年增加，2006 年以后的辍学人数增长幅度更大。其中，一些民办高校和公办职业技术院校退学的人数显著增多。

调查走访中我们得知，“学校属性”之所以对学生的辍学行为产生影响，主要是因为：(1)民办高校的高额学费及其之外的杂费让学生家庭不堪重负；(2)资助制度的不完善、不规范或完全缺失，无力挽救更多辍学的学生；(2)民办高校招生时的夸大宣传与学生入校后的实际感受产生了强烈的反差；(3)师资力量薄弱和师资水平相对低下，引发学生和家庭的不满；(4)管理水平相对低下、不良事件频发，让学生和家长不放心；(5)学生进入民办高校学习后，社会对民办高校的偏见让学生耳濡目染并产生强烈的自卑感。上述原因使得学生要么失去经济承受能力，要么对学校失去信心，导致学习无兴趣、无动力，最终只有选择辍学。这就警示我们，政府在核定民办高校学费标准的基础上，必须严格控制其杂费的收取，同时，要强力督促其建立健全“奖、助、贷、免”等资助制度；对民办高校的招生宣传进行监管，对失实宣传进行责任追究；通过第三方评价等手段，严格审核其办学条件，对教学、管理等进行严格评估，以其办学条件和办学水平核定其招生规模，控制无序膨胀，引导民办高校把发展的重点放在内涵建设上。

6.5 结　论

本章以收集整理和查阅各大学有关学籍管理文件资料和档案为依据，并以分析大学生辍学——家庭高等教育投资中止现象的原因为基础，对影响学生辍学的因素进行设定，并根据调查获得的数据，对学生是否继续完成学业的选择进行了描述性统计分析，在此基础上，采用 Logistic 二元选择模型对学生是否继续完成学业的选择意愿及其影响因素进行了计量分析，得到的基本结论如下：

1999 年扩招以来，江西省普通高校大学生保持了相对较快的速度稳定增长，2005 年以前，每年比上一年的增长率都在 30%以上，2006 年以后的增长趋势有所减弱。但是，从 2002 年开始，辍学人数也在逐年增加，2006 年以后的辍学人数增长幅度更大。其中，一些民办高校和公办职业院校退学人数显著增多。究其原因，可分为“经济原因”、“学习原因”、“健康原因”及“其他原因”四类。关于“经济原因”，有两种情况，一是因为家庭贫困，二是因为学生为了筹集学费而停学务工(我们认为学生因停学务工而导致的辍学也可归结为经济方面的原因)，这两项之和占总辍学人数的比例为 24.59%，处于第一位。“学习原因”是大学生辍学的主要原因之一，在各个年份中，都占有相当高的比例，而且随着高校的扩招，这一原因引起的学生辍学现象有逐年增加的趋势。对于“健康原因”来说，虽然患病学生的总数每年有很大的增加，但是相对于在校生增加的比例而言，增加的速度还是相对缓慢的。通过 Logistic 二元选择模型对学生选择是否继续完成学业的意愿及其影响因素进行检验，我们对大学生辍学有了更深层次的认识。影响学生辍学的主要因素为：“学校属性(即公办与民办的性质)”、“学生专业偏好”、“学生家庭年收入”、“学校奖助学金资助情况”和学生“父亲受教育程度”5 个变量。其中，“学生家庭年收入”和“学校奖助学金资助情况”可归为学生辍学的“经济原因”；“学校属性”和“学生专业偏好”可归为学生的“学习原因”(因为高校的“公办与民办性质”和“学生高考志愿是否得到满足”两者都将直接影响学生入学后的“学习信心”、“学习兴趣”和“学习动力”)；“学生父亲受教育程度”虽然整体通过显著性检验，但在其他条件相同的情况下，“小学及以下”、“初中”和“高中”的受教育程度与“大学及以上”的程度相比，学生辍学与否并无十分明显的差异。

由此，我们得出的最终结论为，学生辍学的两个主要原因是：经济原因和学习原因；影响学生辍学的主要真实性因素为“学生家庭年收入”、“学校奖助学金资助情况”、“学校属性”和“学生专业偏好”4 个因素。

第7章 普通高校收费、资助理论与政策研究

由于教育具有公益性，尤其在我国，在计划经济体制下，高等学校属于非营利性的事业单位，而且事业单位为政府全额拨款，上大学是完全免费享受高等教育，因此，教育收费问题往往不被重视。直到20世纪80年代，我国对免费高等教育政策进行了重估并做出了历史性的调整。1989年，国家教委、物价局和财政部联合颁布了《关于普通高等学校收取学杂费和住宿费的规定》(教财字〔1989〕32号文件)，对“按照国家计划招收的学生(师范生等除外)收取学杂费和住宿费”，虽然最高标准为每生每学年不超过300元，但这项规定的出台，标志着我国“完全免费享受高等教育”时代的终结。在此后几年，特别是高校扩招之后，教育经费一度紧张，中国普通高校的学杂费也一直保持上升趋势。但是个人投资高等教育的意识依然在增强，思想观念仍然停留在计划经济阶段，高等教育应不应该收费、如何收费的问题受到普遍关注，成为高等教育研究的热点问题。随着我国市场经济改革的不断深化，高校的办学体制和办学形式日益多样化，教育投资体制的逐步多元化，高等教育收费制度已经深入人心，但是如何建立合理的高校收费制度？收费会产生哪些影响？必须首先从理论上进一步厘清。

7.1　人力资本理论与高等教育投资

7.1.1　人力资本的含义和特征①

20 世纪，随着教育与经济之间的关系在全球范围内被引起高度重视，教育由滞后跨入超前发展，并由此产生了一个新的概念，即人力资本，并萌生出一个新的经济理论，即人力资本理论。1935 年，美国哈佛大学学者沃尔什在其发表的《人力资本观》一文中首先使用了“人力资本”这一概念。1957 年，美国哥伦比亚大学学者明瑟尔发表了《个人收入分配的研究》，提出了教育程度的提高与经济收益提高的关系。1959—1962 年，美国芝加哥大学著名经济学家舒尔茨连续发表了《对人的投资—— 一个经济学家的观点》、《由教育形成资本》、《人力资本投资》等一系列著作，全面系统地阐述了人力资本理论，并使人力资本获得了特定的含义。与此同时，美国另一位经济学家贝克尔(Becker，S. G.)出版了题为《人力资本》的著作，该著作发展了人力资本理论，并分析了教育投资的利润率。自那时起，人力资本形成了一种理论体系，并对西方教育经济学的产生、经济增长的分析、卫生保健支出和移民等方面的研究产生了极其巨大的影响。

所谓人力资本，是与物力资本相对应的概念，是指凝聚在劳动者身上的知识、技能及其所表现出来的能力(许祥云，2004)。这种能力是经济增长的要素，它是具有经济价值的一种资本。舒尔茨认为，全面的资本概念，应当包括人和物两个方面，即人力资本和物力资本。当代经济的增长、国家财富的构成，主要是人力资本带来的结果。人力资本作为资本的一种形式，与物力资本的区别在于：人力资本的所有权既不能被转让，也不能被当做财富来继承和买卖，但它与物质资本一样，能够对经济起着生产性的作用，促进

① 许祥云．中国家庭高等教育投资行为研究[M]，北京：清华大学出版社，2010：58-59.

经济发展和国民收入增加。

人力资本对于经济增长和发展的决定性作用主要表现在，像物质资本一样，人力资本也是技术进步的载体，并且是更具能动性的载体。人力资本既是技术进步的发动者，又是新技术的载体与传媒，通过它的作用，将会全面改善生产过程中物的因素与人的因素的效率。因此，人力资本便成为推动经济增长与发展的决定性因素。第一，一个国家人力资本存量越大，劳动力质量越高，人口与劳动力的科技文化水平和生产能力便越高。第二，人力资本水平的提高还会导致物质资本生产效率的改善。在技术水平一定的条件下，连续地追加资本量，其边际生产力是递减的，这将使经济增长遇到极限。而当人力资本水平不断积累和提高时，这种局面将会得到改变。第三，人力资本在生产诸要素之间发挥着越来越重要的替代作用，这主要是因为现代经济越来越需要引入更多的智力因素来取代原来的生产要素。第四，人力资本本身还具有收益递增的重要特点。人力资本存量不仅会弱化或消除生产要素收益递减状态，而且其自身对于经济增长的作用还呈现出收益递增的特性。此外，从伦理道德、社会文化、思想观念层面上看，人力资本的发展还将有助于重新塑造人的道德品格与精神素质，更新思想观念，促进人的全面发展，从而为经济增长与发展创造基本的前提条件。道理很简单，一国国民的精神素质、思想观念，是关系一国经济成功与否的重要因素之一。

7.1.2 教育在人力资本形成中的作用

1. 人力资本的形成

人力资本的形成是一个经济问题，也是一个社会认识问题。从人类诞生之日起，各种各样的打猎、采集本领成为一种生存条件，只有具备了这个条件，才具备了生存资本。这样的资本是通过学习和实践得来的，因此是有价值的。从人的生存资本价值这一概念出发，演绎至当今的经济和社会系统，不难发现，人力资本的范畴并没有改变，只是表现形式和被认识的层次提高了而已。“生存资本”在当今被现代“知识”、“技术”和“经验”所替代，当然还包括承载这些“知识”、“技术”和“经验”的生命体本身。

用经济学的语言讲，人力资本的形成是指各种投资主体在一定的理性条件下，遵循利益最大化原则，以各种形式对人力资本进行投资，从而促使人力资本存量发生变化和不断积累的过程。因此，对人力资本进行投资是人力资本形成的最根本途径。

从人力资本理论对人力资本投资形式和内容的界定来看，人力资本投资的形式是多种多样的，人们的大量活动都符合人力资本投资的条件和特征。不过，人力资本投资形成一般可以归纳为几个主要方面，具体包括教育、培训、健康医疗、迁徙、职业转换等。但也有一些学者从不同的角度进行研究，冯子标(2000)就将人力资本投资形式总结为研究与发展、教育、培训、健康和迁移 5 类，包括了具体 14 种形式。

2. 教育的作用①

按照西方教育经济学的观点，人力资本是通过对人力的投资而形成的。对人力的投资包括用于教育训练的支出、用于卫生保健事业的支出、用于劳动力流动的支出。教育是人力资本形成和发展最主要的途径，这主要表现在以下几个方面：

首先，教育培养人的道德素质。古往今来，许多杰出思想家都曾论述过教育、知识与道德的关系。古希腊哲学家苏格拉底(Sokrates)就曾提出过知识就是道德的命题。16 世纪英国哲学家教育家洛克(Locke，T.)说：“我敢说我们日常所见的人当中，他们之所以或好或坏，或有用或无用，十分之九都是由他们的教育所决定的。”19 世纪德国著名伦理学家鲍尔生认为，教育、科学、知识是促进人类道德进步的重要力量，是构成人的美德的重要方面。中国古代思想家孔子把“智”列为达到“德”的三个途径之首，他说：“智仁勇三者，天下之达也。”马克思认为，良心(实际上指的是道德)是由人的全部知识和全部生活来决定的。上述哲人的论述表明，教育、知识与人的思想道德素质之间存在着极为密切的联系。

① 许祥云. 中国家庭高等教育投资行为研究[M]，北京：清华大学出版社，2010：60-61.

一国国民教育科学文化水平的提高、知识的增加，对人的思想道德素质的提高有重大促进作用。正因为如此，为了保证经济和社会的稳定的发展，通过教育来培养和提高人的思想道德素质，已成为全人类共同关注的重点。

其次，教育提高人的智力素质。人的智力素质，是指人的科学文化素质，包括人所具有的科学文化知识、劳动技能、生产经验、科学素养和创造力等，而这些都与教育有着密切的关联。其一，虽然教育在不同的时期和阶段，其职能有所不同，但传递、积累和发展科学文化知识始终是教育的内容。无论自然科学还是社会科学，都不可能是某一历史时代的产物，而是人类社会整个历史长河发展的结晶，是一个不断传递、积累和发展历史的过程。在这一过程中，学校教育是人类自觉、系统地向受教育者传授科学文化知识、培养他们能力的重要教育形式。因此，一国教育的发展状况，会直接影响人的科学文化知识的掌握，影响人的智力素质的提高，影响一国人力资本的形成、积累和发展。其二，人的科学素养的形成，同其所接受的教育有着直接的对应关系。通过不同层次、不同类型的教育，能够对人的素养和能力进行不同方面的培养。随着科学技术的飞速发展，在经济社会的诸多领域内，职业的技术性越来越强，掌握这些技术需要进行基本的教育和训练。当今，无论是出于思想文化还是现实发展方面的考虑，人们都需要掌握科学知识和提高科学素养。所以，各国都在采用各种正规和非正规的教育形式，来努力提高劳动者的科学素养。其三，教育特别是现代教育对人的创造力的培养至关重要。亚历克斯·F. 奥斯本(A. F. Osborn)认为，通过学校教育，可以帮助学生发现事实，发现问题，发现规律，发现观念，找到解决方案。当然，学校教育既可以开发一个人的创造潜力，也可能扼杀一个人的创造潜力。要使学校教育起到培养人的创造精神和开发人的创造潜力的作用，学校教育在提高人的智力的同时，所设定的目标就应当不仅仅限于传授前人创造的知识和思维成果，而更重要的应当是让受教育者理解知识信息的获取过程和解决问题的思维过程，实施以开发人的创造力为主要目标的教育，通过教育培养出能够充分挖掘自身潜能，不满足现状，敢于否定与变革，敢于推陈出新的人。

最后，教育影响人的身心健康。身心健康在人的素质要素中处于核心和关键的地位。人的身体生理素质和心理健康素质的培养，都离不开教育的作用。一方面，教育对人的身体生理素质的提高有重要影响。因为教育传播了卫生常识以及必要的保健和安全知识。另，受过一定教育的人更容易接受科学知识，生活方式也更符合科学，这都有助于受教育者个人身体素质的提高；另一方面，教育能够使人保持良好、健康的心理状态。而良好、健康的心理状态是人具备良好素质的基本条件。教育、特别是心理教育可以提高受教育者的心理健康水平，促进受教育者正确地张扬个性。我们目前提倡的素质教育应当包括心理教育的内容，健康心理本身也是素质教育目标的一种具体体现。

综上所述，我们知道，教育在一国人力资本形成和发展中的作用，主要就是帮助人们树立正确的道德价值观念，提高人的智力水平和身心健康素质。

7.1.3　人力资本理论下高等教育投资主体的多元化

教育与人力资本形成理论揭示：人力资本存量与劳动力质量呈正相关关系；人力资本在生产诸要素之间发挥着越来越重要的替代作用，人力资本的提高会改变劳动力的形态，生产出人的更高水平劳动能力，并且提高物质资本生产效率；人力资本自身还具有收益递增的重要特点。教育是人力资本形成和发展最主要的途径，教育产出直接表现为人的知识、能力的增进以及整体素质的提高①；教育不仅培养人的道德素质、提高人的智力水平，还直接影响人的身心健康。

从这一理论出发，我们可以认为，人力资本理论首先强调人力资本投资与物力资本投资都是经济发展不可缺少的生产性投资，但在现代化经济条件下，人力资本投资是经济增长的主要因素。人力

---

① 许祥云．从经济学角度看高校学费的本质［J］．中国物价，2006（07）：22-25.

资本理论其次强调教育投资是人力资本的核心。以人力资本与经济增长关系理论为基础的新经济发展理论，强化了国家拨款在高校筹资渠道中的主体地位。教育的社会收益率研究结论已表明一个国家和民族的发展，教育是根本大计。高等教育在知识经济、全球化时代中，是一个文化创新、科学技术创新的源泉。不同国家和地区对高等教育投入的绝对值在不断增长的事实就是明证。政府加大对高等教育的投资，就是对人力资本进行投资。政府要进一步提高对高等教育重要地位的认识，采取切实有效的措施，确保对高等教育经费投入中国家财政性资金的主导地位，建立健全高等教育资助制度，确保政府的财政转移支付，能有效地保证贫困大学生顺利进入高等学校学习直至毕业。

人力资本理论加速了企业资金进入高校筹资渠道的发展速度。在当代，“知识爆炸的结果无需作过多的说明。然而，应该充分强调的是，我们在学校里学到的许多东西因为知识爆炸正在变得过时。这种悲剧不仅仅是由于时间的流逝，更是由于科学技术的持续进步。这种进步正在影响到我们的日常生活”①。因此，现代企业的竞争不再是单纯的产品竞争，而是企业的核心竞争力的竞争，其中企业员工的培训、研发的经费投入与高等教育投资息息相关。

人力资本形成理论还拓宽了家庭(个人)对高等教育需求的认识，为教育成本分摊奠定了基础。投资于教育尤其是高等教育的根本目的，就是要不断提高受教育者的人力资本存量，提高受教育者的劳动能力和素质，一方面为改变受教育者的劳动形态，向更高层次的复杂劳动转变做准备，从而在将来不断提高自己的收入水平，并进一步提高物质生活水平；另一方面通过改变自己的劳动形态，获得不断向上层社会流动、提高社会地位的机会，最终改变或改善

---

① 顾明远，石中英．学习型社会：以学习求发展．中国终身教育网，终身教育杂志，2008(2)，http://www.lifelongedu.com.cn/html/xsqy/zsjyzz/2008n2q/558.html.

自己的生存和生活环境，以提高精神生活质量①。

总之，在全球化的环境中，一个国家或地区的发展、企业的兴衰、个人的生存与自我价值实现都有赖于人力资本的竞争力。只有通过教育投资、特别是高等教育的投资，将眼前的物质资本转化为长远的、持续的人力资本，这才是一个国家或地区、企业、个人发展与进步的根本大计。由此必然出现高等教育投资主体的多元化。

7.2　高校办学与教育成本计量

7.2.1　高校办学与教育成本构成及计量现状

免费高等教育不利于高等教育的发展，也不利于高等教育机会的公平。由前文分析可见，高等教育收费对低收入家庭学生入学又有很大的负面影响。然而，高等教育是需要投入，是有成本的，只是成本应该由谁支付，如何分担的问题。虽然目前在分担方式上，政府主要是通过财政拨款的方式分担高等教育成本，个人主要通过交纳学杂费的形式分担高等教育成本。但是支付多少？各自所占比例如何？这些问题并没有完全解决。因为，我国高校目前施行的会计制度中，并没有对教育成本做出规定，各高校没有进行也不必要进行成本方面的有效控制，仅以生均成本的方式粗略进行计算，并且各学校的计算方式也没有统一标准，无法进行横向比较分析。同时，现有研究也没有对高校成本的概念以及构成给出清晰的界定。因此，中国高校的教育成本面临着概念不明确、分类不清晰等问题，对后续的成本计算与控制造成了较大影响。高校教育成本如果能够科学、合理核算，不仅可以促进收费标准的合理化、科学化，而且能促进教育资源的合理配置，对高等教育事业的发展起到重要的影响作用。所以，明确辨析高等教育成本构成及内涵性质，是进行高校教育成本核算、成本控制的前提和基础。

① 许祥云．中国家庭高等教育投资行为研究[M]，北京：清华大学出版社，2010：62.

“成本”一词原为经济学上的概念，是指从事一项投资计划消耗掉的全部实有资源的总和。在商品经济生产条件下，成本是商品价值的一部分，是生产商品所消耗的物化劳动和活劳动。随着人们教育观念的改变，在研究教育投资经济效益时，开始涉及教育成本，于是将经济学中的成本引入教育领域，使用“教育成本”这一概念。

1958年，最早研究教育经济学的学者之一约翰·维泽(John Vaizy)就出版了名为《教育成本》(*The Costs of Education*)的专著。该书计量分析了20世纪初到50年代英国教育经费的变化情况，虽然以教育成本为书名，但却始终没有给出教育成本一个明确的定义。显然，此时的维泽是将教育经费视同于教育成本。至1962年，他对教育成本这一概念的内容进行了扩充，他在《教育经济学》(*The Economics of Education*)一书中，提出不仅要计量教育的直接成本，还应计量教育的间接成本(袁连生，2000)。

经济学家贝克尔(Becker, Gary S., 1964, 1993)在人力资本形成的微观分析上，从家庭生产和个人资源分配角度，系统地分析了人力资本的投资问题。他先后提出了人力资本投资过程中的直接成本、间接成本、家庭时间价值、时间配置等概念，并指出人力资本是通过对人的投资而形成的，体现了个体或群体的知识、智力和技能等，是一种能够带来长期收入来源的生产能力。

为便于教育成本分析，不少学者从不同角度、按一定标准对教育成本进行了分类。这些标准主要有：教育成本的负担主体或教育经费来源(社会、个人)，教育资源的性质或功能(经常性、资本性)，教育资源的用途(人员、物质)，教育资源的技术特点(固定、变动)等。

王善迈(1996)认为，教育成本按成本负担主体，可以分为社会成本和个人(私人)成本；按成本发生，可分为直接成本和间接成本；按成本表现形态，可分为货币成本和非货币成本等。

靳希斌(1997)认为，教育成本依据其支出目的、支出主体、支出性质和支出计量单位不同可分为：直接成本与间接成本、社会成本与个人成本、物质成本与人员成本、总成本与单项成本。

西方学者则将教育成本划分为：社会成本与私人成本、资本成本与经常成本、货币成本与非货币成本、精神成本与非精神成本等。

关于教育个人成本（也称个人教育成本、私人教育成本），我国学者已有相关研究。靳希斌（1997）认为，它是指学生家庭和个人受教育所支付的全部费用，以及因上学而“放弃的收入”的部分，包括：学生个人和家庭所支付的学费、书籍文具和其他杂费、在校住宿费、交通费以及生活差距费、因上学而失去的收入等。

我国学者对教育个人成本的计算问题已做过探讨，提出了相关计算方法（全国教育经济学研究会，1987）①。美国舒尔茨也提出了教育个人间接成本计算方法（王善迈，1996）。

我国学者王善迈（1996）对教育成本的界定比较符合我国国情。他认为，教育成本是用于培养学生所消耗的教育资源的价值，或者说是以货币形态表现的、培养学生由社会和受教育者个人（或家庭）直接或间接支付的全部费用。这一概念规定了只有用于学生所消耗的资源才能构成教育成本，投入教育的各种资源，如果不是用于培养学生，而是用于其他目的，则不能构成教育成本。这一概念还规定了用于学生消耗的资源，包括由社会投入的和由学生（家庭）投入的，以及直接的和间接的投入两部分。

就高等院校而言，高等学校属于非营利性单位，教育成本是高等学校办学成本，其构成必然是指学校为培养学生而支出的各项费用，它的主体是高等学校，不是政府，也不是学生个人或社会家庭。学校仅是从自身的角度去考虑成本大小，仅计算经过学校开支的费用，把教育成本看成学校为培养学生而支出的费用，而不是全社会所支出的教育费用，也不包括学生个人及家庭所支出的费用。随着教育事业的持续发展，高等教育的成本管理顺应需要发展起来，逐步成为高等学校财务管理的一项重要内容。这样一来，成本总额除以接受教育的标准生数量就是生均成本。教育成本和生均教

① 全国教育经济学研究会．教育经济学概论［M］．西宁：青海人民出版社，1987：133.

育成本是教育部门为了培养人才所耗费资源的尺度，也是衡量一所高等学校的经济效益和社会效益的最重要的指标，也是确定政府、社会各界、家庭个人在高等教育经费所占份额评估标准的依据。但是，我国高校教育成本的计量现状还远远不能达到成本核算的要求，主要问题是：

1. 高校教育成本计量还不具备财务会计基础

高校的事业单位性质制约着其进行成本计量。我国普通高校属于事业单位，是非营利性组织，其活动不以营利为目的。普通高校现在实行的是事业单位财务会计制度，执行的是预算会计模式，普遍没有建立教育成本计量制度，没有实行像企业那样的企业财务会计制度，因此，与企业不同，高校没有市场，会计计量只要求对预算经费收支进行记账和报账，而不需要考核成本。目前，高校成本计量还不具备财务会计基础，满足不了成本计量的要求，比如：在会计计量期间上采用的日历年度与高校培养学生的学期年度不一致；在会计科目设置上缺少对固定资产折旧进行核算的科目等，这些问题都很复杂，需要进一步研究。

2. 高校教育成本理论研究不成熟

目前，我国对高校教育成本的研究还不成熟、不完善，在对教育成本概念的界定、教育成本计量对象及项目设置和成本所包括的内容范围等方面仍存在着分歧。比如，培养成本到底怎么计量，什么是正常运行成本，怎么折扣；学校用地到底算不算学校成本；高校退休教职工的工资费用，是否属于高校教育成本的范围，等等，所有这些都尚未能提供统一的制度进行规范和计量。造成这一现象的主要原因一方面是理论研究者的视角不一致。另一方面，理论研究者缺乏对高校实际状况的了解，缺乏与实践工作者的交流沟通。

3. 大多数高校财务人员都缺乏教育成本计量的意识

首先，一直以来，对高校进行考核的各种评价指标不含经济效益成本指标，导致大多数高校在成本计量方面，既无外部压力，也无内部动力。国家及地方教育主管部门对高校的考核，强调的是教育投入总量指标和教学质量指标，没有考虑在同等教学质量下教学资源投入量的比较，即经济效益的考核。其次，高校仍然是以财政拨款为主，而且在招生市场上处于卖方市场。随着招生规模不断扩大，经费的不足只会促使高校为争取更多的教育经费努力开辟财源，但却很少节流，成本意识淡薄，成本管理弱化，缺乏向管理要效益的内部管理机制。最后，高校以前没有进行过成本计量，需要对一些会计资料进行整理，对一些固定资产进行重新评估，这可能会给高校财务工作带来一定困难与麻烦，为避免这一麻烦，高校不愿意主动进行成本核算。

7.2.2 高校教育成本计量的必要性

目前，我国高等教育进入大众化阶段已经有一段时间了。根据高等教育发展的国际经验，完全由政府投入显然不可能，社会力量的介入是必然的、必要的。高校的资金来源不再单纯是财政拨款，一部分经费要靠自筹资金解决，因此使得进行高校教育成本计量提上了日程。

1. 高校自身特点及运行规律要求进行成本计量

现阶段，我国高等教育已逐步实行收费制。高等学校作为以教学科研活动为中心的事业单位，虽然不能像企业那样直接从事物质资料等有形产品的生产和销售，但通常可被看做是一个生产性部门，具有一定知识和技能的人才就是它的产品，高等学校培养出来的人才通过对人类社会的贡献实现其价值。而人才培养和产品生产一样，需要消耗大量的资源，因此高校与其他物质生产部门一样，同样存在“投入”和“产出”的经济活动，同样需要讲究投入产出效益。高校应在不断提高教学质量的前提下，重视成本管理，优化教育资源配置，提高经费使用效益，力争以最少的教育资源耗费，培养出更多、更优秀的大学生，获得最佳办学效益。因此，高校有必要进行成本计量。

2. 教育成本计量是正确制定高校收费标准的前提

要维持高校的持续发展，必须使高校的各项耗费得到补偿。如何补偿高校教育生产中的耗费？教育成本是教育生产耗费补偿的衡量尺度，高校只有实施科学合理的成本核算，正确记录、计量教育耗费，有效控制教育成本，才能保证教育资源耗费的价值补偿和物质补偿的合理性和科学性。

《中国高等教育法》规定，高等教育不属于义务教育，需要建立由国家、社会、学生个人共同分担培养成本的机制。按照国家教育部规定，学费应为学生培养成本的25%。但由于国家没有出台教育成本的具体计量规范，各高校一般按各自的理解和需要制定学费标准。实行学生培养成本计量，可以为制定合理的高校收费标准，确定国家、社会补偿教育成本的额度提供科学依据。它对克服国家教育投入的随意性、增加高校收费透明度、规范高校收费行为起着积极作用。

3. 成本计量是提高学校内部管理水平，提高资源利用效率的必要手段

我国高校面临着教育经费短缺和教育资源浪费严重并存的问题。大部分高校主要注重教学质量的提高，通常会忽视内部管理水平的提高，忽视办学成本效益分析。《2004年全国教育事业发展统计公报》显示，全国普通高等院校共有教职工161.07万人，其中专任教师85.84万人，行政后勤等人员占到总人数的接近一半，远远超出《高等学校教育培养成本监审办法》中规定的行政管理工作人员原则上控制在事业编制教职工人数的12%~15%的标准。高校的工资福利、办公用房、办公设备、办公用车等方面的成本大量增加。通过成本核算，可发现管理上的漏洞，提高高校内部管理水平，进而提高高校教育资源利用率。

7.2.3 完善高等教育会计制度与高等教育收费的成本信息

高校实行收费制度是以高等教育成本分担理论作为依据的，而且学费标准的制定原则之一，是学费占生均教育成本的比例。由此可见，在学费分担比例得到确定的情况下，学费标准的合理性就取决于高校教育成本的合理性。因此，生均教育成本究竟如何计算，成本计算的范围包括哪些内容，即哪些应该计入成本，哪些不应该计入成本，我国现阶段从理论到实践应该有一个明确的标准。但是，我国目前还没有颁布过关于高校成本核算的具体制度以及包括高校教育成本核算的前提、原则、对象、成本项目、核算程序等在内的完整的高校教育成本核算体系，这主要是由我国高等学校会计制度的局限性决定的。现在高等学校通用的是非企业的以收付实现制为核算基础的事业单位会计制度，不计算成本，不核算盈利，不可能提供准确、系统的成本核算信息。现有的所谓教育成本核算的数据信息，其实只是由各学校年度财务决算时统计出的学生平均培养成本，只是简单地将相关指标的年度基本支出和项目支出相加，除以学生人数得来的。其中包括很多不应纳入成本的间接成本，如学校行政支出，离退休人员费用，等等，必然导致高估生均培养成本，教育成本被滥支、乱摊，从而导致高校学费标准定得越来越高。不能为高等教育学费分担提供准确的成本核算信息，从而，学费也无法合理得到确定，所以必须尽快完善高等教育会计制度。

7.3　教育成本分担理论与高校收费

7.3.1　高等教育成本分担理论

高等教育成本分担理论是在全球高等教育财政危机的背景下提出来的。“成本分担”一词是伴随着我国高等教育收费而逐渐为人们所熟悉的。1986 年，美国纽约大学校长、经济学家布鲁斯·约翰斯顿(D. Bruce Johnstone)出版了《高等教育的成本分担：英国、联邦德国、法国、瑞典和美国的学生财政资助》一书，提出了著名的成本分担理论，即应由纳税人(政府)、学生、学生家长和社会人士(捐赠)共同分担高等教育的成本。1993 年，他又进一步扩展了成本分担的范围，明确提出企业应通过支付其雇员的部分或全部学生贷款，或者通过特别税款对高等教育成本在税收以外再进行额外的补偿。此后，成本分担理论逐渐成为世界各国制定高等教育学费政策的重要理论依据。

高等教育的成本分担理论所依据的价值基础是：高等教育是有投资、有收益的活动，满足了多个主体的需要，收益人包括国家、受教育者个人、纳税人(雇主)、企业、家庭、大学，根据市场经济的基本原则，谁受益谁付款，高等教育的成本必须由这些主体分担。在这里，高等教育价值的多元化是思想基础。作为需求者，各自应承担起对高等教育相应的责任：政府是高等教育的主办者，也是受益者，因此应在受益范围内支付教育经费；学生及其家庭是受益者，应支付学费和杂费；除政府和学生之外，凡直接或间接受益的大众，也应承担其部分责任，因此就有了来自社会的捐赠等。

在这一思想指导下的高等教育财政是一种多元财政，学校的办学费用来自多种渠道，对高等教育的成本补偿实行分担，由此形成了大学的学费制度。这一机制主要解决高等教育成本由谁支付的问题。在分担方式上，政府主要是通过财政拨款的方式分担高等教育成本，个人主要通过交纳学杂费的形式分担高等教育成本。1999年6月13日发布的《中共中央国务院关于深化教育改革，全面推进素质教育的决定》中明确提到了“成本分担”的概念：“在非义务教育阶段，要适当增加学费在培养成本中的比例，逐步建立符合社会主义市场经济体制以及政府公共财政体制的财政教育拨款政策和成本分担机制。”我国从1994年在47所高校试行招生并轨制度改革开始，至1997年，在1050所高等学校全面铺开，标志着长期以来国家包揽高等教育全部经费的历史已经结束。本来高等教育就是非义务教育，实行高校收费制度比免费制度更有利于理顺各种经济成分在教育投入中的关系，有助于社会确立“谁投资、谁受益”的高等教育的成本负担意识，有助于提高高等教育和教育资源的利用效率，使大学生变被动学习为主动学习。

但我们也不能过分地夸大“成本分担”的效用，大学的学费制度虽然解决了高等教育成本由谁支付的问题，在分担方式上，政府主要是通过财政拨款的方式分担高等教育成本，个人主要通过交纳学杂费的形式分担高等教育成本。但是支付多少的问题并没有完全解决，一是高等教育总成本的构成与计量的核算问题没有解决，高校教育成本能够科学、合理核算，不仅可以促进收费标准合理、科学，而且能促进教育资源的合理配置，对高等教育事业的发展起着重要的影响作用，能够促进高等教育事业的进一步发展。二是各方分担的比例为多少才算合适的问题没有解决。应该认识到，学生是高等教育的直接受益者，但绝不是唯一的受益者，高等教育培养的人才直接服务于国家和社会，国家和社会也是受益者，甚至是最大的受益者，因此，国家和社会理应是高等教育的成本和费用的主要分担与补偿者，绝不能把所有的高等教育成本都无限度地转嫁到学生身上，政府和受教育者个人分担成本的比例要适当，同时，还应该考虑到老百姓的现实支付能力，受教育者个人应分担与补偿高等教育部分成本。江西省一般的城乡居民收入并不高，其存款也并不多，目前一个普通家庭为培养一个大学生，必须投入资金 4 万～5 万元，这一投入相对江西省的经济发展状况和居民收入水平而言，已相当高了。我们不能再寄希望于提高收费标准来实质性地解决高等教育经费不足的困难，而只能适度地推行教育成本分担机制，并通过规范化、制度化，使之成为教育经费多元化结构中的有机组成部分。①、②

7.3.2　高等教育成本分担对高等教育发展的影响

高等教育发展是高等教育供给与高等教育需求两个方面共同作用的结果。影响高等教育供给的因素主要有两个方面，第一，社会和政府所拥有的、可分配的资源数量，即一个地区的经济水平和财政能力；第二，政府所拥有的经济资源在高等教育以及其他各部门间的分配，这体现了各地区政府对高等教育的重视和努力程度。高等教育需求可分为个人高等教育需求和社会高等教育需求。对于个人来说，影响其高等教育需求的因素包括收入水平、教育成本以及教育收益率。社会的高等教育需求是个人高等教育需求的汇总，因此，从宏观上来看，社会的教育需求取决于社会经济发展水平、经济结构、人口特征等。

高等教育成本分担会从供求两端共同影响地区高等教育发展。从供给端来看，高等教育是政府提供的众多公共物品之一，它面临

---

①　段红．试析湖南省新升格地方高校教育经费投入问题及对策建议[J]．企业导报，2009(139)．

②　引用：甘国华，姚林香．高等教育成本分担实证分析[J]．江西教育科研，2006(12)．

着基础设施建设、医疗、社会保障及公共安全等其他公共物品的竞争。在本地区居民的公共物品偏好、上级政府的官员考核制度等因素的约束下，地方政府会存在一个潜在的最优公共物品供给组合。在最优的公共物品供给组合下，增加相同金额的任何一种公共物品供给，对于政府而言，效用都是相同的。在其他因素相同的情况下，不同的高等教育成本分担机制对应着不同的最优公共物品组合。如果政府负担的教育成本比重上升，对于地方政府而言，单位财政性教育支出的效用就会下降。在现有的官员政绩考核制度下，政府就会减少教育服务的供给，而增加其他公共物品的供给。

从需求端来看，居民负担的教育成本比重影响着居民的高等教育需求。对于居民而言，教育可以看成一种人力资本投资行为。个人对教育的投资从动机和目的上讲，通常主要出于以下两点考虑：一是通过投资与接受教育获得一种心理上的享受和精神上的满足；二是通过投资与接受教育来完成其劳动力、尤其是智力劳动的再生产，从而最终取得一定的经济收益或满足。因此，普通教育可视为一种能满足人们精神需要的耐用消费品，从个人支出的一般规律和恩格尔法则来看，个人只有在首先满足其日常生活必需支出后，才能满足其对教育这种较高层次的消费需求。这样，个人对高等教育投资支出的可能水平就取决于家庭可支配收入与日常生活消费水平，而个人人均收入和支出与当地的经济发展水平有着密切的关系。居民在进行高等教育决策时，会进行成本收益分析。在高等教育收益不变的情况下，高等教育成本决定着居民的高等教育需求。当个人负担的高等教育成本提高时，居民的高等教育需求就会下降，而当个人负担的高等教育成本下降时，居民的高等教育需求就会上升①。个人的高等教育投资的水平最直接地表现为所支付的学费上。为了有效地探讨区域经济发展水平与个人的高等教育投资水平之间的相互关系，普通高等学校的学费与各地区人均 GDP 及城

① 袁连生，田志磊，崔世泉．地区教育发展与教育成本分担[J]．清华大学教育研究，2011(1)：74-82.

镇居民可支配收入正相关，经济发展水平越好的地区，高等学校收费水平也越高，并且收费水平随着城镇居民可支配收入的增加而增加。也就是说，地区经济发展水平越高，人均 GDP 也越高，居民家庭可支配收入也越高，高等学校收费水平也越高，学生家庭负担高等教育学费的能力也越强。因此，我们基本上可以得出这样的结论：经济发展水平越高的地区，个人对高等教育消费的能力也越强，高等学校的学费水平也越高，尽管个人高等教育投资水平同时受其他众多因素的影响。

江西省普通高校个人分担高等教育成本比例逐年攀升，从 1998 年到 2011 年，生均学费以 18.3%的速度逐年递增。1998 年学费仅占总的经费来源的 23%，到 2006 年达到最高，占总的经费来源的 55.8%，超过了总经费来源的一半，平均以 23%的速度上升。2007 年以后，因江西省加大国家财政性教育经费的投入，生均学费所占的比例有所降低，但是绝对数仍然呈增加的趋势，个人的负担比例虽然有下降趋势，平均依然占 46.4%，受教育者个人可分担的总经费已经远远超过政府提出的“普通高等学校学费占每生每学年平均教育培养成本的比例一般不超过 25%”的最高限额，也远远超过国际上的“市场型”标准，更不用说超过“福利型”。通过对江西省政府公共财政和个人分担高等教育成本情况的分析，可以得出：①从 2000 年开始，江西省个人承担的学杂费逐年上升，形成了政府与个人作为两大基本主体分担的高等教育成本的格局，学杂费收入成为高等学校经费的最大来源。高等教育财政总投入虽然有所增长，但增长的速度大大低于高等教育规模扩张的速度，并且生均财政投入在逐年降低，说明财政分担高等教育成本的比例逐年下降。个人分担高等教育成本比例逐年攀升的时期。而且个人分担的比例明显偏高。②江西省个人分担的高等教育成本超出了承担能力，因此，目前高等教育收费没有提高的空间，政府应当加大财政投入或利用向社会融资等方式，更多地分担高等教育成本。

7.3.3 成本分担理论下高校收费制度设计思路

1. 制定合理的学费标准

1)学费标准确定的依据

高等学校收费工作事关广大人民群众的切身利益，事关高等学校的健康发展，事关社会稳定的大局。但是，当前，一些地方和高等学校仍然存在提高或变相提高收费标准，在国家规定之外擅立收费项目等现象，在社会上造成极其恶劣的影响。究其原因，主要是没有确定学费的标准。

(1)学费标准与生均培养成本分析。

制定学费标准的基本依据是生均培养成本。教育部规定，高校学费的收取占学校年生均日常运行成本的25%，日常运行成本包括公务费、业务费、设备购置费、修缮费、教职工人员经费等正常办学费用支出。

根据对江西省几所学校生均培养成本的测算，一般本科理工类学生均日常运行成本为13000~15000元，文科类学生均日常运行成本为12000~13000元，艺术类学生均日常运行成本为18000~20000元。按学费标准占生均日常运行成本的25%计算，理工类学生学费标准为3250~3750元/(人·年)，文科类学生学费标准为3000~3250元/(人·年)，艺术类学生学费标准大约为5000元/(人·年)。江西省现行的学费标准，一般本科生学费占生均日常运行成本的35%左右，高出教育部规定10个百分点。

(2)学费标准与居民承受能力分析。

从江西省的情况看，2008年江西省城镇居民年平均纯收入和农民年平均纯收入分别为12866元和4697元，从学费占居民收入的比重来看，如果按生均年7275元的学费标准计算，生均年7275元学费已经占去了江西省城镇居民人均年收入的56.5%、农民人均年收入的154.9%。将一个大学生一年的学费、住宿费和生活费按1.5万元估算，四年大学需要6万元，那么供养一个大学生，需要一个江西省城镇居民4.7年的纯收入、一个江西农民12.8年的纯收入。江西省2008年高校生均收费占人均GDP的比值45.6%已远远高于有些发达国家水平。由此我们可以看出，江西省高校收费严重偏高，超出了居民的平均承受能力。

(3)江西省高校学费标准与其他省市及高校的比较。

2007 年，江西省高校学费标准进行适度调整规范后，学费标准的总体水平大致居全国前十位，低于其他中部省份，也低于北京、上海、江苏等经济发达省市。如表 7-1 所示。

表 7-1　**江西省高校现行收费标准与部分兄弟省市比较一览表**　（单位：元）

<table>
<tr><td rowspan="2">省份</td><td colspan="4">公办普通本科</td><td>高职高专</td><td>独立学院</td></tr>
<tr><td>文史</td><td>理工</td><td>医学</td><td>艺术</td><td></td><td></td></tr>
<tr><td>江苏</td><td colspan="4">一般本科专业 4600，农林 2500</td><td>4100</td><td></td></tr>
<tr><td rowspan="2">山东</td><td>3400</td><td>3600</td><td>4000</td><td>8000</td><td rowspan="2"></td><td rowspan="2">10000</td></tr>
<tr><td colspan="4">热门专业可上浮 10%，“211”工程学校上浮 200</td></tr>
<tr><td rowspan="2">安徽</td><td>3500</td><td>3900</td><td></td><td>5000～7000</td><td rowspan="2">3700～4500</td><td rowspan="2"></td></tr>
<tr><td colspan="4">省属重点大学和热门专业可上浮 10%</td></tr>
<tr><td rowspan="2">湖北</td><td>4000～4500</td><td>4000～4500</td><td>4000～4500</td><td rowspan="2">9000，15%的专业上浮 15%</td><td rowspan="2">4000～5500</td><td rowspan="2">10000～13000</td></tr>
<tr><td colspan="3">30%的重点专业课上浮 30%</td></tr>
<tr><td rowspan="2">湖南</td><td>3100～3400</td><td>3500</td><td>4500</td><td>8000</td><td rowspan="2">4000～5500</td><td rowspan="2"></td></tr>
<tr><td colspan="4">湖南大学、中南大学 7800</td></tr>
<tr><td>河南</td><td>3400</td><td>3700</td><td>4500</td><td>5700</td><td>3300～4400</td><td></td></tr>
<tr><td rowspan="2">江西</td><td>3100～3300</td><td>3500～3700</td><td>3700</td><td rowspan="2">8000</td><td rowspan="2">5000 可上浮 20%</td><td rowspan="2">8000～10000</td></tr>
<tr><td colspan="3">重点高校可上浮 15%，新建校区可上浮 50%</td></tr>
</table>

总之，江西省普通高等学校的学费标准根据年生均教育培养成本的一定比例确定。不同地区、不同学校、不同专业可以有不同的

收费标准，但也禁止同一学校、同一专业有不同的收费标准，即“双轨”收费。在制定学费标准时，应充分考虑当地经济发展水平以及社会、学生家庭或个人的承受能力等情况。

2)高等教育学费标准确定的基本原则

高等教育发展是一个由规模、结构、质量和效益组成的相互依存、相互协调的概念。遵循国家教育部关于高校收费规定的三条指导原则，“第一，坚持收费是对高校办学经费不足的一种补充，中国公办普通高校的投资主体仍然是政府，不允许以收费来代替政府的投入；第二，承受原则，一定要考虑到社会、学生家长和个人的承受能力，不允许把标准定得过高；第三，允许不同地方之间、不同高校之间、同一高校内不同专业之间，在收费标准上有所差别”，制定高校学费标准，使之与经济发展相适应，使高等教育的规模与质量保持必要的平衡，也有助于吸纳更多的办学资源和优化教育资源配置，实现可持续发展。但是，收费的基础是学费标准的确定，高等教育学费标准的确定必须遵循以下基本原则：

(1)成本原则。即按高等教育过程中实际发生的培养成本的一定比例，同时考虑支付能力来确定学费标准的原则。凡是为使受教育者接受教育服务过程而发生的耗费，都属于教育成本的内容。其他与培养学生无关的费用，不能计入高校教育成本内。应加强高校成本约束，科学核定学费标准。首先只有在理清高校的实际成本后，才能制定一个合理的收费水平，并为进一步降低高等教育成本提供依据。其次，收费标准应按社会平均教育成本的一定比例确定，不应是以个别高校的实际办学成本为依据，而是以同等办学质量和办学条件的社会平均成本为基础①。

(2)公平和效率兼顾原则。确定一个科学合理的学费制度，不仅要考虑高等教育资源的配置效率，也要考虑它会给教育公平带来什么样的影响。

首先，就高等教育的公平性而言，我们要考虑到该学费标准对

① 高正．高等教育学费标准的实证研究——以江苏省为例[D]．南京：南京师范大学，2012.

处于不利经济地位学生上学的影响。高等教育投资对受教育者来讲是一种教育消费，对家庭来说是整个家庭消费的一部分，作为家庭消费支出的一部分，其支出比例取决于家庭收入水平，同时，会对家庭消费结构和生活水平产生影响。学费标准过高，就会使许多家境贫寒的优秀学子失去接受高等教育的机会，不利于国家人才选拔，从而制约高等教育的发展；学费标准过低，会造成人们对高等教育的过度需求，超出高等教育的承受能力，给整个社会带来效率和福利的损失，也不利于高等教育的健康发展。因而，学费标准的确定，应考虑大多数家庭的收入水平，建立在大多数学生及家长的经济承受能力允许的范围之内。一般来说，居民的经济收入与一个国家的经济发展水平是一致的，但社会财富的分配走向也会影响到居民接受高等教育的经济承受能力。

其次，就高等教育资源配置的效率而言，学费标准要有利于增加高等教育的经费投入，解决当前高等教育经费紧缺的问题；但是，统一的高校学费标准仅仅停留于简单的筹措高等教育教学经费、进行高等教育成本补偿，未成为提高高校办学效率和优化高等教育资源配置的价格机制，会使教学质量高的高校的学生受教育的成本低于教学质量差的高校的学生受教育的成本，也会使人们对预期个人受益率高的专业趋之若鹜，预期个人受益率低的专业就会门可罗雀，这样会影响不同层次高校的协调发展，也不利于各个专业的平衡发展，是一种制度上的缺陷。因此，学费标准的确定，应当遵循差异原则，实行差别定价，学校的类型层次不同、专业不同、办学条件和办学水平不同，在教学基础设施、图书资料、师资配备以及后勤保障等方面的经费投入也会存在相当大的差距；学校质量不同，也体现在具有相同教育年限的个体间在所接受的教育内容、质量乃至于最终形成的技能方面的人力资本的差异上。确定科学合理的学费标准不仅能更全面地补偿教育成本，从总体上增加优质高等教育资源，也是促使高校解决提高教学质量和办学效益、扩大产品供给以缓解供需结构性矛盾、促进基础学科发展等问题的根本途径，从而有利于高等教育投资的有效配置和高等教育投资效率的提高。

(3)政府、高校、学生共同博弈的原则。其实，高等教育学费的制定过程，就是政府、高校和学生(家庭)之间的一个博弈的过程。在高校收费水平的博弈中，政府由于在政治力量和资源配置的方面处于最为有利的位置，所以在博弈中也处于最有利的位置，并且江西省高等教育在相当一段时间内仍然处于供不应求的状态，学校也在这一博弈中处于有利地位，而普通的民众则处于最为不利的位置，他们的决策只能随着前两者的决定而决定。要改变这种状况，需首先改变江西省高校收费过程中政府、高校、学生三者之间的博弈关系，改变三者的力量对比。首先将居民的高等教育支付能力作为纳什均衡的第一承诺，让学生在学费制定过程中有充分的话语权①。

2. 推行投资主体多元化，扩大高等教育经费来源渠道

从前面的分析可以看出，江西高校扩招和高校规模的扩大主要是个人成本补偿机制，公立高校的教育经费主要依靠国家财政拨款，根据江西省目前情况，要在经济比较落后的条件下办大众化高等教育，更应充分调动民间财力投入，以更快更好地扩大高等教育资源，保证江西高等教育事业可持续健康发展。

一方面，鼓励省内民间资本与社会力量投资于高等教育事业，进一步发展社会力量办学，缓解高等教育的供求矛盾，也可以避免教育收费的垄断，促进教育市场的公平竞争。在政府和学校积极发挥主渠道作用的同时，要主动与社会各界建立广泛的联系，争取社会多方支持，动员社会团体或个人捐资助学，建立畅通的社会捐资渠道。针对目前社会对民办高校的偏见让学生耳濡目染并产生强烈的自卑感，各级政府应加强对民办高校的扶持，在促进民办高等教育提高教育教学质量的前提下发展数量，对其办学条件、教学水平、文凭认可、年度审核等作出严格规定，引导民办高校向规模化、规范化方向发展，同时出台相关政策保障，使民办高校的学生与公立高校的学生在学习、生活、毕业、就业等方面待遇相等，以

① 马璐．从免费到收费——我国高等教育学费制度变迁的研究[D]．长沙：湖南师范大学，2005.

保证民办高校有一定的生存及发展的空间，激发投资者的投资热情，建立畅通的社会投资渠道，推动高等教育大众化的发展。另一方面，我国应以立法的形式尽快落实企业或个人的税前捐赠政策，调动民间资本向教育部门提供资助，建立健全社会慈善机制，广泛吸纳社会捐赠，实施社会救助。国外存在各种类型的社会慈善组织，社会捐赠形成大学经费的重要来源，而在江西省，类似的社会组织却很少。随着社会的进步、各种媒体的宣传以及人们消费观念的转变，并且向大学捐赠作为一种“精英事业”、“面子工程”备受社会崇敬，政府和社会各界应重视建立各种社会慈善组织和助学保障基金，形成一系列的社会慈善救助保障机制，为需要救助的贫困学生提供实质性的帮助。

吸纳社会捐赠、民间资本，大力推行投资主体多元化，用社会捐赠来弥补国家、政府以及学生个人经费不足，不但可以提供更多上大学的机会，更充分地满足广大国民渴望接受高等教育的愿望，提升国民教育的品质；而且更重要的是可以弥补我国当前教育经费的不足，解决高等教育资金短缺的问题，使国家和学校腾出更多的资金来解决贫困生上学难的问题。在国外，高等教育经费来源多元化已成为一种国际趋势，高校捐赠收入非常可观，且被高校列入计划，江西省高校完全可以借鉴外国经验，拓展渠道，以补偿教育成本的不足。

3. *加强对高等教育收费的管理*

完善收费政策仅靠制定出科学合理的学费政策是不够的，务实有效的实施办法和监督检查系统是实施政策的关键环节。在当前高等教育供需不平衡，地区和行业收入差距还比较大导致贫困学生的入学机会不公平现象比较严重的情况下，高校收费不可能任由市场自然调节，而应当由政府进行有效的宏观调控，完善的收费管理是高等教育收费规范而有序运行的保证，是避免教育资源浪费和制止教育腐败的有效手段。

政府物价部门应加强对高等教育收费标准制定的管理，准确地估算高等教育的成本与收益，同时全面考虑社会各阶层的负担能力，以及教育财政资金在教育体系中的比例，进行深入的研究，制定科学合理的高校收费标准。在高校收费标准的制定过程中，虽然制定本校学费是高校办学自主权的体现，但高等教育价格的最终审批权应掌握在国家物价部门手中。同时，还应加强对高校收费的跟踪管理和严格监督检查，对那些学费标准大大超出国家规定生均成本比例的学校进行严格监管，加大惩处力度，对违反规定者追究相关责任，政府财政部门应加大对高等教育收费资金的监管力度，提高资金的使用效益，构建包括政府、社会、舆论和学生在内的高校经费成本监控体系，监督高校在保证一定教育质量的情况下的合理成本水平和结构，为学生提供真实、合理的成本分担标准。

4. 完善高等教育收费的辅助措施

贫困学生群体已经随着江西省高等教育大众化进程而成为高校学生中越来越重要的群体，如何确保贫困学生接受高等教育的机会，这不仅是涉及高校和社会的安定，更涉及教育机会均等和公平原则的理论问题。高等教育收费政策的实施离不开配套的大学生资助体系，构建学校的贫困生救助机制，加大资助力度，提高资助标准，贯彻国家关于救助贫困生的政策，尽可能地保证贫困生不因贫困而失学是高校的责任。针对江西省贫困生的庞大规模，参考国外成功经验，政府和高校应选择以助学贷款为主，以奖学金、勤工助学、经济补助、减免学费为辅的资助政策。进一步完善学校贫困生救助机制的主要内容包括：

国家助学贷款：面对贫困生问题突出这一现象，国家为了保证贫困生能够上学，在1999年试行并于2000年正式推出了国家助学贷款政策，但在实际实施过程中，出现了许多意想不到的问题。因此，要完善有关助学贷款的一系列法律、法规，以保证政府的支持力度和有效的规避信贷风险。

奖学金、助学金：教育部要求学生奖学金的发放比例应占所收学费收入的20%，助学金的发放比例应占所收学费收入的10%，奖学金主要用于对优秀学生的奖励，而助学金主要用于对困难学生的资助。高校应严格按此比例执行，保证学校所收学费在政府监管下以一定比例按奖学金或助学金的形式返还给学生。

勤工助学：学校应组织经济困难学生在校参加勤工助学，取得一定的助学收入，尽量多地向学生提供勤工助学的岗位，并可以由学校成立专门的服务公司，帮助学生在社会上寻找和提供社会勤工助学的机会和信息。

减免、缓交学费：对高校中部分经济特别困难的学生，依据其家庭所在地政府相关部门出示的家庭收入水平的证明，对其实行学费减、免制度，具体减免对象和额度由高校制定。

建立以贷款为主，辅之以奖、助学金和勤工助学的这种资助政策模式符合江西省情，也是必由之路。

5. 完善教育收费听证制度

高等教育收费涉及广大人民群众利益，涉及社会稳定大局，培养一名大学生的成本到底需要多少，学生个人应当负担多少比例，现在的学费标准是否合理，对此，作为高等教育的消费者，应有知情权；作为供给方的高校，对自身提供的产品即高等教育服务全过程，也有义务对消费者提供相关信息。为改善教育消费者的信息弱势地位，帮助消费者了解、监督收费情况及参与高校收费依据的制定，高等教育收费引入听证制度是完全可行，而且是十分必要的。

由于我国教育听证制度的建立时间较晚，到目前为止，尚未在教育收费标准的制定过程中广泛实行，仍需有一个不断完善的过程。第一，听证会的举办方要充分搜集听证所需要的信息，并保证信息的真实性和准确性，这些信息包括高等教育成本的测算信息、不同地区不同阶层居民收入水平的统计信息等；第二，对如何科学分摊成本进行讨论，分析世界其他不同类型、不同发展水平国家政府与学生各自负担高等教育费用的比例，结合我国的实情，具体确定在我国如何科学合理地分摊成本；第三，对听证会的有效性通过一定的法律程序予以保证，高等教育收费听证会应由中央或省一级举办，听证会代表由包括教育行政机构、计划部门、财政部门、物价部门等政府有关机构代表，高校代表、学生和学生家庭代表及相关专家学者组成，代表的确定应当在程序上公正、公开，应具有充分的代表性，能代表社会各方面的利益，形成利益平衡机制。会前应由政府有关机构提供高教成本、居民收入、高教供求方面的信息，由专家学者提供多种可供选择的收费标准方案，使代表们有备而来，提高听证会的效果，避免会议落于形式走过场。通过听证会上各方代表的充分讨论协商，提出一种或几种方案，最终由大学所在地的省一级地方政府决定，听证会的内容记录应成为最后确定学费的依据。

通过听证，消费者自身参与了学费标准的制定，获得了充分有效的信息，使受教育者明确社会平均成本，这是预防高校高收费和乱收费的重要途径。建立学费标准听证制度，确定科学合理的收费标准，并以高等教育立法作保障，让付费者有知情权，是高等教育收费政策科学性和有效性的重要保证。

7.4 教育公平理论与学生资助

7.4.1 高等教育公平理论

教育公平强调的是一个受教育群体相对于其他受教育群体在教育权利和教育资源方面所占有的平等份额，它是个体受教育者能够获得相应的平等份额的前提。现代教育公平理论中，美国科尔曼和瑞典胡森的观点最具有代表性，他们认为，教育公平有三层涵义：(1)高等教育起点的公平，即每个人不论其种族、民族、性别、职业、家庭出身、财产状况、宗教信仰等如何，都享有平等接受教育的权利和机会；对于高等教育而言，起点公平是指所有参与高等教育机会竞争者所具有的条件或竞争能力应该相同或相似，其核心内容是指各人所拥有的先前的教育水平应当大致相同或无明显差异。先前的教育水平是指各人在接受高等教育之前所接受的基础教育的状况。起点公平要求各成员在接受高等教育之前能够接受同等水平和质量的基础教育。每个人由于个人努力程度、出身、家庭、地域教育情况等原因，在相同规则下拥有的机会差异很大。(2)高等教育过程的公平，是指学生在接受教育过程中受到同等的对待，如获得同等的受教育条件。(3)高等教育结果的公平，可以理解为学业成就公平及就业公平，每个学生接受同等水平的教育后能达到一个最基本的标准。教育公平实质是人们的一种价值取向和追求，是人们对教育领域资源的公平分配的期待。教育公平充分体现着人权思想和主体价值，充满了教育家和学者对社会大众的人文关怀。其实，教育公平最为关键和核心的是国家教育资源的公平分配。

随着我国高等教育事业的改革与发展，实现高等教育大众化，贫困大学生数量在大幅增加，教育公平面临着严峻的考验。高等教育一直被作为精英教育，是教育领域里的精华部分，能够进入高校接受高等教育，是每个社会大众的追求。高等教育首先要重视教育公平，包括入学机会的公平、资源分配的公平等方面。在维护高等教育公平方面，政府是调控者和决策者，高等教育机构是执行者，因此，政府的资源分配和政策法规实质上左右着高等教育公平的实现。高等教育资源的分配是实现高等教育公平的重要手段。教育资源往往是有限的，且在地区间、学校分布等方面具有不平衡性，如何分配这些有限的资源，最大程度地体现公平，需要严密谨慎的指导原则。国际上较为公认的教育资源分配的公平原则有资源分配均等原则、财政中立原则、调整特殊需求原则、成本分担和成本补偿原则、公共资源从富裕流向贫困的原则。

1. 资源分配均等原则

这是一项基础性的原则，体现着横向性公平，用于保障同一国家或同一地区内对教育的资源分配和财政投入公平。从前文分析发现，江西省近年来对本科教育和高职高专教育的资源分配和财政投入偏离资源分配均等原则，本专科高校生均公共财政预算教育经费支出自 2008 年以来，有差距逐步扩大的趋势，生均公共财政预算教育经费支出是财政在各层次学校间分配资金时运用的一种方法，江西省财政在本科院校生均公共财政预算教育经费的支出有明显加快的趋势，而在专科院校则增长缓慢，给人一种江西省更加重视本科教育的现象。正如前面分析所出现的本科在校生规模超过专科在校生，而且还有进一步增加的趋势，本科教育资源的供给必然还会继续增加，结果高职院校必将竞相升为本科院校，现在我们知道，造成这一结果的最根本的原因是政府财政的导向。因为根据世界大众化高等教育的经验，承担大众化重任更多的是职业技术教育，高等教育大众化的实现并不是原有精英高等教育机构的扩大，更重要的是专科层次高等教育的大发展。这必须引起各级政府的重视。

2. 财政中立原则

这一原则是指对每个学生的公共教育经费支出不与该学生所在的地区的经济发展水平和富裕程度有关，这就保障了不同地区间的教育资源分配公平，使落后地区的学生能够受到和发达地区同样的教育。这项原则需要通过上级政府对各下级政府的转移支付来实现。研究发现，政府投入偏低是江西省个人分担高等教育成本比例偏高的重要原因。江西省普通高校基本是省属地方普通高校，由于区域发展不平衡，像江西省这样经济欠发达地区的高等教育发展必然受到财政投入的制约，要实现地方高等教育的快速发展，个人必然要承担更多的教育成本，导致个人分担比例偏高。要实现高等教育均衡发展和教育公平，除地方政府应加大对高等教育投入外，国家也应加大财政转移支付力度，支持经济欠发达地区高等教育发展，逐步降低个人分担的高等教育成本比例和数额。

3. 调整特殊需求原则

这一原则要求对少数民族学生、偏远地区及落后地区的学生、贫困学生、身心发育有障碍学生和女童给予更多的关注和财政拨款。江西省高等教育现有资助经费来源于高校学费收入，由于扩招后省属高校教育经费并没有随在校生人数同步增加，对学费的依赖程度增加，能够拿出来资助贫困生的经费非常有限，资助资金很难及时足额到位，以高校为主的资助体系难以解决日益增多的贫困生的问题。调查中发现，江西省普通高校累计欠费学生达6%左右，学生欠交学费情况严重，也在一定程度上影响了资助经费的足额划拨。由于供求缺口很大，现有资助经费只能救急，解决贫困生基本的生活困难，很难彻底解决贫困生资助问题。

4. 成本分担和成本补偿原则

依据谁受益谁负担的原则，在非义务教育阶段，对受教育者收取一定的教育费用是合情合理的，这能减轻政府的财政负担，并体现了纵向性的公平（成本分担和成本补偿在前文已有分析，不再赘述）。

5. 公共资源从富裕流向贫困的原则

这一原则是对资源分配的根本原则，是维护教育公平最重要的途径，也是各国学者评价教育资源分配是否公平的重要标准。

7.4.2　高校收费对高等教育公平的影响

高校收费是指学校向学生及其家庭收取的与就学相关的费用，包括学费、教材费、代办费、住宿费等，学费只是高校向学生收取费用的一部分。目前，高校收费已经超出了学费的内涵与外延，但由于学费仍是高校收费的主要部分，所以人们习惯用高校学费代称高校收费。高校收费制度是双刃剑，一方面高等教育收费解决了免费制度下的一些弊端，对实现高等教育公平产生了积极的影响；但是另一方面，由于相关配套措施的不完善，也带来了新的问题。

1. 高校收费对高等教育公平的积极影响

高校收费使公共教育经费在全社会的分配更加公平。高校收费引起社会各界对高等教育成本回收的重视及由此引发的教育资源的重新配置，对促进我国高等教育的发展具有重大意义。在国家教育经费投入一定的情况下，高校收费使高等教育经费总量增加，国家减少对高等教育的财政投入，从公共教育经费中腾出一部分投入初、中等教育，从而使我国的初、中等教育得到更好的发展。

从长远来看，高校收费有利于人才合理流动。实行高等教育免费政策时，接受高等教育者一般只能服从国家的定向分配，一定程度上不利于人才合理流动。实行高等教育收费政策，接受高等教育者的学费等投入，转化为个人人力资本增量，由毕业生自己“携带”，按照谁投资谁受益的原则，厘清了国家、个人、学校和企业的关系，毕业生可以根据本人的兴趣、意愿、条件自主择业，既能促进各种所有制经济公平竞争，又有利于人才合理流动，实现人尽其才。

2. 高校收费对高等教育公平的消极影响

高校收费挫伤了低收入家庭子女接受高等教育的积极性，不利于社会阶层的合理流动，从而形成了社会阶层固化，阻碍社会和谐发展。从大学生家庭付费能力的角度来看，目前江西省大学生家庭的付费能力偏低。调查表明，大多数学生对目前学费标准和在校支出感到压力。学生家庭背景、个体特征和就读高校特征对目前学费的承受能力存在显著差异。25.9%的学生认为无力承受，47.9%认为父母需压缩生活开支才能勉强承受，24.4%认为可以承受，只有1.8%的学生认为再提高些也能承受。有调查显示，80%以上的城市居民都抱有这样的一个心态，即“再苦不能苦孩子，再穷不能穷教育”。在城镇居民的储蓄动机和目的中，“为子女将来接受教育而储蓄”的位居第一，有近60%以上的家庭表示，为了孩子的教育，就是举债也在所不惜。学生承受学费的能力较强，而对于学费之外的支出则较弱。学生能承受的最高学费水平显著高于他们目前实际交纳的平均学费水平(5596.15元)，而他们能承受的最高水平平均为6912.07元，比他们目前实际交纳的学费水平高23.5%，即高1316元左右。这表明江西高校的大学生对高校的学费还有一定的承受空间，目前的学费水平在他们的可承受范围之内。老百姓有这样的觉悟和热情，的确令人振奋，然而我们又不得不承认很多家庭对日益高涨的学费已经感到力不从心。学费过高，会不可避免地挫伤这一部分人(主要是低收入家庭子女)接受高等教育的积极性。部分家庭困难的学生可能因暂时负担不起学费，而放弃接受高等教育机会。高等教育是社会阶层流动的主要通道，是维持社会稳定的重要保障。许多家庭之所以贫困，大多是由于没有接受高等教育，而由于高昂的高校收费使这个家庭的下一代失去了接受高等教育的机会，这又反过来决定了这个未来“户主”的家庭背景，从而形成了社会阶层的固化。

高校收费使不同家庭背景的学生在学校与专业的选择上出现分化。目前高校收费一般是按质论价，即重点高校收费高于普通或非重点院校，热门专业收费高于一般专业。这无形之中在中高收入家庭与低收入家庭子女之间画了一道分界线：低收入家庭的子女一般只能选择较差的学校和收费相对低廉的专业，而中高收入家庭的子女因条件许可能够选择更好的学校和更好的专业。家庭背景影响学生对高校和专业选择的倾向越来越明显。近年来，新增加来自农村的大学生主要分布在非重点的地方院校，即使是在中国农业大学，农村学生的毕业也在逐年下降。这说明高等教育收费已造成高等教育机会尤其是重点院校、热门专业向高收入群体倾斜的现象。

高校收费一定程度上造成高等教育结果的不公平。高等教育大众化使大学生失去了“天之骄子”的优越感，越来越多的大学生毕业后难以找到合适的工作。接受高等教育获得的经济回报的增加速度没有跟上大学教育费用的上涨步伐。对一个农村的孩子来说，如果毕业以后找不到工作，那么培养一个大学生所需的费用将远远超过不上大学的成本，因此，许多农民对培养孩子上大学失去了信心。加之某些用人单位对高学历的盲目追求，迫使一些人高能低就，即高文凭、高能力的人只能干低文凭、低能力的人胜任的工作，使得人们又形成了新的“读书无用论”。

7.4.3　收费制度下兼顾教育公平的高校资助体系构建

在高等教育实施成本分担政策之后，就难免会造成一部分学习成绩好而家庭困难的学生失去上大学的机会，产生教育的公平问题。目前，高校贫困生问题已成为一个普遍存在的社会问题。构建与完善贫困大学生资助体系是一个系统工程，需要政府、高校、社会、贫困大学个体等各方面的共同努力①。

1. 政府层面：加大资助资金的财政投入，形成良好的政策环境

发展高等教育事业、资助贫困学生受高等教育，是国家和政府的义务。因此，构建与完善贫困大学生资助体系，首先必须充分发挥国家和政府的主导作用。

(1)加大经费投入力度，积极拓展资金筹措渠道。

从 2007 年秋季学期开始起，我国就逐步建立健全了家庭经济困难学生资助政策体系。资助政策体系从完善制度入手，通过切实加大中央和地方财政的投入力度建立新的国家奖助学金制度，落实国家助学贷款政策和学校从事业收入中安排一定比例的助学经费等

① 于建霞. 构建与完善我国贫困大学生资助体系研究[D]. 山东师范大学，2008.

措施，大幅度扩大受助学生比例，切实提高资助水平。

与此同时，资助政策体系的落实还要求国家积极引导和鼓励社会团体、企业和个人面向高校设立奖学金、助学金，共同帮助家庭经济困难学生顺利入学，并完成学业。这就是说，在构建与完善我国贫困大学生资助体系中，国家除了要加大经费投入力度，真正承担起投资主体的责任之外，还应当采取带有引导性的措施，充当一个引导者的角色，引导社会各界共同资助贫困大学生。但是，目前江西省政府在这方面的努力显然是存在不足的。尽管江西省政府在资助贫困生方面制定了很多政策，但是在资金筹措方面，却少有扩大筹资渠道的政策，主要还是依靠国家财政和高校自主解决。

事实上，江西省民间现阶段蕴藏着巨大的捐助潜力，江西民间缺乏的不是资金，缺乏的是引导社会各方踊跃参与贫困大学生资助所需的社会氛围和制度设计。因此，这就需要地方政府有所作为，支持和鼓励社会各界积极参与贫困大学生资助工作。一方面，应当通过立法，明确社会各方的权利和义务，增强其社会责任心和教育使命感规范社会的资助行为；另一方面，通过制定相应的激励政策，如实行地方税收优惠政策等，鼓励地方社会各方支持并积极参与捐资兴学、产学合作事务，发挥其积极性、主动性和创造性。地方政府可以出台专门的促进捐资兴学、产学合作的条例，对在这方面做出重要贡献的机关团体、企业事业单位、民间组织机构以及公民个人给予精神和物质奖励，努力在全社会营造资助贫困大学生的良好氛围。

(2)抓好制度建设，加强对资助工作的宏观指导和监督。

制度建设带有长期性、全局性和根本性。政府应制定相关政策，指导贫困大学生资助工作，整合社会资助资源，规范资助行为，完善资助体系，营造济困助学的良好社会氛围。要建立学生资助的监督和责任追究制度，对于贫困大学生资助，政府参与的直接目的是，通过资助使贫困大学生能够努力学习，否则就不资助。而实际上，并不是所有的贫困大学生在获得资助之后都会努力学习。因此，政府和贫困大学生在该问题上就形成了一种博弈关系。助学工作并不是简单地将资助发放到学生手中即可，还需要建立一种监督制度，一经发现学生的不努力学习行为，如部分学生不利用资助努力学习，而是将其用于抽烟、酗酒、请客挥霍等奢侈浪费上，甚至一些违法违纪行为上等，即取消其受助资格，并追究责任，以保证贫困生资助工作能够健康发展。另外，对资助资金中由地方政府和高校投入的部分也要加强审计，以保证助学政策真正能够得到落实，保证贫困大学生资助体系能够健康发展。

(3)完善法律法规建设，规范贫困大学生资助工作。

当前，我国与大学生资助有关的法律规定，主要有《教育法》和《高等教育法》两部纲领性和宏观政策性的法律文献。这些规定确认了包括奖学金、贷学金和勤工助学等形式在内的大学生资助体系，但对资助各方的权利义务规定不明确，没有规定和调整资助活动中具体的法律关系。因此，构建与完善我国贫困大学生资助体系，需要国家加强法律支持，利用法律法规来规范贫困大学生资助工作。笔者认为，完善我国贫困大学生资助的法律法规建设可以从以下两方面着手。首先，根据现行的《教育法》、《高等教育法》，制定有关贫困大学生资助工作的实施细则。各地方立法机构可以结合当地的实际情况，尝试制定资助贫困大学生的地方性实施细则，使有关的法律条文进一步细化，具有较强的可操作性和实际应用性。细则出台后，有关各方都应该严格遵照执行，做到有法必依，违法必究。其次，在科学调研的基础上，制定我国贫困大学生资助法。一部完备的贫困大学生资助法至少应该包括以下几个方面的内容：贫困大学生的界定；资助贫困大学生在教育和社会可持续发展中的作用以及对促进大学生全面发展的作用；贫困大学生资助工作的管理机构及其职责；贫困大学生资助体系的总体框架及其基本特征；实施贫困大学生资助的各责任方及其相应的权利和义务；贫困大学生资助体系的保障条件；对违反贫困大学生资助法规定的具体处罚措施，等等。

(4)关注对贫困大学生的精神资助。

无论是在慈善阶段、教育公平阶段，还是教育成本分担阶段，对贫困大学生的资助观念，大多限于对贫困生经济援助的角度。“物质扶贫”与“精神扶贫”脱节，是资助过程中出现较多的问题。

很多高校在资助制度的建立和实施过程中，忽略对学生进行思想教育和心理健康的培养、自强精神的塑造、社会责任感培养。这些高校没有意识到，对贫困生进行资助是为了把他们培养成德智体全面发展的人才，高校的这些做法使资助直接变成了单纯的“物质扶贫”，只重视为学生提供物质帮助，忽略精神方面的培养。很多贫困生虽然得到了经济上的资助，却由于经济上的贫困产生抑郁，有研究表明，相比非贫困生，贫困生中有心理问题的比例较高。部分贫困生由于从小生活环境的影响，存在人际关系敏感、心理焦虑、自卑和心理负担过重等心理问题。因此，如果高校贫困生的资助观念只单纯地停留在“经济助贫”的层面上，很容易使贫困生陷入“双重贫困”的困境。因此，国家作为构建与完善我国贫困大学生资助体系的主导力量，必须首先加强对贫困大学生精神资助的关注，不仅不让一名贫困家庭学生因为经济困难而辍学，还要努力使其健康成长、全面发展，成为符合社会发展要求的合格人才。

2. 高校层面：规范具体资助工作，完善资助体系

高校作为贫困大学生资助工作的直接承担者，在贫困大学生资助工作中起着关键作用。一方面，学校之外的助学措施最终都是由学校来实施的，如在开展国家助学贷款工作中，高校必须搞好学生助学贷款的咨询服务，承担学生助学贷款认证的主要工作，加强对学生进行诚信教育等，否则，助学贷款工作很难进行。另一方面，学校可以主动构建合理的助学工作体系，以确保贫困大学生“进得来，住得下，学得好”①。

(1)科学确定资助对象。

由于助学经费有限，高校在开展助学工作时必须重视公平与效率的统一，将有限的助学经费用来资助最需要资助的学生。为此，高校必须科学确定资助对象。目前，各高校确定贫困生的方式不尽相同，但主要途径如下：学生本人如实反映家庭经济情况；乡镇(村)、街道居委会盖章出具的家庭经济困难证明；班主任、同学、

① 于建霞．构建与完善我国贫困大学生资助体系研究[D]．济南：山东师范大学，2008.

室友反映情况；通过调查膳食卡等的消费情况，了解学生平时的生活水平。由于贫困生的数量直接关系到高校对贫困生的资助力度和管理力度，因此，高校在确定贫困生的方式上，一般持谨慎态度，大部分都经过班、系、校层层审核，并且在审核中，对成绩不合格、受过处分和生活不节俭的贫困生一般不予确认。但由于贫困生群体中有许多学生出于面子等原因，往往并不主动向组织提出要求，而有些家庭经济并不十分困难，甚至有个别家庭比较富裕的学生却出于利益而争取各种资助，造成有限的帮困助学资源并未完全落实到真正困难的学生头上。再加上高校学生大都来自祖国各地，如果只凭学生的个人档案记载情况和一纸家庭经济困难证明，往往会造成鱼目混珠。因此，高校应十分重视这项工作，投入一定的人力、物力，建立专门的贫困学生资助中心，完善贫困生确认的基本程序，特别是要强调深入了解贫困生在校的实际生活消费情况，以求对贫困生的认定做到准确、合理、全面。

(2)有效落实配套助学经费。

高等教育具有实现社会公平，打通社会阶层之间的流通渠道，实现个人价值，构建和谐社会的重要功能。高等学校作为高等教育的实施者，对资助贫困大学生顺利入学并完成学业具有义不容辞的责任。当前，高等学校在对贫困大学生实施资助的过程中，理当认真贯彻落实国家有关文件精神，尤其是国务院下发的《关于建立健全普通本科高校、高等职业学校和中等职业学校家庭经济困难学生资助政策体系的意见》(国发〔2007〕13 号)的精神。按照该文件要求，各高校应有效落实配套助学经费，从事业收入中足额提取一定比例的经费，用于学费减免、国家助学贷款风险补偿、勤工助学、校内无息借款、校内奖助学金和特殊困难补助等，保证资助工作对资金的基本需求。

(3)有效整合各种经济资助方式。

当前，我国贫困大学生经济资助的基本方式有“奖、贷、助、补、减”等，这几种资助方式的资助额度和作用是不同的，贫困大学生困难的原因也是不同的，这就需要高校根据学生的不同情况，综合采取不同的方式资助学生。在这方面，美国为我们提供了很好的办法，即采取“资助包”的办法，实质上就是把学生个人受到的资助，都混合到一个“包”中，以满足学生的资助需要。借鉴美国的经验，我国高校可以将“奖、贷、助、补、减”等多种资助方式看做一个整体，对应不同的需要资助的学生个体时，这个整体内部的各种资助方式就以不同的形式进行组合，从而提供更科学合理的资助。比如，对于特困生，可以采用助学金加助学贷款的支持；对于中度贫困生，可以采用助学贷款加临时困难补助的支持，等等，实际操作中，由学校根据客观情况为学生进行匹配。助学贷款既能保证学生不会因为经济困难而失学，又要求他们在获得了回报、有能力偿还时及时还款，及时把应该承担的高等教育成本承担起来，这有利于培养他们的责任心，理应成为这种“打包式”资助的主体。奖学金具有明显的激励作用，但主要以学生的学习成绩为评定标准，所以不应作为主要资助方式。助学金、减免学费属于无偿资助，不利于学生形成自信自强的精神品质，应该适当减少或转化成勤工助学基金。勤工助学应成为资助贫困大学生的重要方式，学校应拿出更多的资金投入到勤工助学中去，使贫困生通过力所能及的劳动去获取报酬，实现自我解困，这既可缓解贫困生的经济压力，又能提供给学生实践锻炼的机会，对减轻贫困生因接受施惠或还贷引起的心理压力，有很大的作用。

(4)积极争取社会力量参与。

当前，我国贫困大学生问题已经成为一个社会问题。高校不仅要宏观指导整体规划，更要将触角伸向社会，充分利用自身优势，积极争取社会力量参与助学活动，建立多元化的贫困大学生资助体系。随着改革开放的深入和社会的进步，大量的外资公司进入我国，出于回报社会或追求广告效应等目的，将热衷于在高校捐资助学，并带来国外捐资助学的全新观念和做法。这也将带动国内一部分企业和个人在先富起来以后，进一步思考回报社会从而对社会弱势群体进行扶助。社会慈善捐资助学将成为一种值得大力宣传和倡导的精神文明新风尚。高等学校应当抓住这些机遇，充分利用学校的社会影响，重视社会募捐工作，争取国内外企业、社会团体和个人对高校贫困生的资助，从而建立以政府投入为主的多渠道筹措资助经费的机制，以适应对贫困生资助工作的需要。这就需要高校做好以下工作：一是努力提高自身的办学质量和知名度。高校的办学质量和知名度是吸引社会捐资助学的重要因素，实践证明，那些名气大的重点院校往往更容易得到社会力量的资助，因此，高校必须把提高自身的实力放在最重要的位置上，在长期的办学实践中从每一件有利于增强自身综合实力的事情上扎实地做起。二是我国高校可以效仿美国的做法，制定出可行的筹款目标，在学校内部设立募款办公室，其工作人员职能专业化，并直接对校长负责，从而使募捐规范化和制度化。三是要重视校友资源的利用。高校应当重视作好校友的联络工作，充分发挥校友会等校友组织的作用，抓住校庆纪念活动，校友毕业返校聚会等机会，加强对杰出校友的了解、联系、交流和沟通，也可通过各种互惠互利的合作协议等，吸引校友捐资助学，争取他们设立多种类奖励基金资助他们的校友。四是要建立与社会捐资助学单位和个人的联系，及时向他们反馈资金的使用情况和受助学生的表现情况，增强他们捐资助学的热情和信心。

（5）加强对贫困大学生的精神资助。

毋庸置疑，要想有效解决贫困生问题，首先需要解决其经济问题。但贫困生问题并不仅仅是经济问题，更为重要的是制约贫困生健康成长的心理、思想等问题。由此可见，仅仅依赖经济资助是不能有效解决贫困生问题的，还需要对他们进行精神资助。因此，高校应建立专门的心理咨询机构，及时解决贫困生在日常生活中出现的心理困惑。定期聘请有关专家，针对贫困生开展多种形式的心理辅导活动，鼓励他们自强自立，消除其消极心理。除了开展心理援助，高校还应对贫困生进行学业援助、就业援助和创业援助等，不断加强资助工作的教育功能，在资助过程中培养学生的责任感和自强诚信的精神力量，帮助他们树立正确的世界观、人生观、价值观。

3. 社会层面：积极参与资助工作

高等教育的发展实践证明，贫困大学生资助仅仅靠政府和学校的力量是远远不够的，还要积极努力，广泛争取社会力量的参与。只有充分发挥社会各界参与贫困大学生资助工作的积极性、主动性，构建起多主体参与的贫困大学生资助体系，才能有效解决贫困大学生问题①。

(1)营造捐资助学的舆论氛围。

当前，江西省虽然已有不少的社会力量参与贫困大学生的资助工作，但从总体上来看，其数量和影响都极其有限。由于高校学生的消费主要是在学校完成的，部分企业及用人单位就认为资助贫困大学生是高校的事，而与他们无关，这就使得有些需要社会共同参与的资助工作实施起来难度很大，如社会捐赠、国家助学贷款、校外勤工助学等。而实际上，贫困大学生产生的原因主要是城乡之间的差别、东西部经济发展的不均衡，以及经济结构调整中部分人下岗等导致家庭贫困等。贫困大学生问题能否得到有效的解决，直接关系到整个社会的稳定和发展，因此，全社会都应该关爱贫困大学生。这就需要通过大众传媒的宣传，营造良好的捐资助学的舆论氛围，引导和鼓励企业以及其他社会组织和个人积极参与贫困大学生的资助工作。首先，要加强对一些传统文化的弘扬，如尊师重教、扶贫济困、回报社会、造福桑梓等，为社会各界积极参与贫困大学生资助工作提供精神支柱；其次，积极发挥社会舆论的导向和监督作用，通过对高校贫困生困境的深入关注、高校贫困生资助体系现状的具体报道和对社会各界力量的广泛发动，引导全社会团结友爱，扶贫济困；再次，对于慷慨解囊、乐于奉献的善举和义举，要进行大力的宣传和表彰，要通过多种形式，如政府表彰、新闻媒体宣传等进行鼓励，营造良好的社会氛围。

(2)加强对社会力量捐资助学的引导和管理。

目前，我国社会各界的助学工作基本上还处于一种无序状态，各种资助活动主要集中在一部分院校。这些院校由于名气大，社会提供奖、助学金的资、助学金较多，学生勤工助学工作开展得较好，学生资助工作搞得较好。而一些一般院校特别是高职院校，由于名气不大，社会力量既不愿意向其提供奖、助学金，也不愿意向

---

① 于建霞．构建与完善我国贫困大学生资助体系研究[D]．济南：山东师范大学，2008.

其提供校外勤工助学岗位，而这些高校所招收的学生又大多来自农村，贫困生比例高，贫困生问题自然难以解决。因此，有必要建立专门机构，以便及时掌握全国高等学校学生状况尤其是贫困生状况，在尊重资助者意愿的基础上，加强对社会力量捐资助学活动的引导和管理，加强对捐赠资金使用的协调，使资金的使用向地处偏远地区、知名度不高，而贫困大学生较多的高校倾斜，提高捐资助学的整体效益。同时，还要及时将捐赠项目、捐赠资金的使用情况向捐赠人通报，增强资助者捐资的信心。

2. 学生层面：提高自身素养

(1)形成自觉的责任意识。

所谓责任意识，是指主体在理解一定条件下自身角色和社会要求的基础上，把握自身行为及其结果，使之符合社会要求的理性的观念、情感和意愿。由我国《教育法》、《高等教育法》的有关规定可以知道，国家、社会有责任对贫困大学生提供资助以帮助他们顺利完成学业并健康成长，但是大学生本身也有缴纳学费的责任。资助贫困大学生不仅仅是一种政府行为，也是一种社会个体行为，其主导由社会公共资源来支持，但也需要贫困大学生个体的共同参与和努力。因此，作为受到资助的贫困大学生，怎么对各种资助作出回应，可以说是解决贫困大学生问题的根本所在。从这个意义上来说，每个贫困大学生都应当认识到自身在接受资助中的责任。有了责任意识才会去分担责任，付诸自觉的责任行动。具体地讲，一是认识到责任意识的重要性，特别是责任意识对自身行为的指导作用。既要认识到自己有缴纳学费的责任，也要认识到自己有权利接受国家和社会的资助，正确面对资助，认识到自己有责任以积极的心态和行为回应国家和社会的关爱。二是要自觉地增强责任意识，把责任意识与其他道德意识结合起来，以完善自己的道德情操，如讲诚信、懂感恩等。三是要把责任意识贯彻到自己的实践行动中去，贯穿到自己的所思、所想、所做、所为之中去，不但要从言行中体现责任意识，而且要让社会上的其他人也感觉到这种责任意识，以带动整个社会形成捐资助学的良好氛围。

(2)正视贫困。

贫困大学生问题从根本上讲，是我国经济在地区之间发展不均衡，以及其他原因导致的个体家庭贫富差距在高校的反映。因此，贫困大学生个体首先要正确认识和看待贫困。要认识到贫困不是自己的过错，没有必要因此而自卑，更没有理由埋怨父母和家庭；要认识到“当下的贫困并不意味着一生的贫困，一时的贫困并不代表永久的贫困”，这种困难只是暂时的，是社会发展进程中出现的问题，不能因此萎靡不振；要端正心态，坚强地面对贫困，充满自信地面对人生。与此同时，大学生应该知道高等教育是一种非义务教育，接受高等教育是一种人生的自我投资，大学生有为这种投资缴费的责任，贫困不是不缴费的理由。不管是来自贫困家庭还是富裕家庭，大学生自己都应该自立。贫穷对懦夫来说可能是一种灾难，但对于强者来说是一笔不可多得的财富，它可以激发奋斗的潜能，磨炼意志品质，提高人格修养。人不能选择自己出身的家庭，但是却能选择自己的人生道路。真正的贫困并不是经济上的贫困，而是缺乏知识、缺乏运用知识的能力。贫困大学生只要努力消除自卑，增强自信、自强、自立意识，以自强不息、积极进取的精神面貌面对学习、生活，就必定会成为有用之才，就必定会实现“脱贫致富”的梦想。

(3)常怀感恩之心。

古人说：“滴水之恩，当涌泉相报。”感恩，是我们中华民族的优良传统，也是一个正直的人的起码道德。贫困大学生接受的各种形式的资助，实际上是国家、社会对贫困生的一种教育投资，体现了资助者对贫困生个人的关爱，资助者希望通过资助帮助广大贫困生顺利完成学业，并健康成长。贫困大学生接受资助，理当懂得感恩，这发自内心的感激和回报，这是健全人格的具体表现之一。一个接受资助之后，将他人抛之脑后的人，一个获得贷款、却将还款置之不理，甚至故意拖欠贷款的人，缺乏了做人的明智和诚信，是道德缺失的表现。因此，“吃水不忘挖井人”，学会感恩，抱着感恩社会的心态，诚信地履行还款义务，并积极进取、奋发成才，用自己的知识和能力积极回报社会，才是一名自尊、自立、自强的大学生应有的表现。

(4) 自立自强。

自立自强对贫困生而言有其特殊的意义：

(1) 自立自强是贫困生克服经济困难，顺利完成学业的思想保证。中国是一个发展中国家，高校贫困生问题的解决仅仅依靠政府、社会和学校等外部力量是远远不够的，贫困生的奋斗自救必不可少。

(2) 自立自强是防止贫困生思想滑坡、产生“精神贫困”的思想保证。对那些思想认识和心理有偏差，如依赖、懒惰、悲观消沉、空虚麻木的贫困生，一味地给予经济资助是不能解决根本问题的，甚至会助长“精神贫困”的产生。

(3) 自立自强是帮助贫困生树立正确的世界观、人生观、价值观的思想保证。在过去，大批成就卓越的人都是在艰苦的环境下自强不息，最终取得永留史册的成绩。无论是学习和生活，今天的软、硬件条件都要比过去优越得多，所以青年人更要克服困难、奋起直追。在价值取向多元化的今天，大学生要树立正确的消费观念，切勿盲目攀比。贫困家庭学生更要弘扬民族文化，继承艰苦朴素的优良传统；要树立劳动光荣的观念，用自己的双手创造财富，一味“怨、等、靠、要”终究是没有出路的。作为时代骄子，将要承担起建设祖国的重任，青年学子更要深刻领会两个“务必”和“八荣八耻”的重要内涵，自强不息，锐意进取，创造更加辉煌的成绩。

参考文献

[1][美]D. B. 约翰斯通．高等教育财政与管理：世界改革现状报告[J]．高等教育研究，1999（6）．

[2][美]D. B. 约翰斯通[M]．高等教育财政：问题与出路[M]．北京：人民教育出版社，2003.

[3]D. B. 约翰斯通．高等教育成本分担中的财政与政治[J]．比较教育研究，2002(1)．

[4]查显友，丁守海．低收费政策能改善教育公平和社会福利吗？——兼论高等教育不同收费政策的效应[J]．清华大学教育研究，2006(1)．

[5]柴松球．从高校与学生间的法律关系看对学生的资助政策[J]．株洲师范高等专科学校学报，2007(4)．

[6]苌景州．教育投资经济分析[M]．北京：中国人民大学出版社，1995.

[7]陈求旺，陆伟锋等．某高校贫困生资助体系基本状况的调查与分析[J]．南昌工程学院学报，2009，28(5)．

[8]戴艳．"助困育人"：高校帮困助学途径的再探讨[J]．江苏高教，2007(3)．

[9]丁小浩．中日高等教育成本补偿相关问题的比较研究[J]．教育与经济，2002(2)．

[10]丁小浩等．谁来为高等教育付费——高等教育成本补偿的国际比较[J]．教育发展研究，2002(3)．

[11]丁云祥．我国贫困学生资助体系的困境与对策研究[J]．西北大学学报(哲学社会科学版)，2007(3)．

[12]范先佐．筹资兴教——教育投资体制改革的理论与实践问题

研究[M]. 武汉：华中师范大学出版社，1999.
[13]高彩霞. 完善助学体系，构建和谐校园[J]. 思想政治教育研究，2007(3).
[14]高正. 高等教育学费标准的实证研究——以江苏省为例[D]. 南京：南京师范大学，2012.
[15]葛军. 高校贫困生资助工作的路径选择[J]. 教育发展研究，2007(6A).
[16]哈威. 高等教育机会均等与学生资助——北京大学个案研究[D]. 北京：北京大学，2002.
[17]哈巍，丁小浩. 高等学校生均培养成本研究[R]. 北京大学教育经济研究所提供给教育部财务司的报告，2001.
[18]胡鞍钢，王绍光，康晓光. 中国地区差距报告[R]. 沈阳：辽宁人民出版社，1995.
[19]胡瑞文，陈国良. 高等教育筹资多元化：成就、挑战、展望[J]. 教育经济学国际研讨会论文，2001.
[20]华婷，许祥云. 高校管理改革：全面风险管理体系的构建[J]. 江西农业大学学报(社会科学版)，2009(1)：130-132.
[21]华婷，许祥云. 我国高等教育公平的影响因素与对策研究[J]. 继续教育研究，2008(8)：167-169.
[22]华婷，张凡永，许祥云. 我国高校贫困生资助现状分析及解决对策[J]. 中国电力教育，2011(4).
[23]黄富慧，刘威. 我国关注贫困大学生精神健康. http://news.xinhuanet.com/newscenter/2002-08/06/content_513083.htm，2002-8-6.
[24]江西统计信息网，http：//www.jxstj.gov.cn.
[25]蓝超英. 论高校贫困生管理中贫困生的主体作用[J]. 教育与职业，2007(6).
[26]李从松. 大学贫困生心理问题的表现与对策[J]. 高等工程教育研究，2002(2).
[27]李东阳. 高校贫困生资助体系存在的问题分析[D]. 郑州：郑州大学，2007.

[28]李慧勤．高等教育收费与学生资助的实证分析——云南省案例[D]．武汉：华中科技大学，2004.

[29]李文利．高等教育财政政策对入学机会和资源分配公平的促进[J]．北京大学教育评论，2006(2).

[30]李文利．高等教育成本补偿政策对社会公平的促进作用[J]．江苏高教，2001(3).

[31]李先国，易俊．构建和谐社会与高校贫困生工作探讨[J]．南华大学学报(社会科学版)，2007(3).

[32]李岩丽．关于高校贫困家庭学生助学工作效益问题的探讨[J]．福建师范大学学报(哲学社会科学版)，2007(3).

[33]厉以宁．关于教育产品的属性和对教育的经营[J]．教育发展研究，1999(10).

[34]刘 彦．构建和完善高校贫困生助学工作体系的探讨[J]．辽宁教育研究，2007(3).

[35]刘万永．救助高校贫困生，仅靠给钱是不够的．http://www.eol.cn/xiao_yuan_te_kuai_2040/20060323/t20060323_89011.shtml,2004-3-2.

[36]吕澜，林良夫．加强高校贫困生助学工作的若干策略[J]．高等教育研究，2006(7).

[37]罗小林．新形势下高校贫困生资助体系的研究[D]．武汉：华中科技大学，2006.

[38]马桂兰．中国贫困大学生资助体系建设研究[D]．济南：山东大学，2008.

[39]闵维方．论高等教育成本补偿政策的理论基础[J]．北京大学学报(哲学社会科学版)，1998(2).

[40]莫飞平．"济困·扶志·强能"三维立体型高校贫困生资助模式的构建策略[J]．广西青年干部学院学报，2007(2).

[41]钱晓勤．高等教育有偿化对教育机会均等刍议[J]．江苏高教，2001 (01).

[42]全国学生资助管理中心．华中科技大学家庭经济困难学生资助工作突显"个性化"．http://www.xszz.cee.edu.cn/show_news.

jsp? id=1386,2007-11-13.
[43]全国学生资助管理中心．中国人民大学建立全方位可持续的贫困学生救助机制.http://www.xszz.cee.edu.cn/show_news.jsp?id=1354,2007-9-19.
[44]沈东华．高校贫困家庭学生资助体系的完善[J]．教育评论，2007(3).
[45]沈红，李红桃．高等教育的收费和弱势学生的特别资助政策[J]．教育经济学国际研讨会论文，2001.
[46]史新华．湖北省高等教育成本分担及收费政策研究[D]．武汉：华中师范大学，2006.
[47]世界银行：中国高等教育改革编写组．中国高等教育改革[M]．北京：中国财政经济出版社，1998.
[48]苏丽娜．高校贫困生思想现状探析[J]．黑龙江生态工程职业学院学报，2007(4).
[49]孙也刚．论研究生教育成本补偿[D]．北京：北京大学，2002.
[50]孙志军，杜育红．高等学校成本函数分析[J]．中国教育经济学年会论文，2003.
[51]孙志军．中国教育个人收益率研究：一个文献综述及其政策含义[J]．中国教育经济学会年会论文，2003.
[52]孙志军．中国农村家庭教育决策的实证分析[D]．北京：北京师范大学，2002.
[53]孙中民．高等教育成本分担政策下的贫困生资助体系探析[J]．湖南师范大学教育科学学报，2007(4).
[54]谭军．德国大学收费情况简介[N]．中国教育报，2003-7-19.
[55]童政权，李公根．关于完善贫困大学生支持系统的思考[J]．江苏高教，2007(4).
[56]王耕．高等全日制学校教育成本计算问题的探讨[J]．会计研究，1988(6).
[57]王康平．高校收费政策的理论与实践[M]．厦门：厦门大学出版社，2001.

[58]王立民．完善我国高校困难学生资助政策的构想[J]．北京机械工业学院学报，2007(2)．

[59]王萌．教育公平视角下的高等教育成本补偿机制研究[D]．济南：山东师范大学，2008.

[60]王培根．高等教育经济学[M]．北京：经济管理出版社，2004.

[61]王意明，李世光．我国高等教育助学体系定位问题研究[J]．辽宁教育研究，2007(3)．

[62]邬剑军，潘春燕．个人教育投资回报率与企业工资体制[J]．经济研究，1998(1)．

[63]伍世安．中国收费研究[M]．北京：中国财政经济出版社，1997.

[64]舞毅英，吴连海．高校收费对教育机会均等的负面影响及反思[J]．复旦教育论坛，2006(2)．

[65]谢倩，吴磊．构建家庭经济困难大学生保障体系的策略探析[J]．湖南社会科学，2007(3)．

[66]徐淳．大学不妨公开收赞助[N]．北京现代商报，2003-2-27.

[67]徐东华，沈红．学生贷款偿还制度研究[J]．教育与经济，2000(2)．

[68]徐国兴．高等教育学费和机会均等[J]．教育与经济，2004(4)．

[69]许海涛．助学贷款期待更多样式[N]．中国青年报，2003-8-29.

[70]许祥云．从经济学角度看高校学费的本质[J]．中国物价，2006(7)．

[71]许祥云，陈方红．江西 2003—2007 年大学生辍学原因调查[J]．城市建设，2009(35)．

[72]许祥云，陈方红．江西省普通高校贫困生资助状况调查报告[J]．广西青年干部学院学报，2009，19(5)．

[73]许祥云．农民对人力资本投资的博弈分析[J]．中国物价，2007(10)．

[74]许祥云．应用型本科教育：现实背景下的差异化战略[J]．江

苏高教，2008(4).
[75]许祥云，华婷，张凡永．高校收费对高等教育公平的影响[J]．湖州职业技术学院学报，2011(4).
[76]闫晓．高校贫困生的成因及对策[J]．高教高职研究，2007(6).
[77]杨东平．中国教育公平的理想与现实[M]．北京：北京大学出版社，2006.
[78]杨钋，丁小浩．中国高等教育学费影响的实证分析[J]．教育经济学国际研讨会论文，2001.
[79]姚冰．如何降低学生还贷拖欠率——美国采取“防”“治”并举综合治理[N]．中国教育报，2003-10-12.
[80]易申君．江西省高等教育收费现状调查与对策研究——基于大学生家庭付费能力的分析[D]．南昌：江西师范大学，2008.
[81]于建霞．构建与完善我国贫困大学生资助体系研究[D]．济南：山东师范大学，2008.
[82]袁蕾．中国高等教育差别收费问题初探[D]．长沙：湖南师范大学，2004.
[83]袁连生．教育成本计量探讨[M]．北京：北京师范大学出版社，2000.
[84]远伟．高巍．经济因素对个人高等教育选择的影响[J]．教育学报，2007(3).
[85]云南省社会科学院．2002—2003 年云南民族地区发展报告[R]．昆明：云南大学出版社，2003.
[86]曾练武，贺春生．当前高校贫困生资助体系[J]．湘潭师范学院学报(社会科学版)，2007(3).
[87]曾满超，魏新，萧今．教育政策的经济学分析[M]．北京：人民教育出版社，2000.
[88]张凡永．江西省农村居民消费行为特征的动态分析[J]．农业技术经济，2007(3).
[89]张力．试论西部大开发中的公共教育政策调整方向——解决

西部教育热点问题的若干思路与措施建议[R]. 国家教育发展中心：研究动态，2002-2-10.

[90]张民选. 理想与抉择——大学生资助政策的国际比较[M]. 北京：人民教育出版社，1998.

[91]赵炳起. 高校贫困生资助工作的原则与途径[J]. 黑龙江高教研究，2007(7).

[92]钟宇平，陆根书. 高等教育成本回收对公平的影响[J]. 北京大学教育评论，2003(2).

[93]朱珂. 论高校助困育人的现状及实现途径[J]. 宁波大学学报(教育科学版)，2007(3).

[94]朱生营，张强. 贫困大学生教育援助探究[J]. 哈尔滨学院学报，2007(2).

附录

江西省普通高校学生(家庭)付费能力与资助状况综合调查问卷

问卷编号:

普通高校学生(家庭)付费能力与资助状况综合调查问卷

亲爱的同学:

你好!感谢你能够参加这次调查活动。本次调查属于国家自然科学基金委资助的国家自然科学研究项目“家庭高等教育投资为行实证研究”(项目批准号:71163017)的专题综合调查,纯属学术性研究工作,与其他任何事情均无关联。本调查采取匿名方式进行,所取得的各项数据和各类资料也仅用于课题的研究或论著的出版,不会在其他任何领域以任何形式进行使用,更不会个别公开,敬请放心。

请你认真阅读本问卷,并在适当的位置上填写有关资料或在符合你的实际情况的选项的方框内画“√”,你的回答不涉及是非对错,但非常希望你能按照实际情况如实填写。

填写这份问卷约需20分钟,多谢你的真诚合作和支持!

一、基本信息

1. 性别:1□男;2□女

2. 民族:1□汉族;2□少数民族

3. 你来自______________________省(自治区、直辖市)

4. 你家居住在：1□大中城市；2□县级城市；3□集镇；4□农村

5. 你现在就读的年级是：1□一年级；2□二级年；3□三年级；4□四年级

6. 你就读的层次是：1□本科；2□专科

7. 你进入大学之前就读的高中属于：

(1)1□公办中学；1□民办(私立)中学

(2)1□重点普通高中；2□一般普通高中；3□职业高中；4□其他

8. 你是不是免试(或保送)进入大学的？1□是(请直接转入第10题)；2□否

9. 你进入大学之前共参加过____次高考？

10. 你高考(或免试、保送进校)时第一志愿填报的专业是：______________________

11. 你现在实际主修的专业是：________________________

12. 你是否参加了辅修专业的学习？

1□是(辅修专业是：______________________)；2□否

13. 你上学期各门课程的平均成绩为：

1□A(90~100分)；2□B(80~89分)；3□C(70~79分)；4□D(60~69分)；5□E(60分以下)

14. 你大学毕业后是否想继续攻读硕士学位？1□是；2□否；3□不确定

15. 课余时间你投入精力最多的是：

1□学习；2□勤工助学；3□休闲娱乐活动；4□院系班集体活动；5□谈恋爱；6□上网；7□其他

二、家庭信息

16. 你父母目前的状况：1□双亲健在；2□父母双亡；3□只有父亲；4□只有母亲

17. 你家庭的成员数共有________人(包括你自己在内)，其中姐姐__人，妹妹__人，哥哥__人，弟弟__人；兄弟姐妹中正在上大学的有____人(除你自己之外)。

18. 兄弟姐妹中(除你自己之外)，有无曾经参加过高考被录取却没有上大学的？

1□有；2□无

19. 你的父亲受教育的程度是：

1□小学及以下；2□初中；3□高中；

4□大学本专科；5□硕士研究生；6□博士研究生

20. 你的母亲受教育的程度是：

1□小学及以下；2□初中；3□高中；

4□大学本专科；5□硕士研究生；6□博士研究生

21. 你的父亲的职业是：

1□公务员(含党、群、团人员)；2□科研人员；3□教师；4□医生；5□律师；6□军人；7□新闻出版工作者；8□个体工商户；9□企业管理或技术人员；10□企业一般员工；11□农(牧、渔)民；12□自由职业；13□其他(请列举)________________

22. 你母亲的职业是：

1□公务员(含党、群、团人员)；2□科研人员；3□教师；4□医生；5□律师；6□军人；7□新闻出版工作者；8□个体工商户；9□企业管理或技术人员；10□企业一般员工；11□农(牧、渔)民；12□自由职业；13□其他(请列举)________________

23. 你的家庭成员中目前已经就业的人员有____人。

24. 你的家庭 2009 年全年总收入约为 ____________元(估算)。

25. 你父亲最近一年全年总收入(如果城镇户口则包括工资、奖金及各种隐形收入；如果是农村户口，则为务农和从事其他各种经济活动的收入)为______元。

26. 你母亲最近一年全年总收入(如果城镇户口则包括工资、奖金及各种隐形收入；如果是农村户口，则为务农和从事其他各种经济活动的收入)为____ 元。

三、个人在校经济信息

27. 你最近一年全年的支出为：

(1)学费__________ (元)
(2)书费__________ (元)
(3)住宿费__________(元)
(4)伙食费__________(元)
(5)购买其他学习用品的费用__________ (元)
(6)交通、通信费__________(元)
(7)娱乐和社交费__________(元)
(8)其他费用__________ (元)

28. 你最近一年获得的各种经费来源(收入)为：

(1)家庭资助__________(元)
(2)奖学金__________(元)
(3)助学金(困难学生补助)__________(元)
(4)贷款__________(元)
(5)亲戚资助__________ (元)
(6)勤工俭学收入__________(元)
(7)其他(名称为__________)__________(元)

你如果有上述勤工俭学收入，那么，其中：

(1)校内勤工助学收入__________(元)，你寻找校内勤工助学岗位的途径是：

1□自己独立应聘；2□亲朋好友的关系；3□学校勤工助学部门介绍；4□人才市场或职业介绍所介绍；5□其他渠道(请注明)__________________

(2)校外勤工助学收入__________，所获得的勤工助学岗位是：

1□自己独立应聘；2□亲朋好友的关系；3□学校勤工助学部门介绍；4□人才市场或职业介绍所介绍；5□其他渠道(请注明)__________________

四、学校收费与资助信息

29. 对于你们学校目前的收费标准，你的体会是：

1□无力承受；2□父母需压缩生活开支才能勉强承担；

3□可以承受；4□再提高一些也能承受

30. 就目前全国的平均水平而言，每年的生均学杂费近万元，你的家庭每学年能够支付的最高数额的学费为______元。除学费外，父母平均每月愿意支付给你的其他费用的最高数额为________元(全学年平均估算)。

31. 考虑你及你的家庭的支付能力，以本学年你的总支出为基础，如果你的支出上涨了如下不同的幅度，你会继续上学吗？

(1)上涨10%：1□会；2□不会；3□不确定

(2)上涨30%：1□会；2□不会；3□不确定

(3)上涨50%：1□会；2□不会；3□不确定

(4)上涨100%：1□会；2□不会；3□不确定

(5)上涨200%：1□会；2□不会；3□不确定

32. 如果你最近一年已经获得了学校的资助(包括奖、助学金，贷款和勤工俭学资助等)，那么这些资助对你的经济状况的影响是：

1□根本不能解决问题；2□可以解决小部分问题；

3□可以解决大部分问题；4□基本能解决经济之忧

33. 请根据你的实际情况，回答下列各项问题：

(1)我的家庭完全能够支付我上学所需的各项费用：

1□是；2□否

(2)如果有需要，我的父母愿意为我上大学而向亲友借贷：

1□是；2□否

(3)我的家庭曾为我上大学而有计划地进行储蓄：

1□是；2□否

(4)本学年我曾申请过贷款：1□是；2□否

(5)本学年我曾申请过助学金：1□是；2□否

(6)本学年我曾申请勤工俭学工作：1□是；2□否

34. 根据你的家庭经济状况，如果你要完成学业，那么：

1□不需要申请助学贷款或其他形式的资助；

2□需要申请助学贷款或其他形式的资助，我也会申请；

3□需要申请助学贷款或其他形式的资助，但我不会申请

35. 下面是关于学校的收费、资助以及影响你完成学业的因素的相关题项，请根据你自己的独立判断，在1~5个数字中，选择最符合你的选项(请在相应的数字上打√)(1~5个数字分别表示：1非常同意；2同意；3不确定；4不同意；5非常不同意)

(1)关于学校收费

1	按专业培养成本，成本越高，收费也应当越高	1	2	3	4	5
2	按专业受欢迎程度，越受欢迎，收费也应当越高	1	2	3	4	5
3	按就业后可能获得的平均工资收入，收入越高，收费也应当越高	1	2	3	4	5
4	按学校类型收费，重点大学多收费，一般大学少收费	1	2	3	4	5
5	按学校类型收费，重点大学少收费，一般大学多收费	1	2	3	4	5
6	按高考分数档次收费，考分越高，收费越少；考分越低，收费越高	1	2	3	4	5

(2)关于学校资助

1	所有学生，只要他(她)认为有需要，都应当能从学校获得经费资助	1	2	3	4	5
2	成绩优秀的学生，不论其父母的支付能力如何，都应该能够从学校获得经费资助	1	2	3	4	5

续表

3	父母无力支付高等教育费用的学生，不论其成绩如何，都应能从学校获得经费资助	1	2	3	4	5
4	政府应建立全国性的学生贷款计划，让学生可以贷款并支付学校教育的有关费用	1	2	3	4	5
5	政府应向学校提供经费保障，以便学校向有需要的学生提供更多的勤工俭学机会	1	2	3	4	5

36. 关于你完成学业的影响因素(下列因素影响你完成学业的程度从高到低为1~5)

1	大学的学术地位	1	2	3	4	5
2	大学的校园环境	1	2	3	4	5
3	大学的实验、实训、图书资料等办学条件	1	2	3	4	5
4	大学的校园生活质量与课外活动的多样性	1	2	3	4	5
5	我自己所学的专业	1	2	3	4	5
6	大学教师的学术水平与教学水平	1	2	3	4	5
7	我的同学的表现给我的压力	1	2	3	4	5
8	我家庭的经济压力	1	2	3	4	5
9	我自己的学习能力	1	2	3	4	5
10	我大学毕业后继续升学的机会	1	2	3	4	5
11	我大学毕业后的就业机会	1	2	3	4	5
12	我获得奖学金的可能性与数额	1	2	3	4	5
13	学校学费的额度的高低(或学费减免的额度)	1	2	3	4	5
14	我获得助学金(或困难补助)的可能性与数额	1	2	3	4	5
15	我在校学习期间获得勤工助学的机会	1	2	3	4	5
16	我在校学习、生活费用开支	1	2	3	4	5

37. 你认为你所在的学校对贫困生的资助力度如何?

1□非常好，能使几乎所有贫困生受益；2□比较好，能使多数贫困生受益；

3□一般，能使一部分贫困生受益；4□不够好，只能使少数贫困生受益；

5□非常不好，几乎所有贫困生都不能受益。

38. 就你目前的实际情况，你会选择：

1□继续完成学业；2□先办理休学；3□放弃学业(辍学)

39. 你对高校的收费与资助工作有何期望?

40. 你对政府在高校收费与资助的政策方面有何建议?

回答问题到此结束，谢谢你的合作!

调查人(你不必填写)：____________

调查时间：　　年　　月　　日